Dietrich Braun

Auf und Ab in Süd-Afrika

Erlebnisse eines Deutschen über See

Dietrich Braun

Auf und Ab in Süd-Afrika

Erlebnisse eines Deutschen über See

ISBN/EAN: 9783954272952
Erscheinungsjahr: 2013
Erscheinungsort: Bremen, Deutschland

© maritimepress in Europäischer Hochschulverlag GmbH & Co. KG, Fahrenheitstr. 1, 28359 Bremen. Alle Recht beim Verlag und bei den jeweiligen Lizenzgebern.
www.maritimepress.de | office@maritimepress.de

Bei diesem Titel handelt es sich um den Nachdruck eines historischen, lange vergriffenen Buches. Da elektronische Druckvorlagen für diese Titel nicht existieren, musste auf alte Vorlagen zurückgegriffen werden. Hieraus zwangsläufig resultierende Qualitätsverluste bitten wir zu entschuldigen.

Dietrich E. Braun

Auf und Ab

in

Süd-Afrika

Erlebnisse eines Deutschen über See

von

Dietrich C. Braun

Mit zwölf Illustrationen

Berlin W
F. Fontane & Co.
1903

Inhalt

	Seite
Späte Lehrjahre	1
Am eigenen Herd	89
Der Krieg	253
In der Verbannung	249

Späte Lehrjahre

Mr. D. E. Brown having just arrived from the „Far East" has brought with him some beautiful curiosities, which are for sale and can be seen by applying at the Central Hotel — konnte man am Ausgang des Jahres 1894 im „Natal Mercury" lesen. Es war eine unauffällige, bescheidene Notiz am Ende einer langen Reihe scheinbar viel wichtigerer Annoncen, und doch war damit der Aufgang eines neuen Gestirns am südafrikanischen Himmel gekennzeichnet.

Eines Gestirns? — Jawohl, eines Gestirns! Eines noch kleinen Sternes freilich, dessen Flimmern in dem ihn umgebenden Meer von Genossen beinahe verschwindet, immerhin aber vorhanden ist in dem sich mehr und mehr bevölkernden Goldhimmel des Südens. Die Zahl der täglich auftauchenden Sterne zählte nach Hunderten; sie schossen empor wie Raketen. Manche freilich nur, um schon nach kurzer Zeit wieder zu verschwinden. Das Gold des Landes verlieh ihrem Fall nicht einmal den schönen Glanz, den wir an Sternschnuppen so häufig bewundern. Ein roh gearbeitetes Kreuz oder ein Haufen

Klippen bezeichnen ihren Niedergang. Über sie hinweg geht der flüchtige Fuß der anderen in der rastlosen Jagd nach dem Glück. Bald hell, bald getrübt sehen wir ihren Glanz. Zuweilen treten sie strahlend hervor, dann wieder hört und sieht man nichts mehr von ihnen — sie sind für Ewigkeit, das heißt bis an ihr Ende, in Unbedeutenheit zurückgedrängt. Einige aber erheben sich hoch, himmelhoch über alle anderen. Sie werden Sterne erster Größe und ihre Namen uns so geläufig wie Erde, Mars, Jupiter. Ihr Glanz strahlt hell über alle Lande. Er blendet Tausende und aber Tausende, die alles verlassen, um dem gleißenden Schein zu folgen.

Ich war allerdings in aller Unschuld in dieses bunte Gewimmel geraten oder, richtiger gesagt, von meinem guten Geist geleitet. Ich hörte von dem Vorhandensein des Goldes erst, als ich den entscheidenden Schritt bereits gethan hatte. Das war in Egypten gewesen. Im Grausen vor dem kalten Norden, dem Sklavenleben moderner Verhältnisse und einer beschränkten Existenz hatte ich in Port Said den Dampfer verlassen, der mich Indien entführt hatte. Aufs Geratewohl hatte ich mich fürs Capland entschieden und meine letzten Dukaten dementsprechend angelegt. In jenem Augenblick hatte ich dem alten Leben Valet gesagt — eine neue Ära begann! Bis hierher hatten noch die weiten Verbindungen meiner Familie gereicht. Mit kecker Hand hatte ich alles von mir geworfen. Nun stand ich allein. Abgestoßen vom festen Land, trieb mein Schiff schnell dahin, hinein in die bewegte See des Lebens. Über Untiefen und Klippen, durch Nebel und schmutziges Wetter wird es segeln zum Guten oder Bösen. Ich war auf alles vorbereitet. Nur eins war mir fatal: mein Name. Generationen ehrwürdiger Handelsgeschlechter hatte er gedient, mir war er unnötiger Ballast. Ich wollte ihn nicht mithineinziehen in die zweifelhaften Schicksale meiner Reckenfahrt. Außerdem wurde er von Deutschen allemal verdreht und ist für Ausländer überhaupt unaussprechlich und unbuchstabierbar. Ganz anders mit dem schönen Namen Braun auch Brown oder Broun, der jeder Nation bekannt und mundgerecht ist! Als *** kam ich in Port Said an — als D. E. Brown versegelte ich für Afrika. Das D. E. hatte ich noch hinzugefügt. Nun kann so schweres Wetter kommen als da will, dachte ich zufrieden und erleichtert. Du existierst nicht mehr, sagte ich mir frohlockend, als homo novus betrittst du Afrikas Gestade. Ich fühlte mich den Göttern gleich. Ohne Namen, keinen Pfennig Geld, kein heimatliches Gängelband — es war wirklich mehr, als ich je erträumt. Das war doch mal was Neues in dem schauderhaften Einerlei der Tretmühle des Lebens!

Nun verkündete vorstehendes Inserat mein Erscheinen in Natal. In demselben Verhältnis klein und unscheinbar, als wenige Wochen später derselbe Name groß und prahlerisch in fußhohen Lettern an den Häusern, Straßenecken, Wänden der Cafés und Hotels und in den Zeitungen Johannesburgs prangte. Ich befand mich also in Durban, der Hauptstadt Natals, und legte meinen Schlachtplan zurecht. Meine Aktiva an barem Gelde bereiteten mir nicht viel Kopfzerbrechen, da eben keine vorhanden waren, dagegen besaß ich mehrere Kisten mit Kuriositäten, Sammlungen und Sachen aller Art, die ich unmöglich mit mir umherschleppen konnte. Außerdem war ich auf allerlei Irrfahrten gefaßt; ein schneller Entschluß ist ein guter Entschluß; das Wörtchen „muß" ist eine harte Nuß und so weiter, kurz, ich war entschlossen, alles bis auf die Andenken von Freunden zu verkaufen. Ich mietete einen Laden im Central=Hotel und eröffnete ein Raritätengeschäft, um den ganzen Krempel so schnell wie möglich loszuwerden und die nötigen Mittel zu gewinnen, um nach Johannesburg zu gelangen. Dorthin waren die anderen Passagiere des Dampfers, der mich gebracht hatte, längst vorangeeilt. Ihre Schritte schienen von dem Gedanken beflügelt, daß jede Stunde kostbar sei, und daß andere ihnen womöglich bei Hebung des Goldschatzes zuvorkommen könnten. Ich selber war von diesem Fieber natürlich mit angesteckt worden und verwünschte den Kramladen, der mich in Durban zurückhielt. Die Geschäfte gingen der Neujahrsfesttage wegen herzlich schlecht, und erst am Ende der Woche konnte ich eine erfreuliche Abnahme meiner Ware und einige Zunahme in meinem Säckel konstatieren. Nun bezahlte ich die Ladenmiete, sowie Hotelrechnung und Eisenbahnfahrt für mich und einen anderen Herrn, der noch ärmer war als ich, und dessen volltönender Name ihn später nicht abhielt, ebenso schurkisch an mir zu handeln, wie die anderen Johannesburger „Herren". Aufatmend saß ich endlich in meinem Coupé dritter Güte und fort ging es zur Bahnhalle hinaus in den sich aufklärenden Tag — dem Goldlande entgegen.

Ade, Durban! Keuchend dampfte die Maschine bergan. Meer, Bluff, Strand, Berea, Schiffe lagen hinter uns, und wir fuhren in einem Gewirr von Bergen Thälern und Schluchten dahin, die wie in einem Kaleidoskop wechseln. Es ist ein überaus anmutiges Landschaftsbild, das dem Reisenden die Erinnerung an Natal festigt und dessen liebliche Reize tief ins Herz gräbt. Mais- und Bananenreihen ziehen ihre geraden Linien über die Hügel. In windgeschützten Einschnitten von Bergen breiten sich die stachligen Ananasstauden, und Wälder von Zuckerrohr bedecken die Höhen. Nach Verlauf von drei Stunden waren wir etwa tausend Fuß gestiegen, und das weiche Klima der Niederung hatte einer kernigen, frischen Bergluft Platz gemacht. Ich wickelte mich fröstelnd in meinen Ulster. Mit weitgeöffneten Augen ließ ich das Bild meiner Umgebung an mir vorüberziehen. Die kleinen Stationen, an denen wir vorbeikamen, waren eingebettet in Forsten von australischem Laubholz. Tannen standen vor der Thür, und wilder Wein rankte sich an den Fenstern und Veranden empor. Weich und seltsam stieg es in meinem Innern auf. Träumerisch blickte ich in die Tiefe hinab wo Herden weideten, Wiesen und kleine Dörfer sich breiteten und Kornfelder in sanften Wellenlinien sich in der Ferne verloren. Schroffe Felsenwände und schäumende Bergströme wechseln ab mit grünen Matten und Wiesenblumen. Kühle Höhenluft kommt von den Gipfeln der Gebirge herab und weht mir die Träume der Heimat zu. Nun erst fühle ich, was ich in Indien entbehrt. Seid willkommen ihr Boten kälterer Zonen, willkommen Waldesrauschen und Quellengemurmel. Lange habe ich euch entbehrt und hier finde ich euch wieder, ihr Genossen meiner Jugendzeit. Willkommen Süd=Afrika, das mir diese Grüße sendet beim Eintritt in die neue Heimat!

Es war etwa Mittag nächsten Tages, als wir die Endstation der Bahn, Charlestown, erreichten. Ein in kahler Ebene liegender, erbärmlicher Flecken. Der Glanzpunkt ist eben der Bahnhof. Alles andere bietet den Anblick des eben erst erschlossenen, neuerstandenen Landes. Ohne Ordnung und System umhergestreute niedere Wellblechhäuser: Alles zerrissen, verzerrt, baumlos, traurig. Es ist der Grenzplatz zwischen Natal und Transvaal und in mehr als einer Hinsicht wird man unangenehm daran erinnert, daß man nahe bei den Goldfeldern ist. Kalt wie das Metall, nach dem sie jagen, werden die Menschen, und es herrscht eine gesellschaftliche Stimmung, die ich mit Revolversphäre bezeichnen möchte. Jeder ist auf dem qui vive und bereit, über den Nächsten und dessen Habe herzufallen. Die

forwarding Agenten nahmen mir für Beförderung meiner
Sachen nach Johannesburg ein horrendes Geld ab,
und ein Platz in der Postkutsche belief sich auf
4.10.0 Lstr. Daher versagte ich mir diesen Genuß,
schulterte mein Bündel und machte mich zu Fuß auf
den Weg dieser hundertundzwanzig Meilen langen
Strecke. Einen kolossalen Korkhut auf dem Kopf, eine
Ledertasche an der Seite, den dicken silberbeschlagenen
Bambus in der Rechten und mein Commersbuch in
der Linken — so machte ich mich auf den Marsch.
Ich wanderte tagelang auf der staubigen, ungeheuren
Landstraße, die sich gleich einem riesigen Wurm über
die Höhen wälzt. Die Gegend blieb unfruchtbar und
verlassen. Das Auge irrt suchend und unbefriedigt über
die verbrannten, welligen Ebenen. Kein Baum bietet
ihm einen Halt, kein noch so winziger Strauch einen
Ruhepunkt. Kein Rinnsal erlabt die Sinne, kein Vogel
zwitschert sein hoffnungsfreudiges Lied. Ich überstieg
Berge und durchwatete Flüsse; ich schlief in den Ställen
der Postpferde oder fand ein Unterkommen in den kleinen
Wirtshäusern der Straße. Wenn ich aber die winzigen
Umrisse dieser Behausungen wieder aus den Augen ver=
loren hatte, dann konnte ich sicher sein, lange, lange
Stunden wieder wandern zu müssen, ohne Menschen zu
sehen, oder Tiere, oder auch nur eine Spur des Lebens
überhaupt, an das wir Europäer von Jugend an ge=
wöhnt sind, und dessen Fehlen uns melancholischer be=
rührt, als eine Feder es beschreiben kann. Einmal war

ich sieben Stunden in der erbarmungslosen Sonnenglut marschiert; und plötzlich sah ich, dem Verschmachten nahe, in der Ferne Wasser. Es war nur eine Pfütze, die in den ausgefahrenen Wagenspuren vom letzten Regen stehengeblieben war, aber gierig stürzte ich drauf los. In Ermangelung eines Trinkgefäßes nahm ich den Glasbehälter meiner Zahn- und Fingerbürste aus meiner Tasche und schöpfte damit von dem schlammigen Wasser, um zu trinken. Ein andermal hatte ich in einem Gewittersturm den Weg verloren und war die ganze Nacht in der Prairie umhergeirrt. Endlich aber kam der unvergeßliche Abend, an dem zahlreiche helle Pünktchen am Horizont mir entgegenglänzten. Ich blickte unverwandt in ihr ständiges, weißes, verführerisches Licht, und es klang wie eine Verheißung in meinem Innern: Das sind die elektrischen Lichter der Goldminen von Johannesburg!

*

Am 27. Januar wurde ich „entdeckt". Bei der Feier S. M.'s Geburtstag wurde man auf mein eminentes, bis dahin der Welt vorenthaltenes Talent aufmerksam und empfahl mir, mich an Mr. Ernest Searelle zu wenden, den Direktor des Theatre Royal of Varieties. Zuerst überraschte mich dieses Ansinnen, dann gewöhnte ich mich an den Gedanken, und schließlich fand ich die Geschichte ganz natürlich. Ich war lange genug, ohne Beschäftigung gefunden zu haben, umhergeirrt, und so überwand ich alle Skrupel, die dem deutschen Jüngling im Auslande anzuhaften pflegen und trat am folgenden Tage den Schmerzensgang zum Theater an und setzte dort Herrn Searelle mein Anliegen auseinander. Ich sei ein Amateur, der in Klubs, bei Festen und auf Pikniks Gelegenheit gehabt, sein mimisches Talent zu erproben, und bäte ihn, mir eine Chance an seinem Theater zu geben.

"Haben Sie Ihre Noten mit?" fragte er statt aller Antwort.

"Jawohl," sagte ich, mein Notenbündel hervor=ziehend, und folgte ihm, als er den Weg nach dem Theatersaal einschlug. Er gab es dem Pianospieler und bedeutete mir, ich solle mich auf die Bühne begeben. Ich trat vor den Vorhang und rief dem Pianisten zu, was er spielen solle. Ich hatte eins jener famosen alten Maxstadtschen Kouplets als Probenummer aus=gewählt, und trotzdem meine Stimme für den großen Raum etwas klein war — es war der größte, in dem ich je gesungen — gefiel dem Alten doch meine Mimik und die Tanzerei, sodaß er bereits nach dem zweiten Vers die mir ewig denkwürdigen Worte ausrief: All-right I'll give you a chance on Saturday night and if it prooves a success it means an engagement! — Ich trat ab und mit Freude und Zweifel im Herzen auf die Straße hinaus. Das also war mein erster Schritt auf dem dornigen Erwerbsleben Süd=Afrikas. Nun mir konnte es recht sein — nur hinein ins volle Menschenleben. Mit einiger Variation hätte ich jenes: Gebt mir einen festen Punkt, und ich hebe die Erde aus ihren Angeln — umwandeln mögen und ausrufen: Gebt mir nur einen Anfang — bei den Göttern — ich werde mich schon durcharbeiten durch diesen afrikanischen Fasching des Lebens! — Noch an demselben Abend begann mein flimmernder Glücksstern heller zu erstrahlen.

„Sehen Sie dort!" rief mein Freund Usher, nach der Wand über meine Schulter deutend aus, als wir bei unserm nachmittäglichen Kakao im Gold Fields Café saßen. Ich drehte mich um und fuhr dann wie elektrisiert empor von meinem Stuhl: „Dietrich E. Braun" las ich unmittelbar hinter mir auf einem meterlangen, bunt= gestreiften Zettel des Theatre Royal. Mr. Searelle hatte augenscheinlich das Diktionaire aufgeschlagen und unter „D" den Namen Dietrich gefunden. Nun, ob Daniel oder Dietrich, was ging es mich an, solange das Publikum den Namen liebte. Dann las ich weiter und studierte das ganze Programm, an dessen Ende mit fettem Druck zu lesen stand:

Saturday next
complete change of programme
and first appearance in South Africa of the
celebrated German comic Vocalist
and Dancer, Herr

Dietrich E. Braun
direct from Germany.

Ich versuchte mich noch einige Zoll höher zu recken und sah mit patronisierendem Gefühl umher, ob die Leute mich auch erkannten und das aufgehende, glänzende Gestirn bewunderten. Aber leider war das gute, alte Gold Fields Café so leer wie gewöhnlich, und ich mußte mich mit Ushers unverhohlener Bewunderung begnügen. Zugleich konstatierte ich aber im stillen, daß das Lokal doch eigentlich von zu schäbiger Eleganz sei, um noch länger von einer so eminenten Kraft des Theatre Royal beehrt zu werden. Ich zahlte meinen Kakao und strebte dem „Deutschen Kaiser" zu. „Haben Sie schon gelesen?" rief Hansen mir bereits von weitem zu, eine Zeitung hin und herschwenkend, und dann hielt er mir folgende Notiz unter die Nase:

The Searelleries.

Mr. Searelle has just imported from Germany a gentleman-singer and puttener called Dietrich E. Braun, who will make his first appearance next Saturday evening.

An einer anderen Stelle hieß es:

Herr Dietrich E. Braun.

This teutonic importation for the Searelleries will sing comic songs in his native tongue at that establishment to-morrow night. Mr. Searelle is displaying quite a cosmopolitan spirit of enterprise.

„Das genügt!" sagte ich mit erheucheltem Gleichmut, als ich ihm die Zeitung zurückgab. Dann wandte ich mich um und beschloß an diesem Vorabend meines ersten Auftretens einer Vorstellung an meinem zukünftigen Wirkungskreise beizuwohnen, um mich zu orientieren und eventuellem Lampenfieber besser begegnen zu können. Es war gerade Mrs. Treffis Benefiz und das Theater sehr besetzt. Das Orchester spielte famos, und die lebenden Bilder machten sich bei der feenhaften Beleuchtnng ganz vorzüglich. Mir wurde ganz flau, als ich Edgar Granville auftreten sah mit seinem sicheren Spiel, seiner augenscheinlichen Beliebtheit, dem rapiden Wechsel der Kostüme und dem stürmischen Applaus des Publikums. Er erschien hintereinander in sechs verschiedenen Auftritten und Charakteren: als Derby dandy, flower girl, Devonshire boy, widow Sarah, gardener und cookshopgirl. Mich packte ein gelindes Schauern, als ich daran dachte, daß ich neben diesem Mann erscheinen, gleichsam gegen ihn in die Schranken treten sollte. Ich dachte unwillkürlich an die Obst- und Eierläden! Im „Deutschen Kaiser" wurde überhaupt schon immer viel gefaselt von der Deutschfeindlichkeit des englischen Publikums. Als nun das bekannte Wortspiel Granvilles kam: ... German prince? — rather a German sausage — fuhr ich wie elektrisiert empor. Ich war, infolge meines Gedankenganges, dem Spiel nicht ganz gefolgt, dachte unwillkürlich an eine Stichelei für morgen und nahm das unbändige Gelächter des Publikums als eine düstere Voraussagung kommenden Unheils. Umsonst hatte Searelle mir wohl auch nicht gesagt: I ca'nt tell how they will take it, if they are a little bit rough —

das war ja ziemlich deutlich. Ich rutschte nervös hin und her. Mir kam das Ganze gar nicht mehr wie ein Vergnügungslokal vor. Die Scene wurde mir zum Tribunal. Ich sah im Geiste das ganze Publikum aufspringen und mit einem einzigen, ungeheuren Wutschrei, mit Johlen, Pfeifen, Zischen auf die Bühne stürzen, mich heruntergezerrt, mein Lindemannkostüm zerrauft, beschmutzt und brrr, — ich mochte den Gedanken nicht ausdenken!

Ich wurde erst wieder ruhiger, als die kühle Nachtluft mich umwehte. In meinem Schädel aber, in dem sich die Gedanken chaotisch wälzten, drängte der eine Gedanke sich immer wieder hervor: da hast du deinen Kopf in eine schöne Schlinge gesteckt. Dieser Gedanke geleitete mich zur Ruhe und weckte mich am Morgen. Er machte aber hoffnungsfreudigeren Empfindungen Platz, als ich um 12 Uhr bei der Probe neben dem Kapellmeister stand und meine Gesänge durchging. Granville trällerte einen seiner songs, und auf der roten Plüschbarriere, die das Orchester vom Zuschauerraum trennte, balancierte die kleine graziöse Serpentinetänzerin Ethel Alder. Granville hatte einen kurzen, prüfenden Blick über mich gleiten lassen und knüpfte dann eine kleine Unterhaltung an. Ich wechselte ein paar Worte mit dem großen Komöden, dem Johannesburger Halbgott, und schied mit dem Bewußtsein, mich mit ihm gut stellen zu können, am allerwenigsten irgend welche Intriguen von ihm befürchten zu müssen. In

der Restauration stellte mich „Fritz" der Soubrette
Marie Deane vor, die lächelnd auf mich zukam und
mir burschikos die Hand drückte: Oh, you are the
gentleman, who will sing German songs to-night.
I hope you will have a grand success. Allmählich
kam der Abend heran. Mein Debüt! Um 7 Uhr war
ich hinter den Koulissen. Granville half mir in liebens=
würdiger Weise beim Schminken und der Garderobe.
Der Zuschauerraum füllte sich allmählich aber stetig
und war schließlich bis auf den letzten Platz besetzt.
Gedämpftes Stimmengewirr drang von unten herauf.
Das Stimmen der Instrumente ließ sich vernehmen.
Dann klang die Glocke des Regisseurs und nun rauschte
die Ouverture durch die weiten Räume des Theatre
Royal of Varieties.

Die erste Nummer sang Connie Melnotte: See
that rainbow, oh that rainbow . . . . mir schillerte
es auch regenbogenartig vor den Augen. Ich ging
nervös auf und ab. Sie sang ihr zweites Lied, trat
ab, und die vielumschwärmte Marie Deane betrat selbst=
bewußt und unter lauten Beifallsbezeugungen die Bühne.
Mir dünkten diese Augenblicke eine Ewigkeit. Aber auch
sie vergingen und dann — „The celebrated German
Comic Vocalist and Dancer" — lasen in demselben
Augenblick einige tausend Augen auf dem Programm
und richteten sich dann erwartungsvoll auf die Bühne.
„Ready?" fragte der Regisseur in geschäftsmäßig gleich=
giltigem Tone. „Yes" — ertönte meine etwas um=

Dietrich E. Braun
„the celebrated German Comic Vocalist & Dancer"

florte Antwort. Ein Druck auf die Glocke, und im Augenblick schmetterten Klavier, Geigen, Flöten, Baß und Trommel die Introduktionsklänge des „Lindemann" wie eine entfesselte Windsbraut durch das Theater. Die Würfel sind gefallen. Was auch immer meine Brust bewegt haben mochte vor diesem Augenblick, welche Zweifel, Erwartungen, Befürchtungen mein Inneres vor diesem Schritt durchtobt haben mochten — jetzt war es ruhig, kalt und still in mir. Die warnenden, Unheil weissagenden Stimmungen waren verstummt. Meine Ruhe war zurückgekehrt; verstärkt von einer gewissen Zuversicht, der eine kleine Spur von Selbstgefühl und Erhabenheit beigemischt war. ‚Was' — sagte ich mir — ‚in Indien von der englischen Gesellschaft und ganzen Klubs mit kolossalem Beifall aufgenommen worden ist, sollte doch wahrhaftig, wenn auch das persönliche Interesse fortfällt, einem Johannesburger Publikum genügen.'

Täterä, Täterä, Täterä, Täterä — Täterätäterätä-tä-tä! klang es zum zweitenmal auffordernd herauf. Wie den Renner der Trompetenklang unwiderstehlich in die Schlacht reißt, so mich heute die so oft unter so verschiedenartigen Umständen gehörte Introduktion des „Lindemann". Den enormen Gigerlstock unterm Arm, das Augenglas eingekniffen, der Cigarette leichte Ringel entlockend, stand ich vor dem Publikum. Den Chylinder leicht lüftend, begrüßte ich das Auditorium und ließ ihm während der letzten Takte Zeit, sich an meinem

Kostüm zu weiden. Links im Centrum sah ich den braven Klußmann, sowie Partners Antlitz strahlen und daneben einige Getreue aus dem Hotel, wo ich wohnte. Ihnen, sowie einigen Pretorianern und Boksburg-Mäcenen verdankte ich vermutlich das Klatschen und Bravorufen, das mich schmeichelhaft begrüßte. Ich sang nun in alter Weise und bekannter Mimik vier Verse, und wenn auch kein solch Beifallssturm das Lokal durchtobte, wie damals, als bei Fusco zirka fünf Stöcke und ein eiserner Tisch in Stücke geschlagen wurden aus lauter Enthusiasmus, war doch das Klatschen, Bravo- und Encoregeschrei so laut und anhaltend, daß ich auf das drängende: Take it, take it, man! des Regisseurs und Miß Mellnottes besonders, mich noch zweimal dem Publikum zeigen mußte. Dann erschien ich noch einmal im Frackanzug und sang das Couplet „Früher und Heut". Auch dieses ging ganz famos vom Stapel, wenngleich es der vielen Prosa und des einfachen Kostüms wegen nicht ganz so zog wie der Lindemann. In der Zwischenpause wurde ich von allen möglichen Leuten mit den dort üblichen Erkenntlichkeitsbeweisen überschüttet und an der Bar mit Shandies, Pontacs, Bier und anderen Flüssigkeiten reichlich getränkt. Den Rest der Vorstellung genoß ich ruhmbekleckert als Zuschauer. Mr. Searelle hatte mir unterbreitet, mein Honorar betrüge in der ersten Woche 5 Lstr., in der zweiten und dritten sollte es aufgebessert werden. Das war kein schlechter Anfang, und meine Stimmung wurde noch gehoben, als ich am nächsten Morgen die Kritik über mein Spiel in dem "Standard and Diggers News" las:

Mr. D. E. Braun.

Mr. Searelle's new Teutonic importation, Herr Dietrich E. Braun, a German Comic Vocalist, made his South Africa début at the Searelleries on Saturday night and was received very flatteringly. Mr. Braun is a comique very much à la Paulus and Chretienni, and his song "So war es früher und so ist es heut" was sung very well, with the orthodox Teuton's extravagance of gesture toned down. Those of the Searelleries habitués, who did nod understand him, applauded him the most. It is a venture fraught with much danger this serving up foreign goods to a British audience and we have seen better German comedians than Mr. Braun howled down at the London Pavillon; but here in this cosmopolitan community, Mr. Braun will be treated kindly and all local Germans with any respect for the Thespic art of their country will go to see and hear Herr Braun.

Ich war also anerkannt vom Publikum. Man kannte mich und grüßte mich. Mein Name erschien zuweilen in den Zeitungen, und die Zahl meiner Freunde mehrte sich. Doch mit des Geschickes Mächten ist kein ew'ger Bund zu flechten. Allmählich versagte meine Anziehungskraft; das Publikum wandte sich ab, man hatte genug von meiner Kunst. Als unsere Truppe, Searelles elfte Gesellschaft, nach England zurückging, wurde auch mir mein Honorar verabfolgt, und ich konnte gehen. Ich sang noch einigemal an den Theatern bei Benefizvorstellungen, vereinzelt bei den großen

Gartenkonzerten, wo mein Lied noch mit 1 Lstr. honoriert wurde, dann in Wirtshäusern, und schließlich konnte nichts mehr die Thatsache verheimlichen daß meine künstlerische Laufbahn beendet und zu Grabe getragen sei.

*

Bittere Gedanken drängten sich in meiner Brust, als ich auf der staubigen Landstraße der Jeppestown einherschritt. Ich wandte mein Gesicht ab, als die mit Passagieren gefüllte Tram an mir vorüberfuhr. Es kam mir vor, als ob die Blicke der Leute forschend auf mir und dem armseligen Bündel ruhten, das ich über meinen Wanderstab gelegt, auf dem Rücken trug. Es war mir, als ob die gutgekleideten Insassen den mit halber Eleganz gekleideten Fußgänger beobachteten und spöttisch musterten. Ich errötete heftig, als meine Blicke an dem kleinen, schwarzen Koffer, den ich in der Hand trug, niedergleitend auf meinem linken Schuh haften blieben. Die angeleimte Sohle war bei dem letzten Unwetter losgegangen und zeigte nun das Bestreben, sich ganz von dem Schuh zu trennen und meinen Zehen einen Ausblick in die freie Gottesnatur zu verschaffen. Dies kränkte mich mehr, als das nagende Gefühl des Hungers, das ich schon seit geraumer Zeit verspürte. Eine unbezähmbare Wut stieg in mir auf. Wehe, wenn mir in diesem Augenblicke einer von den Lumpen unter die Finger geraten wäre, die mir teilweise ihre Existenz dankten, mir rechts und links Geld schuldeten und mich nun fortziehen ließen wie einen Landstreicher. Arm war ich gekommen, aber tausendmal ärmer verließ ich den Platz, an dem ich Triumphe gefeiert und Not gelitten hatte.

Die Tram war meinen Blicken entschwunden, und ich schleppte mein Bündel weiter; Meile für Meile. Endlich hörten die regelmäßigen Straßen auf, die Häuser wurden spärlicher, und der Lärm der Stadt verklang hinter mir. Es wurde mir etwas leichter ums Herz. Das dumpfe Gefühl des Verlassenseins und der Ratlosigkeit machte einer hoffnungsfreudigeren Stimmung Platz, und nach einem langen, schweren Seufzer begann ich freieren Blickes um mich zu schauen. Hoffnungsvoll folgten meine Augen der Landstraße. Endlich erspähte ich mehrere Wagen, die sich von der Stadt entfernten, und ihnen schloß ich mich an. Es geht nach Natal, sagten die Kaffern, denen das Gefährt gehörte, und ich nickte nur und fiel erschöpft auf mein Bündel. Was fragte ich danach, wohin es ging. Nur fort, fort aus dem verhaßten, miserabeln Johannesburg. Und fort ging es, freilich nur langsam. Vierzehn Tage dauerte die Reise, die meist in strömendem Regen unter Erleiden von Hunger, Kälte und Entbehrungen aller Art gemacht wurde; aber endlich waren wir doch an dem Kaffernwirtshaus angelangt, dessen weißer Besitzer Claus mich zum Bleiben einlud. Freudig willigte ich ein und machte Kopje Alleen zu meiner Heimat. Es war eins jener winzigen Etablissements, die zahlreich an den Straßen zu den Goldfeldern entstanden waren, und der Besitzer hatte das Haus eigenhändig aus Holz und Wellblech erbaut. Er hatte die Thüren gezimmert, die Fenster eingesetzt, den Fußboden gestampft, Thonbank, Tisch und Bänke gemacht. An die Balken genagelte Geneverkisten dienten als Wandschränke, ein umgestülptes Cementfaß als Waschtisch. Unsere Lagerstätten waren voll Gras gestopfte Mehlsäcke, die Betttücher bestanden aus Fellen, und zusammengefügte Wollsäcke mußten statt der Decken dienen. Das ganze Haus war zwanzig Fuß lang, zwölf Fuß breit und acht Fuß hoch und wurde durch einen aus Säcken zusammengenähten Vorhang in zwei Räume geteilt. Der eine war der Laden, in dem anderen, der zugleich als Vorratskammer diente, aßen, schliefen und arbeiteten wir. Unsere Haupteinnahme zogen wir aus dem Kaffernbier, einer Art Pemba, das wir selbst bereiteten. Das Brauhaus war ein angebauter Verschlag aus Rasenausstich. Die Stelle von Bottichen vertraten durchgeschnittene Oxhofte, und die Anrührfässer waren englische Biertonnen mit ausgeschlagenem Boden. In zwei eisernen Kesseln mit Füßen wurde gekocht. Ein leeres Petroleumtin diente als Maß und zur Aufnahme des gemahlenen Korns, das in einer kleinen Handschrotmühle gewonnen wird. Zum Sieben wird das bei den Kaffern gebräuchliche Bastsieb benutzt. Mit den Trübern wurden die Schweine gemästet, die an sich schon alle Auslagen für die Bier-

Bereiten des Kaffernbieres

produktion bezahlt machten. Das Kochen des Biers ist
eine heiße Arbeit; nicht allein des Feuers wegen, sondern
weil man dabei fortwährend auf den Beinen sein
muß. Die Hauptsache ist, daß der Kram nicht an=
brennt; darum muß man unaufhörlich und sachverständig
rühren. Dann muß das Feuer gleichmäßig und scharf
unterhalten werden, und das ist bei dem Heizmaterial
der Steppe — Kuhdünger — keine Kleinigkeit. Außerdem
muß der letztere erst herbeigeholt werden, das ist zeit=
raubend. Unterdessen fängt der eine Kessel an zu kochen
und nun heißt es plein carrière wieder zum Feuer
eilen, um einen Eimer voll herauszunehmen. Dieser
muß sogleich und kunstgerecht aus dem unfern stehenden
Wasserfaß ersetzt werden. Manchmal will es das Un=
glück, daß in diesem kritischen Moment der andere Kessel
zu kochen anfängt. Dann ist guter Rat teuer. Zischend,
brodelnd, spritzend kocht der Kessel über, und die bräun=
liche Flut ergießt sich über die glühenden Kohlen.
Dichter Dampf und Rauch verhindern jeden Überblick.
Der brodelnde Inhalt spritzt über Gesicht und Finger
und ergießt sich über die Füße. Doch schnell sind Eimer
und Schöpfer zur Hand. Der Inhalt des Kessels
wird vermindert, bei Seite geschafft, ergänzt, gerührt,
umgefüllt: der Dampf erstirbt, die Oberfläche glättet
sich, das Feuer flackert unter neu hinzugelegtem Brenn=
stoff wieder lustig auf, und der leichte Rauch zieht über
die Prairie friedlich dahin. Später wird die gekochte
Masse gegohren und gesiebt und ist dann zum Verkauf

fertig. Dschoale babahntu heißt es bei den Kaffern und wird von diesen sehr geschätzt.

Außerdem handelten wir noch mit Fleisch, Brot, Salz, Tabak, Zucker, Thee, Kaffee, Maismehl, Konserven und anderen kleinen Artikeln, die der Wanderer auf seinen Märschen in jenen Einöden gebraucht. Unsere Kunden waren die aus den Goldfeldern zurückkehrenden Kaffern. Dunkle Gesellen mit gewaltigen Schlapphüten, zerschlissenen Uniformröcken, nackten Beinen und starken Stöcken in ihren Händen. Sie führen alle ein auf dem Kopf getragenes Bündel mit sich, das in ihre Schlafmatte gehüllt ist und die wenigen Habseligkeiten dieser Natursöhne enthält. Pfeife, Schnupftabak, Kürbisflasche, Kochgeschirr, Löffel und meist ein kleines Präsent für die schwarze Gattin, die seiner in dem heimatlichen Kraal harrt. In den aufgeschlitzten Ohren tragen sie gewöhnlich Schnupftabaksdosen und in dem Wollhaar einen Knochenlöffel. Die weißen Zähne, die rote Zunge und das Gelbe des Augapfels sind eigentlich das einzig Bewegliche in ihrem Mienenspiel. So lächerlich und zerlumpt die Kerle aussehen, haben sie gewöhnlich doch mehr Geld bei sich, als wandernde Europäer und sind als anspruchslose, promptzahlende Gäste daher stets angenehm. Überhaupt war das Geschäft einzig in seiner Art. Unser monatlicher Profit belief sich auf durchschnittlich 60 Lstr. — also 1200 Mark —, die dem Besitzer dieser Herrlichkeit beinahe spielend in den Schoß fielen. An die Einsamkeit und die kleinen Entbehrungen gewöhnt man sich bald, und was sind sie schließlich auch verglichen mit dem Ärger, der Kleinlichkeit, Engherzigkeit, Sorge und Not europäischen Lebens. Frei lebt man hier auf seiner Scholle ohne Schreiberei, ohne Risiko, ohne Lager, ohne Buchführung, ohne den üblichen Personalärger, und doch vermehrt sich das Bankkonto um einige 15000 Mark jedes Jahr. Es gehört freilich eine entsagungsreiche Natur dazu, sich solchem Leben zu verschreiben. Wer sich aber erst einmal dazu entschlossen hat, dem bietet die Einsamkeit der Transvaalsteppe genau den Ersatz und die Reize, die den Savoyarden unwiderstehlich in seine einsame Heimat zurückziehen, den Gaujo an die Pampas fesselt und den Kleinrussen an seine Ukraine. Theater und Konzerte giebt es freilich nicht, wenn aber im Herbst die Prairiebrände sich entfesseln und die nächtliche Steppe meilenweit mit ihrer bis zu den Wolken ‚wabernden Lohe‘ bedecken, wenn der Sturm gigantische Staubsäulen mit Windeseile daherführt und das schwache Gebild von Menschenhand einzureißen droht, und Gewitter sich entladen, und dann wieder die sanfte Pracht der purpurnen Abendröte die fernen Höhen umsäumt — so sind das Erscheinungen, die kein Ausstattungstheater der Welt uns vorzaubern kann, und demütig bescheidet sich der Mensch in die Rolle, die ihm vom Schöpfer für diese Spanne Zeit zuerteilt ist.

*

Kleine Ursachen, große Wirkungen! Ich glaube, ich hätte niemals das Schlächterhandwerk erlernt, wenn Claus an jenem Maimorgen nicht so melancholisch auf der kleinen Holzbank vor unserm Hause gesessen hätte. Mit schwimmenden Augen beobachtete er die gute, alte, behäbige Sau, die sich grunzend an den Trebern des Kaffernbiers gütlich that.

„Braun," sagte er plötzlich, „Braun, ich kann das Tier . . . ich kann das Tier nicht, ich kann . . ." er brach schluchzend ab.

„Halloh!" fragte ich, erstaunt den Maiskolben sinken lassend, den ich mir eben am Feuer geröstet und nun in der Beschaulichkeit des Morgens beknappern wollte — „Halloh, was giebt's, mein Freund? Was können Sie nicht? Was hat's mit dem Tier — mit welchem Tier überhaupt? — —"

„Mit welchem Tier!" klang es vorwurfsvoll von Claus' Lippen, und seine Stimme vibrierte merklich, als er leise fortfuhr: „Wenn ich denke, wie ich sie gefüttert und gestreichelt habe und nun soll ich sie — wissen Sie, Braun, bitte machen Sie es für mich ab —" platzte er heraus.

„Die Sau schlachten? —" entfuhr es mir mit mehr Entsetzen, als mir im nächsten Augenblicke lieb war, gezeigt zu haben. „Erlauben Sie mal, Claus, ich bin ja gern bereit zu lernen und mir neue afrikanische Kunstgriffe anzueignen, aber —" ich wußte nicht recht, was ich sagen sollte „— diese Geschichte mit der Sau kommt mir doch etwas plötzlich." Mir war mit einem Mal der Appetit für meinen Maiskolben vergangen, und unruhig rutschte ich auf dem Ende der Bank hin und her. Claus indessen schien plötzlich ganz von dieser neuen Idee eingenommen und sagte, sich aufrichtend, sehr energisch: „Machen Sie sich nicht lächerlich, Braun, schlachten müssen Sie doch einmal lernen, und je eher Sie diese alberne Scheu überwinden, desto besser für Sie." ‚Alberne Scheu!' dachte ich im stillen. ‚Warum schlachtet er denn das Vieh nicht selbst —?' Laut indessen fuhr ich im Tone der Zustimmung und Überzeugung, dies für die beste Politik haltend, fort: „Gewiß, gewiß, aber muß ich denn gleich mit einer Sau anfangen? —" „.... Sau anfangen?" echote Claus erstaunt, „ja, womit in aller Welts Namen wollen Sie denn anfangen?"

„Mit einem Hammel etwa —" sagte ich kleinlaut.

„Ach was," unterbrach er mich mit gut geheuchelter Barschheit, da er augenscheinlich froh war, daß ich ihm nicht mehr Widerstand entgegensetzte — „ob Hammel oder Schwein, das bleibt sich ganz gleich, und nun holen Sie den Stahl und die Messer und lassen Sie uns sobald als möglich über die Geschichte hinwegkommen."

‚Da haben wir die Bescherung!' dachte ich, in das Haus gehend. Ich legte den knusperigen, lecker aussehenden Maiskolben seufzend bei Seite, denn nun war mir der Appetit gänzlich vergangen, und traf ziemlich schweren Herzens die Vorbereitungen zur Erlösung der Sau von allen irdischen Qualen. ‚Schließlich ist alles nur Gewohnheit —‘ sagte ich mir tröstend, und das Klingen der Messer erfüllte mich mit etwas mehr Zuversicht, als ich wetzend am Stahl auf und niederfuhr. Entschlossen trat ich dann hinaus und sah mich nach dem Schlachtopfer um. Es schnupperte noch immer an seinem Henkersmahl herum und lag im nächsten Augenblick, infolge meines kräftigen Griffs an den Ohren und eines plötzlichen Rucks, auf dem Rücken. Claus hatte sich wenigstens entschlossen, die Vorderbeine zu halten, und ein Kaffer versah denselben Liebesdienst bei den hinteren Extremitäten. Mein Jagdmesser fuhr ihr mit kräftigem Stoß in die Kehle. Der Todeskampf dauerte nicht lange, denn das Messer war, wie sich später auswies, gerade durchs Herz gegangen. Die Sau wurde dann mit dem Kopf nach unten in einen Bierzuber gethan und gebrüht. Da nur die eine Hälfte hineinging, wurde sie später umgedreht und das Hinterteil gebrüht. Darauf wurde das Tier auf eine zwischen zwei Kisten gelegte und dergestalt erhöhte Thür gestreckt, der Borsten entledigt, nach dem Galgen getragen und ausgenommen. Als natürliche Folge von all diesem hatten wir zum Frühstück Schweinsleber, die wir mit Hilfe zweier gerade des Wegs kommender Wanderer verzehrten. In den nächsten Tagen hatten wir vollauf mit dem Ausbraten von Fett und dem Einpökeln von Schinken und Speckseiten zu thun. Dann begannen wir mit dem Bau der Räucherkammer. Vermittelst einiger Eisenbahnschwellen und kleiner Tafeln von Wellblech wurde ein von drei Seiten geschlossener, oben offener Raum von etwa zwei Kubikmeter Größe hergestellt. An drei darüber gelegten Axtstielen wurden die Speckseiten aufgehängt, ein schwälendes Feuer von trockenem Mistgrus darunter entzündet und die ganze Geschichte mit Säcken verhängt, um den Rauch nicht entweichen zu lassen. Schinken und Speck waren auf diese Weise in vierzehn Tagen vortrefflich geräuchert.

Ich lernte allmählich auch andere Tiere umbringen, kunstgerecht ausschlachten und zerlegen. Unser zeitweiliger Hausgenosse Domleo war im Schafschlachten mein Lehrmeister gewesen, und Mr. Sandow, ein Partner des Geschäfts, hatte mich im Ochsenschlachten unterwiesen.

Nie hätte ich geglaubt, daß ich mich jemals zur Schlachterei würde entschließen können. Wenige Sachen haben mir von Jugend auf einen größeren Ekel eingeflößt, als Fleischerei und alle dazu gehörigen Manipulationen. Aber die Schule des Lebens kennt kein Erbarmen. Wie ich beim Mittagessen einmal zufällig um mich schaute, gab mir meine Umgebung zu denken. Früher mochte ich nicht hören, wenn beim Essen vom Schlachten oder auch nur von der Zubereitung des Fleisches und der übrigen Speisen gesprochen wurde. Heute aß ich meine Hammelkotelettes mit vielem Appetit, während von der anderen Seite der Schafskopf mit gebrochenem, glasigen Blick blöde herüberstarrte, triefendes Fleisch, Fettklumpen, Magen, Herz und Lungen anmutig die Wand verzierten und auf dem Tisch, von dem wir aßen, Fettstücke und Fleischreste tief in die Platte eingetrieben waren. —

Endlich nahten die letzten Tage von Kopje Alleen. Die Eisenbahn wurde gebaut und damit die Existenzen an der Heerstraße vernichtet. Wir zogen fort von jener Stätte mit dem Haus und allem was darin war und gründeten uns eine neue Heimat in dem alten Boerenstädtchen Heidelberg.

*

Es ist eine sehr ärmliche Veranschaulichung meines Schaffens als Bäcker in Süd-Afrika — dieses Bild! Aber, ach, jene Stätte, die eigentlich mein Wirkungskreis gewesen und meine ersten Schritte auf dem Gebiet des Teiges gekennzeichnet, war längst im Wandel der Zeit vernichtet, als dieses Bild genommen wurde. Hier sieht man nur die prosaische Seite des Handwerks, wie ich dasselbe in Heidelberg ausübte, und nicht die überraschende Art, auf welche ich in Kopje Alleen meinem diesmaligen Beruf oblag. Meinem Aufenthalt in Kopje Alleen danke ich, daß ich jemals mit dieser nützlichen und nahrhaften Thätigkeit vertraut wurde. Allerdings hat unser damaliger Wohnort das Schicksal aller ähnlichen Etablissements an der Johannesburger Heerstraße geteilt; die Spuren unseres einsamen Lebens dort sind vertilgt, unser kleiner Backofen ist hinweggewaschen von mancher Regenzeit — meine Erinnerung aber bewahrt jener Zeit ein farbenfrisches Bild! Den Backofen hatten wir, wie alles andere, selbst gefertigt. Wo der Regen das afrikanische Hochfeld zerreißt, legt er die Steine bloß, und diese hatten wir gesammelt und daraus das Fundament gebaut. Zwei alte, eiserne Radreifen, die ich auf meinem hocheigenen Buckel zwei Meilen weit von der Schmiede des benachbarten Paardekop herbeigeschleppt, wurden darübergespannt und mit Zinkblech, Lehm und Steinen bedeckt. Statt der Thür diente ein leeres Petroleumtin, das genau in das auf der Kopfseite offen gelassene Loch paßte, und in der entgegengesetzten Seite befand sich eine kleine Öffnung, in die ein Feldstein geschoben wurde. Diese war da, um Zugluft zu ermöglichen. Beide wurden mit feuchtem Lehm verschlossen und verschmiert, wenn der Ofen genügend geheizt und die Brote hineingeschoben worden waren.

„Es war ein Schauspiel" — pflegt die alte Mrs. Sandow heute noch zu erzählen „wenn man die beiden beim Hefemachen antraf! Erst kam der eine mit einem Eimer und einem Knüppel und dann der andere mit einem Knüppel — —" Es ist dies einfach eine Profanierung unseres Gewerbes! Diese sogenannten „Knüppel" waren nämlich ausrangierte Pickenstiele, die nunmehr einzig und allein dem Zweck dienten, um die Kartoffeln zu zerstampfen, die wir mit Hopfen kochten und mit Mehl und heißem Wasser anrührten, um Hefe zu gewinnen. Während der Nacht gährte dann die Geschichte, stieg in dem Eimer und war am Morgen zum Gebrauch fertig. Es lag nicht der geringste Anlaß vor, dem Beispiel anderer Zunftgenossen zu folgen und mich schon um Mitternacht an mein Tagewerk zu begeben. Unsere Kunden waren nicht verwöhnt, nie in der Eile und im allgemeinen froh, wenn sie überhaupt Brot bekamen. Ich begab mich daher selten an den Backtrog, bevor die Sonne ein schönes Stück am Himmel zurückgelegt und die nächtliche Kühle einer freundlichen Vormittagswärme Platz gemacht hatte. Den Backtrog bildete eine auf zwei leeren Petroleumkisten ruhende Mr. Evans'sche Bierkiste. Zur guten Hälfte füllte ich dieselbe mit dem schönen australischen Mehl, das wir von Natal geschmuggelt hatten; dann ergriff ich das „Sieb", eine vermittels eines Nagels vielfach durchbohrte tiefe Blechschüssel und goß die Hefe mit warmem Wasser hindurch. Die Kartoffelschalen blieben auf diese Weise zurück und wurden vor die Thür geworfen, wo sie von unseren Schweinen dankbar aufgenommen wurden. Zum Ausschöpfen der Hefe diente, was ich nebenbei erwähnen mag, eine Büchse von französischer Konservenbutter, die zu einem Napf umgearbeitet war und an Tagen, an denen nicht gebacken wurde, zum Aussieben des Kaffernbiers diente. Nachdem ich dann Mehl, Hefe und Wasser in der bekannten Weise gemischt, begann

Am Backtrog

ich mit Macht zu kneten, die Backmasse herumzuwälzen, und mit einem geradegeschlagenen Stück Blech aus den Ecken alles sorgfältig zusammenkratzend, machte ich den Teig fertig. Um ein schnelleres „Gehen" zu bewerkstelligen, trug ich die Kiste dann hinaus an die Sonnenseite, deckte sie mit einem Sack und einem Kistendeckel sorgsam zu und überließ sie einstweilen ihrem Schicksal. Nun ging es ans Zurechtstellen und in Ordnungbringen der Brotformen. Diese hatten wir aus längsseitig durchgeschnittenen Petroleumtins angefertigt, die je drei Brote aufnehmen konnten. Um ein Festkleben des Teiges zu verhindern, wurden dieselben mit dem Fett eingeschmiert, das wir von der Suppe des njama tschise (heißes Fleisch) abschöpften, das sich nach dem Erkalten des Fleisches an der Oberfläche des Tiegels ansammelte. Der Backofen war unterdessen mit getrocknetem Kuhdünger und dürrem Gras gefüllt und mittels eines Petroleumwisches in Brand gesteckt worden. Es dauerte gewöhnlich eine gute Stunde, bis er die nötige Wärme hatte, und dann begann die wenig angenehme Arbeit des Herauskratzens des Feuers. — Zuerst bereitete mir das schnelle und kunstgerechte Rollen und Formen der Brote erhebliche Schwierigkeiten, da aber Übung bekanntlich den Meister macht und überdies in aller Ruhe und Beschaulichkeit gearbeitet werden konnte, kam ich bald hinter all die kleinen Kniffe und machte die Brote kunstgerecht, wie mein Meister, der alte Wilson. Da der Raum ziemlich beschränkt war, wurde der aus

einem großen Kistendeckel bestehende Backtisch durch eine
ausgehobene Thür vergrößert, die wir an Backtagen
dem „Brauhaus" entlehnten. Um den Broten ein
schönes, glänzendes Aussehen zu verleihen, ergriff ich
dann — horribile dictu — einen alten, ausrangierten
Rasierpinsel und fuhr mit großer Geschwindigkeit über
sämtliche Laibe, bevor ich sie auf den Schieber setzte
und in den Ofen hineinbeförderte. Dieser wurde dann
durch das als Thür dienende, leere Petroleumtin ver=
schlossen, hinten der besagte Feldstein eingesetzt, der
Kaffer kam mit einigen Schaufeln Lehm, und beide
Öffnungen wurden so dicht als möglich verschmiert und
verschlossen. Nach wenigen Stunden ward es ruchbar,
daß in Kopje Alleen frisches Brot zu haben sei, und
unsere schwarzen Gäste kamen in Scharen, um sich daran
zu delektieren.

Ich werde nie den Tag vergessen, an dem ich mich
zum erstenmal dazu verstieg, mein Glück mit einem
Kuchen zu versuchen! Man wird eben selbst beim Brot=
backen ehrgeizig, und als wir eines Tages von Volksrust
die Nachricht erhielten, daß Mrs. Sandow, Miß Sandow
und noch eine andere Señorita uns mit ihrem Besuch
beehren wollten, da stellten wir in unserer Aufregung
über solch ein ungewöhnliches Ereignis nicht nur das
ganze Hauswesen auf den Kopf, sondern kamen beide
überein, daß bei diesem festlichen Ereignis auch der
Kuchen nicht fehlen dürfe. Ich setzte mich sofort nach
einem benachbarten Kaffernkraal in Bewegung, um Eier

heranzuschaffen, ritt zum Boer hinüber, um Butter einzuhandeln, und Claus durchstöberte seine Habseligkeiten, um ein Rezept aufzuangeln, von dem ihm noch erinnerlich, daß es von meinem in Eile entwichenen Vorgänger, dem Bäckergesellen Hitzner, in der Hitze des Gefechts zurückgelassen worden sei. Er war hierin denn auch erfolgreich, und sobald ich zurückkam, gingen wir mit Macht ans Werk. Zunächst natürlich Claus, denn er hatte ja das famose Rezept, wie der Sponge Cake herzustellen sei, oder wie er in Sächsisch sagte: schponsch geehk, vulgo Schwammkuchen oder Auflauf. Auf diese Weise gehandicapped, zermarterte ich mein Hirn, wie ich wettbewerbend in die Schranken treten könnte. Meine Ehre als Hausbäcker stand auf dem Spiel, und was sollte pretty Miß Sandow von mir denken, wenn ich nicht einmal einen Kuchen zustandebrächte! Es war eine niederträchtige Geschichte, und melancholisch starrte ich noch in die dunkle Höhlung unseres Wandschrankes, als Claus schon triumphierend mit zwei leeren Whiskyflaschen auf dem Teig herumrollte, den er mit einer unheimlichen Geschwindigkeit angerührt hatte. Da blieb mein Auge plötzlich wie gebannt an dem kleinen Blechgefäß hängen, in dem wir unsern bescheidenen Vorrat von Rosinen aufbewahrten. „Ha!" sagte ich mir frohlockend — „wie wär's mit einem Rosinenstriezel!" Gegessen hatte ich deren genug, warum sollte ich nicht auch einen machen können. Gedacht, gethan. Eier, Mehl und Butter vereinigten sich bald zu jenem lieblichen Gemisch), das ich in meiner Jugend nicht ohne geheimen Schauer ansehen konnte, die Rosinen waren gewaschen, Korinthen ebenfalls, und dann vereinigte ich meine Anstrengungen mit denen Claus', den Teig auszurollen. Die Mischung hatte ich gut getroffen, nur schien mir die Quantität etwas stark bemessen. „Qualitativ — gut; quantitativ reichlich," murmelte ich vor mich hin, wie es in den Pensionsprospekten meiner Schülerjahre immer hieß. Dann streute ich freigebig einen Schauer von Rosinen über den dick ausgebreiteten Teig. Sogar eine Düte Citronat hatte ich in den Tiefen unserer Vorratskammer entdeckt; denselben aufzuschneiden und dem Ganzen hinzuzufügen, war das Werk eines Augenblicks. Nun begann ich das Mixtum aufzurollen und war im nächsten Augenblick starr, welche Dimensionen es annahm! Ich wagte meinen Augen kaum zu trauen. Erst hatte ich es einmal aufgerollt und schon hatte es die Dicke eines ausgebackenen Brotes. Hatte ich mich beim Anrühren verrechnet? Waren die Rosinen schuld daran? — Es war ein gigantisches Werk, das sich vor mir aufbaute, und zagend sah ich es noch wachsen bei jeder weiteren Umdrehung. Dann stand das Prachtwerk fertig vor mir — etwa zwei Fuß lang und acht Zoll hoch!! Erschreckt verglich ich es mit dem Clausschen Fabrikat, dessen Volumen sich zu dem meinen etwa verhielt, wie die unscheinbare Berliner Schrippe zu einem wohlgeratenen Fünfgroschen-Brot. Ahnungsloser Claus! Er hat es nie erfahren, daß ich mich heimlich hinausbegab, um Maß zu nehmen, ob das Ungeheuer überhaupt noch den Eingang des Backofens passieren konnte. Ja, es ging noch hinein, gottlob, wie wir aber zerren mußten, um es später wieder heraus zu kriegen, wie wir beide zogen, schoben, rüttelten, um den fertigen Kuchen wieder herauszuholen und dann schließlich mit dem Blech in den Händen und dem halben Kuchen darauf plötzlich zurückprallten und erschöpft an der Mauer lehnten — davon lasse man mich schweigen: es war der erste und letzte Striezel, an den ich meine Hand gelegt!

*

Halsbrecherisch führt die steile, berüchtigte Poststraße des Nordens in das Thal eines kleinen Nebenflusses vom Komati River. Die bis dahin spärlichen Farmen scheinen nun ganz aufgehört zu haben. Die wildzerrissene, felsenzerklüftete Gegend ist dem Ackerbau nicht günstig, und Meile für Meile legt der Fuß des Wanderers zurück, ohne auf andere Zeichen menschlicher Bewohnung zu stoßen, als die verlassenen, buschverwachsenen Kraale längst vertriebener Kaffern und die hier und da verstreuten Feuerplätze gelegentlicher Reisenden. Ernst und schweigsam schauen die Riesenwälle gigantischer Felsmassen ins Thal hinab. Langhingestreckte Matten verbinden sie mit der Thalsohle und mildern mit ihrem sanften Grün den erkältenden

Eindruck des schroffen Gesteins. Kaskaden und Wasserfälle ziehen sich wie blinkende Erzadern durch den grauen Basalt und schlängeln sich durch das Grün der Halden, bis sie zwischen den Büschen verschwinden. Denn hier hat die flache Ebene ihr Ende erreicht. Die trostlose Einförmigkeit der kahlen Prairie hat dem Buschfeld Platz gemacht. Das dichte Gras wird hier an manchen Stellen mannshoch, und die Dornbüsche strecken ihre langen Stämme lustig und herausfordernd in die Luft. Die goldgelben Doldenblüten der Zwergakazien heben sich wundervoll aus dem sie umgebenden Grün hervor, und ihr starker Duft macht sie zum Tummelplatz eines Heeres von Bienen und Insekten aller Art. Glänzende Fliegen schießen durch die klare, sonnige Luft, Käfer surren vorüber, und die afrikanische Nachtigall flötet ihre melancholischen Weisen. Es herrscht eine wunderbare Ruhe in dem Thal. Hätte die breite Straße nicht Gegenteiliges bezeugt, man hätte glauben können, es wäre nie von eines Menschen Fuß betreten worden.

 Die Sonne sank tiefer und warf ihre letzten Strahlen auf eine friedliche, echt afrikanische Szene. Im Schutz eines hohen, überhängenden Felsens, steht ein kleines Gefährt, dessen weiße Zeltbekleidung seltsam mit der umgebenden Natur kontrastiert. Zwei Gäule vom Basutoschlage, ein Rotschimmel und ein derber Brauner, liefen gekniehalstert zwischen den Klippen umher. Die hohen Büschel saftigen Grases schienen ihnen wohlzuschmecken und auch abgesehen von der Hast, mit der sie fraßen, hätte ein guter Beobachter sagen können, daß manche Meile zwischen dieser Gegend und ihrem Stall lag. Die Geschirre hingen wohlgeordnet über der gestützten Deichsel des Karrens. Der Wagenkasten war herabgenommen, und sein vielseitiger Inhalt lag zum Gebrauch verstreut umher. Kerzengerade stieg der Rauch eines kleinen Reisigfeuers empor. Ein kleiner Kessel brodelte zwischen den Flammen, und der freundliche Leser wird es mir hoffentlich nicht übel vermerken, daß, nachdem ich ein Stück Fleisch und das dazugehörige Salz hineingethan, ich nun erst mal berichten will, wie der alte Sandow und ich eigentlich in diese Gegend verschlagen worden sind. Denn ersterer ist auch zugegen und der eigentliche deus machinationis bei diesem interessanten Nachtlager.

Die Heidelberger Verhältnisse waren unhaltbar geworden. Mein Brotherr Claus hatte sich Hals über Kopf in Goldspekulationen gestürzt, und ich wollte nicht warten, bis sein Schicksal sich erfüllt hatte. Da ich auch keinerlei Absicht hatte, mein irdisches Dasein als Bäcker zu beschließen, rüstete ich mich eines Tages und zog nach Volksrust hinab. Ich stand nicht ohne Freunde da, und old Mr. Sandow hatte mir längst angeboten, mit mir ein Geschäft eröffnen zu wollen, sobald wir einen geeigneten Platz gefunden haben würden. Letzterer bot sich in dem etwas entfernten, aber mächtig emporblühenden Pilgrimsrest. Wir suchten also unter Sandows Pferdekoppel ein paar starke Tiere aus, spannten den zweiräderigen Karren an und fuhren los. Nach Verlauf von sieben Tagen kamen wir glücklich in Pilgrimsrest an, mußten aber unverrichteter Dinge wieder abziehen, da man uns keine Konzession bewilligen wollte. Nun befanden wir uns wieder auf dem Rückweg, in jenem lieblichen Thal, wo der Leser uns überraschte. Mr. Sandow wollte zu Frau und Kindern zurückkehren und ich — nun, ich mußte eben sehen, wie ich weiterkam. Bei jedem store, Wirtshaus und Geschäft bot ich meine Dienste als ‚doppelter Buchhalter‘, Correspondent, Schlachter, Bäcker, Kellner oder Hausknecht an, bislang aber leider noch vergebens. Dieser Umstand konnte meinen guten Mut durchaus nicht beeinträchtigen, da wir noch den größten Teil unserer Rückreise vor uns hatten und ich nicht den geringsten Zweifel in mein gut Glück setzte. In der That waren kaum drei Tage seit jenem Ausspann im Thal verflossen, als ich in Ermelo hängen blieb und meinen Geschäftsfreund allein weiterziehen lassen konnte.

Auf unserer Hinreise waren wir nämlich wegen eines Achsenbruches genötigt worden, einen Nothafen anzulaufen, der sich uns in Gestalt der famosen Schmiede von Louis Rothsprack in Ermelo bot. Mit Letzterem hatte ich mich damals angefreundet, und nun sagte er ermunternd: „Bleiben Sie ruhig zurück, sehen Sie sich im Dorfe nach Beschäftigung um und falls sich nichts Passendes findet, können Sie hierbleiben und das Schmiedehandwerk lernen oder sich sonstwie nützlich

In der Feldschmiede

machen. Das leuchtete mir ein. Es fand sich natürlich nichts „Passendes", und bald stand ich am Blasebalg und blies das Feuer an. Mit jedem Tage lernte ich neues. Er lehrte mich, das Feuer schüren, das Eisen vorm Verbrennen zu bewahren, den Vorschlaghammer führen und Eisen schweißen. Ich mußte Reifen kappen, dieselben „welden" helfen und ganze Wagen auseinandernehmen. Ich lernte den Unterschied von Schrauben, Muttern, Bolzen und Nieten kennen und befreundete mich mit der Bohrmaschine und dem Schraubstock. Als die Arbeit in der Schmiede eine zeitlang etwas flau wurde, planierte ich das Grundstück, legte Wege und Zäune an und grub einen Brunnen — der wieder einstürzte, als ich kaum zwei Wochen fort war. Abends beschäftigte ich mich mit holländischen Studien, mit dem Ausschreiben von Rechnungen und der Führung von Louis' Correspondenz und Buchhaltung. Sonntags gingen wir zusammen angeln und fischen und tauschten unsere Meinungen über politische Ereignisse aus. Die Meisterin hielt auf Ordnung und eine gute Kost im Haushalt, und bei den Mahlzeiten mußte ich manchmal an Indien denken. Dort alles weiß, hier tiefstes Schwarz, das Zeichen unseres Handwerks. Die Hemdsärmel aufgekrämpt und die Gesichter noch geschwärzt vom Stehen an den Feuern, langten die nackten Arme kräftig zu von den vor uns stehenden Speisen. Wir waren nur die vier Schmiede bei Tisch, da die Wagenmacher, der Maler und der Lehrjunge außerhalb speisten.

Es war eine famose Zeit, die bei regelmäßiger Arbeitseinteilung, anstrengender Thätigkeit und gesundem Schlaf schnell dahinfloß. Das in dieser Zeit Gelernte konnte ich im gewöhnlichen Leben sehr gut verwerten, und es ist mir geradezu unschätzbar geworden bei meinem späteren Beruf als Transportryder und als Eisenbahnmann. Außerdem gefiel mir das ganze Handwerk ungemein. Es ist ein männliches Vergnügen, das Eisen zusammenzuschlagen, das spröde Metall in gewünschte Formen umzuwandeln und die Funken sprühen zu sehen. Man gewöhnt das Auge an Maßverhältnisse und die Glieder an Anstrengung. Mancher Schlag auf den Meißel ist zwar vorbeigegangen und hat seine bleibenden Spuren auf meinen Händen hinterlassen, manches heiße Eisen hat meine Handflächen gebrandmarkt, aber das ist eben das unerläßliche Lehrgeld, das man bald verschmerzt.

*

Das Wort Transportryder kann man füglich mit Transportführer wiedergeben. Es bezeichnet die Besitzer oder Führer jener mit achtzehn Ochsen bespannten, starkgebauten Waggons, die den Güterverkehr zwischen den Küstenplätzen bezw. Endstationen der Eisenbahnen und dem Binnenland vermitteln. Es war früher ein gewinnbringender Erwerbszweig und ist heute mehr oder minder ein Notbehelf, indem man das Zugvieh, das sonst stillstehen würde, wenigstens eine Kleinigkeit verdienen läßt. Es war von jeher ein freies, lustiges Gewerbe, und besonders in der guten, alten Zeit Afrikas, als es sich noch gut bezahlt machte, fand man Söhne aller Herren Länder auf den Heerstraßen vom Kapland und Oranje=Freistaat, nach Kimberleys Diamantgruben und den Goldfeldern von Pilgrimsrest, Baberton, Johannesburg und Klerksdorp. Man begegnete Be= sitzern von zwölf bis zwanzig solcher Frachtfuhrwerke, und man kann sich vorstellen, daß die Zugtiere allein einen schönen Wert repräsentierten und eine stattliche Herde abgaben, wenn man sie abgeschirrt zusammen weiden sah. Nicht selten führten die Eigentümer dieser Wagenzüge ein geräumiges Zelt mit sich, in dem sie des Abends Skat, Whist oder andere, weniger harm= lose Spiele spielten, wobei die Flasche emsig kreiste und laute Lieder durch die Nacht hallten.

Die Eisenbahn hat diese Poesie meist zerstört, und die Ochsenwagen sind heute — besonders bei verwöhnten Reisenden — nicht eben beliebt. Ich ziehe diese Art der Beförderung, die freilich Zeit erfordert, jeder anderen vor, und als daher in Ermelo die Abschiedsstunde für mich schlug, war ich hocherfreut, die Tour nach Lyden= burg mit Transportrydern bewerkstelligen zu können. Ich mußte nämlich nach vorstehendem Platz gehen, um mich nach einer Konzession zu erkundigen, die ich dort nachgesucht hatte. Zufällig war ich in Ermelo hängen geblieben — ein Zufall entführte mich dem Roth= sprackschen Hause wieder, indem ich jenen zwanzigjährigen blauäugigen Riesen im Felde traf, der mich für den Fahrpreis von zwanzig Schilling mit nach Lydenburg nehmen wollte. Ein offeneres, freieres Gesicht als Schert van der Merwes ließ sich kaum denken. Gutmütigkeit und Ehrlichkeit hatten seinem Antlitz ihren Stempel aufgedrückt und ließen mich mehr als die gutaussehenden Wagen einer angenehmen Reise entgegensehen. Die Expreßbüchse, sein Wagen und die Ochsen waren Scherts Stolz, den er auch offen zur Schau trug. Der andere Wagen gehörte seinem Vetter Hendriek, einer Art Mischling von der Kapkolonie. Schert hatte mir erst 1.10.0. Lstr. abverlangt, setzte den Preis indessen anstandslos auf obige Summe herab, indem er bemerkte, daß ich dann hin und wieder etwas Fleisch und Brot beisteuern könne. Hieraus ersah ich mit aufrichtigem Erstaunen, daß der Preis für Beförderung inklusive Beköstigung zu verstehen sei — ein ungeheuer billiger Preis, da es sich um eine Reise von mutmaßlich sieben Tagen handelte.

Auf dieser Reise wurde mir Gelegenheit geboten, mein Wissensgebiet wiederum nicht unwesentlich zu erweitern. Ich lernte nämlich den Umgang — nicht mit Menschen etwa nach dem berühmten System des unsterblichen Knigge, sondern mit — Ochsen! Es ist das eine in Süd=Afrika unerläßliche Wissenschaft und thatsächlich eine solche. Das Kennenlernen und Anrufen der Tiere, die alle ihren besonderen Namen haben, das Befestigen der Riemen, die kunstgerecht um die Hörner geschlungen werden, das Auflegen und Festmachen der Joche sind Sachen, die eine lange Praxis, Furchtlosigkeit und Geduld erfordern. Das Ausspannen, sowie Festmachen nachts und die Handhabung der langen Peitsche sind auch wichtige Faktoren. Eine solche Peitsche ist ungefähr dreißig Fuß lang. Am zehn Fuß langen Bambusstiel hängt die Schnur aus Giraffenhaut, die, oben von der Dicke eines Fingers, sich nach unten zu verjüngt. An diese schließt sich der Achterslag und der Vorslag aus Kudufell. Die Zubereitung des letzteren erfordert eine geschickte Hand und ist für den Transportryder etwa dasselbe, was für den Soldaten das Reinigen der Handwaffen bedeutet. Um mit solch einem Ungetüm von Peitsche nicht das Leben seiner Mitmenschen und das eigene zu gefährden, bedarf es einer jahrelangen Übung. Es ist an sich schon nicht leicht, den einzelnen Ochsen zu schlagen, ohne einen der anderen zu berühren oder gar das Auge zu verletzen, ich habe aber auch gesehen, daß einzelne Transportryder die Peitsche mit solchem Geschick handhabten, daß sie zwischen sich und einem zwei Fuß von ihnen stehenden Menschen die Peitschenschnur mit voller Wucht niedersausen ließen, ohne eine Verletzung des einen oder anderen befürchten zu müssen. —

Wir hatten schönes Wetter und legten die ersten Tage der Reise schnell und mit Sicherheit zurück. Dann aber wurde es anders. Bei Anbruch des dritten Tages mußten wir eine Furt durchqueren. Steil führte die

Straße in den Fluß hinab, und steil führte sie die andere Böschung wieder hinauf. Es kostete erhebliche Lungenanstrengungen seitens Scherts und seiner Kaffern, um die Ochsen zu gleichmäßigem Ziehen in dem rasenden Wasserstrom zu veranlassen. Von diesem Geschrei kann sich wirklich kein Mensch, der es nicht miterlebt hat, einen nur annähernden Begriff machen. Die fast überschnappende Stimme des Führers und seiner schwarzen Helfershelfer beschränkt sich bei solchen Gelegenheiten nicht mehr auf das übliche Anrufen der Ochsen: Buschmann, Flaxfeld, Sturm, Lap, Rasmus, Scimon oder wie sonst ihre Namen lauten mögen, sondern erhebt sich zu solchem Gellen, Toben und Kreischen im höchsten Diskant, daß einem himmelangst werden kann. Dazu beschreibt die Peitsche fortwährend ihre sausenden Zirkel über den Häuptern der Tiere, drängt diese zur äußersten Kraftanstrengung und schwirrt in gewissen Zwischenräumen auf die vom Ziehen gestrafften Rücken nieder. Der Tschambok, die gefürchtete Nilpferdpeitsche, thut ihre schrecklichen Dienste, bis zuweilen das geschlagene Tier dumpf brüllend zu Boden stürzt. Wenn nun alle diese Anstrengungen nicht ausreichen, den Wagen über die Klippen zu bringen, so wird noch ein Gespann vorgelegt und den vereinigten Kräften von sechsunddreißig Ochsen gelingt es meistens, das Hindernis zu nehmen. Mehr als ein Gespann braucht man auch, wenn ein Wagen in den grundlosen Wegen festsitzt, wo man dann vierundfünfzig, ja sogar zweiundsiebzig Ochsen vor einem

Wagen sehen kann. Meist reißt dann zu allem Unglück noch das aus Ketten oder Drahtseilen bestehende Treckgut, und man ist schließlich genötigt, den Wagen auszugraben. Diesen Genuß habe ich später noch oft gehabt, heute indessen passierten wir die Furt glücklich und konnten unsern Marsch fortsetzen.

Nach einigen Tagen trafen wir zwei andere Wagen, von denen Schert und Hendriek mir schon viel erzählt hatten, und mit denen wir den Weg nun gemeinsam fortsetzten. Rendsburgs hießen die beiden Führer derselben; beide waren echte Werner Schuchsche Gestalten. Groß, hager und wenig vertrauenerweckend erschien der eine und nicht weniger zurückhaltend, stegreifritterlich, aber auch leichtlebig und fidel der andere. Statt der geeigneteren Spielhahnfeder steckte ein umfangreicher Strauß von Prairieblumen an dem schwarzen Florband seines Hutes, und unter der breiten Krempe hervor lugten ein Paar graue, scharfe Augen lebenslustig in die Welt. Beide konnten famos die Büchse handhaben, spielten ebenso ausgezeichnet sämtliche Boerentänze auf dem Akkordion, sangen das Volks=, Orlog= und andere Lieder und sagten nie nein, wenn es sich um einen drink handelte. Mit solch biederen Seelen läßt es sich schon reisen, und als ich nun auf dem Landdrostkontor in Lydenburg erfuhr, daß unsere Lizenz nicht bewilligt sei, und mir die Rendsburgs vorschlugen, mit ihnen zu ziehen und Transportryder zu werden, da war ich vollkommen einverstanden.

Noch am selben Tage ging es nach einigem Ab- und Aufladen von Gütern weiter nach Pilgrimsrest. Es war ein herrliches Trecken zwischen den Bergen und blühenden Bäumen des Buschfeldes, nachdem man solange in der kahlen Ebene verweilt. Von Tag zu Tag gewann ich jene Gegend und das freie, ungebundene Leben lieber, und ich glaube, ich würde noch heute als Transportryder umherziehen, wenn das Geschick es nicht anders mit mir vorgehabt hätte. Dunkle Wolken zogen über Transvaal hin, und kaum hatte das neue Jahr begonnen, da brach der Sturm los.

*

„Es geht los, Doktor!" rief uns der Sheriff Kühneisen des Lydenburger Landdrostkontors entgegen, als Doktor Wilms und ich in gewohnter Weise bei Hölting zum Frühschoppen erschienen.

„Was geht los?" fragten wir beide gleichzeitig.

„Der Krieg!" lautete die lakonische Antwort.

„Der Krieg?" klang es fragend von des Doktors Lippen.

„Der Krieg?" rief ich gespannt. Ich wagte garnicht daran zu glauben. Was konnte mir gelegener kommen als eine kleine Campagne! Was scherte es mich, ob gegen Swazies, Zulus, die Engländer oder sonstiges Kaffernvolk. Nur hinein ins volle Menschenleben....

Und es ging thatsächlich los. Bei unserm Glase

Beim Einspannen

Drakensteiner erfuhren wir die allerneuesten Nachrichten. In der vergangenen Nacht hatte der Landdrost Befehl erhalten, den Distrikt mobil zu machen. Sofort wurden die nötigen Ordres an die Feld=Kornetts erlassen, die Burghers wurden von reitenden Boten zu den Waffen gerufen, und bei anbrechendem Morgen waren schon die ersten angelangt. In der That sprengten, während wir noch sprachen, bewaffnete Boers wie toll an uns vorüber. Bald kamen sie aus allen Richtungen ins Dorf geritten. Hei, das war ein Leben! Man kannte das stille Lydenburg nicht wieder. Ziemlich unklar und verworren war vorläufig noch die öffentliche Meinung über all diesen Wirrwar und mannigfach die Vermutungen, gegen wen das Aufgebot der Truppen eigentlich gerichtet sei. Während aber Greise, Krüppel, Unmündige und Engländer noch stritten, was dies alles zu bedeuten hätte, handelten aufs energischste diejenigen, die die Geschichte am nächsten anging: die waffenfähigen, vaterlandsliebenden Männer von Transvaal!

Von allen Seiten sprengten sie herbei, die Helden von Amajuba Hill und Ingogo. Bärtige Riesengestalten und flaumbärtige Jünglinge; einzeln, zu zweien, in Trupps von sechs, zehn und mehr. Alle bewaffnet, alle in Hast. Jedem konnte man ansehen, daß er sich des Ernstes der Sache bewußt war, und daß er keine Zeit verloren hatte, dem Notschrei zu folgen, der ihn zum Schlachtfeld rief. Der Marktplatz hallte wieder von dem Klappern der Hufe, den Freudenschüssen des sich fühlenden Volkes, dem Juchzen der jungen Boeren und lautem Stimmengewirr. Pferde wurden verteilt, probiert und vorgeritten, fröhlicher Umtrunk gehalten, Abschiedsszenen spielten sich ab und schließlich brach der erste Trupp des Lydenburger Kommandos, etwa hundertundzwanzig Mann stark, auf.

Mich hatte man für die Pretoria Staats-Artillerie eingeschrieben und auf ein bescheidenes Rößlein gesetzt. Ich nahm Abschied von Doktor Wilms, in dessen Heim ich während der Feiertage Gastfreundschaft genossen hatte, steckte die Flasche Sherry, die er mir mitgegeben, und eine kleine Feldapotheke in mein Ränzel und eilte sporenklirrend und den Kalabreser schwenkend von dannen. Wir marschierten vor dem Landdrostkontor auf, verwandelten die Front durch Einschwenken zu Zweien in die Marschkolonne: ein dreifaches Hurra auf den Präsidenten und Transvaal ertönte, zugleich eine gemeinsame Salutsalve aus unsern Büchsen, und dann ging es in sausendem Galopp zum Thore hinaus, die Straße zum Krokodil-River hinab. Beim Feldkornett David Schoemann hielten wir und verstärkten unsere Kolonne um etwa weitere sechzig Mann. Auch auf dem Marsche wurden wir fortwährend durch Neuhinzukommende verstärkt, deren Erscheinen stets mit lebhaften Kundgebungen begrüßt wurde. Nach siebenstündigem Ritt langten wir in Machadodorp an. Die Verladung der Pferde in bereitstehende Eisenbahnwagen erforderte nur vierundfünfzig Minuten. Gewiß eine

Leistung, wenn man bedenkt, daß viele von den Tieren überhaupt wohl noch keine Eisenbahn gesehen hatten. Da fortwährend Truppendurchzüge anderer Kommandos stattfanden, mußten wir noch einige Stunden warten, bis wir befördert wurden. Endlich war unser Zug bereit, und jeder nahm Platz, wo er eben Platz fand. Billets wurden überhaupt nicht mehr ausgegeben und in Wagen aller Klassen ließen wir uns nieder. Mit einem kolossalen Ruck setzte der Maschinist den Zug in Bewegung und machte mir dadurch recht anschaulich, daß ich seit zehn Monaten zum ersten Mal wieder in einer Eisenbahn saß. Wir kamen an Outspans vorüber, deren Zeltwagen sich wie Inseln in einem Grasmeer ausnahmen. Die Führer derselben erhoben sich von dem Lagerfeuer und winkten uns zu; eine Frau hielt ihr Kind in den ausgestreckten Armen — vielleicht ein Scheidegruß für einen unter uns. Stürmische Ovationen erfolgten auf beiden Seiten. Dann brausten wir vorüber. Mehreremal begleiteten vorübergaloppierende Boeren= knaben den Zug, ihren Stammesgenossen Lebewohl und Wiedersehen wünschend; eine Zeitlang behaupteten sie den ungleichen Wettkampf, dann warfen sie ihre Pferde herum und kehrten auf die heimatliche Scholle zurück. Der Abend brach herein, und der Chorus der Schnarchenden erinnerte mich daran, daß es geraten sei, diese Nacht= stunden auszunützen; denn wer konnte wissen, ob nicht heiße Arbeit morgen unser harrte, und wer konnte sagen, ob morgen um diese Stunde nicht mancher von uns jenen festen Schlaf schlief, der von keinem Schnarchen begleitet ist. Mir wurde etwas bang zu Mute bei diesem Gedanken, und diese Ideenverbindung mußte meinen Schlummer vertieft haben, denn als ich erwachte, verbreitete der junge Tag sein fahles Licht, und der Zug fuhr in einer mir völlig fremden Umgebung dahin. —

„Was sind Pläne, was sind Entwürfe!" — Sinnend durchschritt ich die noch morgenstillen Straßen Pretorias. Stolz dachte ich des Kampfes, in den ich mich nun binnen kurzem für Burghers und Republik stürzen würde. Ich gedachte der damit unzweifelhaft verknüpften artilleristischen Ehren und malte mir mit Genugthuung aus, wie ich die erste Granate in das ungastliche Dach der alten Blank schmettern wollte, die mich damals so schnöde wegen des rückständigen Mietzinses behandelt — da weckte mich ein kräftiges Halloh! aus meinen Träumen. Im nächsten Augenblick sah ich mich von einer Schar alter Pretorianer Bekannten umringt und in die Mitte genommen. Über das woher und wohin hatten wir uns bald ausgesprochen.

„Unsinn, altes Haus, gehen Sie nicht zur Artillerie — haben ja schon genug Leute. Kommen Sie in unser Korps!"

„Das ist die leichte Kavallerie . . . ." trällerte neben mir ein mir unbekannter Herr mit ungarischem Accent und fuhr dann fort: „Es wird Ihnen schon gefallen, und wir brauchen Leute von Ihrem Schlage.

Wir haben einige in unserer Truppe, die nicht gerade geborene Reiter sind. Einer behauptete gestern dem Kommandeur gegenüber, er habe bei den achtundsiebenzigsten Ulanen gedient — nun bitte ich Sie, bei den achtundsiebenzigsten Ulanen!"

„Was trinken Sie?" unterbrach uns Lietzow. Er war von jeher ein sehr praktischer Mensch gewesen; aber ich habe diese famose Eigenschaft nie mehr empfunden, als an jenem frischen Morgen. „Lassen Sie uns auf gute Kameradschaft anstoßen" — fuhr er fort — „und eine glückliche Campagne ... Was soll's sein? Wir nehmen hier morgens immer brandy und Milch half and half. Also Prost!"

Was kann der wackerste Artillerist gegen solche Überrumpelung machen! In weniger als drei Stunden hatte ich mich gemeldet, war angenommen, hatte Waffen erhalten, mir einen schönen Rappen nebst tadellosem Reitzeug unter den Jameson abgenommenen Gäulen ausgesucht und war zum Parlament geritten, wo ich eingeschworen wurde.

Nun war ich also wohlbestallter Reitersmann des Duitsch Vrywilligen Cavallerie Corps zu Pretoria — einer äußerst schneidigen Truppe. Na — schneidig ist Kavallerie selbstverständlich immer, aber unser Korps war doch noch ganz besonders ausgezeichnet. Sehe man sich zum Beispiel unsern Kommandanten an, den Bruder des in Ost-Afrika ruhmreich gefallenen von Zelewski. Er war Offizier gewesen nicht nur in jenem Lande, wo man Schlachten gesehen hat, wie Mars-la-Tour und Gravelotte, sondern auch im Kapland, bei deren berittenen Kapschützen er einen Ruf als verwegenster Reiter und gefürchteter Schütze genoß. Er hat Todesritte in den Zulukriegen mitgemacht, und sein Büchsenlauf ist nicht kalt geworden in den ewigen Kämpfen des Boerenvolkes mit den Negerstämmen des Nordens. „Ich werde Sie hineinführen ins Gefecht," hatte er uns zugerufen, „aber, so Gott mir helf, ich bringe Sie auch wieder heraus!" — Von gleichem Enthusiasmus war unser Premierleutnant Weigelt beseelt, eine frühere Stütze des österreichischen Heeres und jetzt seit langen Jahren anerkannter Goldsucher und Jäger. Er hatte wohl mehr Löwen und Giraffen auf dem Kerbholz, als irgend ein anderer der big game hunters. Paul Krantz, unser zweiter Leutnant, war ein in allen Sports erfahrener Mensch. Seine schlanke, athletische Gestalt ist bekannt in den Straßen Pretorias und den entlegensten Farmen der Boers. In den Tagen des Friedens hat er seine Dienste dem Staatsmuseum als Kustos gewidmet, und er bethätigt den Blick seiner tiefliegenden scharfen Augen beim Präservieren von Raubtieren und Antilopen, die er selbst in der Wildnis belauscht und erlegt hat und nun quasi zu neuem Leben erstehen läßt. Unter unsern anderen Führern sind dann noch besonders bemerkenswert der ungarische Husarenleutnant von Jutrzenka, der auf seinem Falben saß, als wenn Roß und Reiter aus einem Stück gegossen und eben aus der Pußta nach Transvaals Steppen versetzt worden wären. Da war ferner der weidliche Voyt, ein schlachtenergrauter, südafrikanischer Krieger, der sich unter den Freiwilligen befand, die Malabochs Felsennest stürmten, und der öffentlich wegen Tapferkeit im Felde ausgezeichnet wurde, der sprachkundige und weltgewandte Buse, der auf seinem Schimmel die Ordonnanzdienste versah, der jugendliche Graf Faull, Ritter von Rilsky und andere ehrenwerte und sattelfeste Herren.

Die Mannschaften setzten sich aus allen Berufsarten und Waffengattungen zusammen. Zur Aufnahme war neben Unbescholtenheit nur erforderlich, daß der Mann reiten und schießen konnte. Wir bildeten ein halbes Hundert nicht zu verachtender Kämpen. Im Rat der Schlachtengötter war ja leider beschlossen, daß wir nicht in Aktion treten sollten; aber wenn wir je mit den Johannesburg Briganten oder Doktor Jamesons Mustertruppe zusammengetroffen wären — auf einer Seite hätte es mörderliche Hiebe gesetzt, und daß es nicht die unsere gewesen, darauf würde ich noch heute meine Sonntagsstiebel verwetten, wie man im Amerikanischen sagt. Abends fanden in unserm Lager Rundgesänge und fröhlicher Umtrunk statt. Morgens wohnte unser edler Kommandeur dem Pferdeputzen im Schlafrock, Pantoffeln und einer Cigarette bei — welche Garnitur das war, darüber habe ich mir nie recht klar werden können, aber jedenfalls war es nach den Strapazen des Abends für uns alle nicht unangemessen, mit bloßem Kopf spazieren zu gehen. — „Auf daß die Whiskygeister entweichen können —" hatte Gebhard einmal treffend gemeint.

Es wäre ungerecht, über diesen alten Deutsch-Transvaaler hinwegzugehen, ohne ihm ein paar Worte gewidmet zu haben. Gebhard hatte des Schicksals Gunst und seine Tücke erfahren wie wenige. Trotzdem hatte sein guter Humor schließlich immer gesiegt und ihm über alle jene Sachen erfolgreich hinweggeholfen, derentwegen sich viele Leute gleich ein paar Lot Blei, Chancali oder andere starke Arzneien verschreiben. Bei unserm Korps war sein schlagfertiger, gutmütiger, nie verletzender Humor nicht nur belebend und erheiternd, sondern wirkte geradezu erhebend auf die Manneszucht und Willigkeit der Leute bei anstrengenden Übungen, unerwünschtem Dienst, Streitigkeiten und anderen Vorfällen, die zuweilen den Geist der Truppe empfindlich stören können. Er war auch eine Hauptstütze, wenn Jutrzenka und ich, die Tragöden des Regiments, unsere Gnadenarien und Duetts losließen, zu denen der Kommandant dem Piano schauerliche Töne entlockte und Stock wütend auf seiner Guitarre herumriß. Diese Szenen spielten sich bei Lietzow im Central-Hotel ab, das man füglich als unser Hauptquartier bezeichnen konnte.

Unsere Zeit ging so mit Reiten, Schießen, Spiel und Bankettieren hin. Ein modernes Wallensteiner Fähnlein, das nur auf das Signal wartet, losgelassen zu werden. Aber dieses Signal blieb leider aus. Wohl bot Pretoria den Anblick eines echten Waffenlagers, mit Pferdegetrappel, Waffengeklirr, Kommandorufen, Emsigkeit und Aufregung; wohl kursierten wilde Gerüchte über neue Erhebungen in Johannesburg oder gar von Mobilmachungen in Natal und der Kapkolonie — aber die Attacken, die wir so schneidig eingeübt, blieben ungeritten, und die Pferde fristeten ein träges Dasein. Wir thaten Vorpostendienst, stellten Feldwachen, umringten des Präsidenten Wagen in geschlossener Abteilung, wenn er zum Parlament fuhr, und bildeten Spalier, als die gefangenen Engländer ihren freien Abzug erhielten; aber der eigentliche Zweck: — der Krieg mit seinen schaurigschönen Schrecken, mit dem winkenden Heldentod für Freiheit und Recht bezw. dem Lohn des Sieges, dem erworbenen Bürgerrecht und dem Aasgeier=Orden in der Ferne — blieb leider aus!

War es da zu verwundern, wenn eines Tages der große Saal im Central=Hotel widerhallte von dem brausenden:

„Drum Brüder stoßt die Gläser an,
 Es lebe der Reservemann" —

und daß schwungvolle Reden gehalten wurden von dem Nestor unserer Truppe, dem geistvollen Waterstradt und anderen, die sich dazu berufen fühlten, über Kameradschaft, Wiedersehen und andere schöne und lobenswerte Sachen zu sprechen? Ich dachte: finis coronat opus, versenkte mich andachtsvoll in das schöne deutsche Bier, dem ich für Monate nun wieder Valet würde sagen müssen, und weihte eine stille Zähre dem glücklichen Zufall, der mich in diesen lustigen Krieg gewirbelt hatte.

*

Man hatte unser Korps aufgelöst, Pferde und Gewehre waren an die Republik zurückgegeben, und die Mannschaften hatten sich wieder über ganz Transvaal zerstreut. Wehmütig war das Reservelied ausgeklungen, und nun saß ich in einem Coupé erster Klasse auf meinem Weg nach Lydenburg. Denn wohin hätte ich mich sonst wenden sollen? Ein Platz war so gut wie der andere, seit ich keine besondere Ursache hatte, einem speziellen den Vorzug zu geben und im Lydenburger Distrikt war ich wenigstens bekannt. Ich hatte keinen Zweck im Auge, aber mir schwebte dunkel eine Tour in den Alluvialfeldern der dortigen Flüsse vor. Es war etwas beschämend, ein Jahr bereits im Goldland zu sein, ohne im geringsten mit dessen gleißendster Seite in Fühlung getreten zu sein. Das war indessen, wie gesagt, nur eine Idee. Ich habe nie viel um die Zukunft gesorgt und dachte auch damals ruhig dem Geschick zu überlassen, was ich doch nicht irgendwie belangreich beeinflussen konnte. — Ich schnallte die Sporen ab, streckte meine in ledernen Gamaschen steckenden Beine so komfortabel als möglich auf das gegenüberliegende Polster und hängte den Schlapphut über meine

Kniee. Nicht ohne Absicht wandte ich dessen Kokarde
so, daß meine englischen Mitpassagiere die Wohlthat
ihrer vollen Breitseite hatten und in keinem Zweifel
belassen waren, welches meine Farbe und Panier in
dieser kritischen Zeit seien. Dann schloß ich meine
Augen und überdachte in Beschaulichkeit meine Lage.
Verglichen mit der vor dem Kriege, hatte sie sich nicht
gerade wesentlich gebessert, in keinem Falle aber ver=
schlechtert. Die Ausrüstung, die Dom Paul uns als
Andenken belassen, konnte einige Monate mindestens
aushalten, selbst in dem strapaziösen Leben, das mir
im Buschveld bevorstand; das Kochgeschirr und andere
Kleinigkeiten kamen mir gerade sehr zu statten, und
außerdem klimperten ein paar Sovereigns munter und
ermutigend in meiner Tasche. Die Regierung hatte
mich sogar mit einem Freipaß für die Post versehen,
und so fuhr ich die Strecke Machadodorp—Lydenburg
mit der Mail Coach. Da zehn starke, in ausge=
zeichnetem Futterzustand befindliche Maultiere das Ge=
fährt zogen, legte ich denselben Weg, zu dessen Be=
wältigung ich anderthalb Tage gebraucht hatte, in sechs
Stunden zurück. In Lydenburg angelangt, wurde ich
von Doktor Wilms bewillkommnet, von Bekannten als
Schlachtenbummler gefeiert und von meinem Kunstge=
nossen Drexler enthusiastisch begrüßt. Ihm waren die
Philister auf den Fersen, und tief bedauerte er, daß er
nicht mit ins Feld gezogen war. Der alte Blair hatte
ihm infolge andauernd schuldigen Mietzinses den Kredit

versagt, ihm sogar das Logis gekündigt, und so sah
mein alter Johannesburger Theaterkollege einer nichts
weniger als rosigen Zukunft entgegen. Das gab meiner
Wahl, was zu thun, den Ausschlag. Ich sah mich
sofort nach einer Fahrgelegenheit um, die zu finden mir
infolge meiner ausgedehnten Bekanntschaft mit Trans=
portryders nicht schwer fiel, und packte meine Sachen
auf den Ochsenwagen. Gern hätte Drexler die seinen
hinzugefügt, aber leider war daran nicht zu denken, da
sie in den sicheren Händen der Hebräer waren. Ent=
rüstet hängte er deshalb seine Guitarre über die Schulter,
ich ergriff mein Ränzel und den Wanderstab, und fort
ging es, den Bergen, den Grenzen der Civilisation ent=
gegen. Unser Weg führte uns einstweilen nicht weit.
Als nächstes Ziel hatte ich den Speckboom River in
Aussicht genommen, aber das Schicksal fügte es so,
daß wir dort hängen blieben. Wir bezogen eine seit
Jahren leerstehende, halb verfallene Hütte und ließen
uns darin häuslich nieder. Abgesehen davon, daß wir
uns an der einzigen Furt befanden, die meilenweit
stromauf= und ab vorhanden und daher hin und wieder
von Wagen und Reitern passiert wurde, herrschte dort
stete Einsamkeit. Die Hütte hatten wir bald von
Kröten, Schlangen, Fledermäusen und anderem Nacht=
getier gesäubert, ein lustiges Feuer entzündet und damit
unsere feierliche Besitznahme kundgethan. Das mitge=
brachte Fleisch war zerschnitten und zum Trocknen auf=
gehängt, die Provisionen und mein geringer Bücher=

vorrat verstaut, und dann zogen wir beide los, um die Gegend zu rekognoszieren. Wir hatten bald eine geeignete Stelle entdeckt, wo ich mein Werk beginnen konnte, und der nächste Morgen sah mich, Picke und Spaten über der Schulter und die Schüssel zum Goldwaschen unter dem Arm, in die Berge ziehen. Drexlers Jodler verhallten hinter mir und dann hatte mich das Gewirr der Felsen, Dornbüsche, Lianen und Kakteen aufgenommen. Ich suchte mir eine Bucht aus, wo der Strom des Speckboom River weniger reißend war und seine Wasser in kleinen, trägen Wirbeln über angetriebenes Erdreich rollte. Dort schlug ich meine Picke in die feste Bank und löste Scholle auf Scholle los, um sie darauf in der Schüssel durch scharfe Hin- und Herbewegungen von links nach rechts auszuschwemmen. Durch eine geringe Neigung der Schüssel nach vorn wird das leichtere Erdreich mit dem herausfließenden Wasser entfernt und die schweren Bestandteile als Klümpchen, Kiesel, Quarze, eventuell Gold, bleiben zurück. Das letztere oder vielmehr der Staub desselben, denn es sind ja meist nur winzige Partikelchen des gelben Metalls, sammelt sich in drei Rillen am Boden und hebt sich von diesem genau ab, da das ganze Innere von einem intensiven Schwarz ist. Es ist eine harte Arbeit, das Gold dem Schoß der Erde zu entreißen: nicht nur in den Schachten der Minen von Johannesburg, sondern auch für den Goldwäscher, der das Alluvialgold in den Betten der Flüsse sucht. Man steht

bis zu den Knieen im Wasser, befindet sich beinahe
fortwährend in einer gebückten Stellung, mutet seinen
Muskeln durch permanentes Bewegen der Schüssel
ziemlich viel zu, und die Sonne brennt erbarmungslos
hernieder. Ihre Strahlen scheinen sich zwischen den
hohen Felsen zu konzentrieren, das klare, grüne, rauschende
Wasser erlabt den Emsigen nicht, das fahle Grün des
Speckbaums und das Laub der Mimosen ist unbeweglich.
Der schmale Streif des Himmels über einem ist von
einer so dichten Bläue, daß er wie eine dehnbare,
elastische Substanz erscheint. Hin und wieder schlägt
ein Fisch auf, in Zwischenräumen hört man den schrillen
Warnungsschrei der Baboons, kreisen Geier über einem
und träge schleicht der Leguan zum Fluß hinab, mitunter
prescht ein Springbock durch die Büsche — das
sind die Freuden und Abwechselungen im Leben des
Goldsuchers!

Meine Goldausbeute war sehr gering, und daher
hängte ich nach zwei Wochen Schüssel, lange Stiefel
und Revolver an den Nagel und beschränkte mich auf
gelegentliche Streifereien, den Fluß hinaufgehend oder
hinabsteigend. Überall war sein Bett von mehr oder
weniger dichtem Buschwerk umgeben und zwischen Felsen
eingezwängt. An manchen Stellen herrschte eine Szenerie
so absoluten Verlassenseins, daß das Gefühl nicht unberechtigt
ist: seit Erschaffung der Welt bist du der
erste Staubgeborene, der diesen Tempel der Natur betritt.
Da kannte ich aber den Spürsinn und die Aus-

dauer moderner Goldsucher noch nicht. Unterhalb eines Wasserfalls hatte ich einmal zahllose in den Weg ragende Felsen umklettern und übersteigen müssen, um die steilen Ufer zu überwinden und fand meinen Weg endlich von hart an den Fluß tretenden Felswänden verbarrikadiert, durch deren Mitte der Strom sich zwängte. Ich entledigte mich meiner Kleider, die ich nach bewährten Mustern auf dem Kopf befestigte und stieg in den Fluß hinab. Ich fühlte keinen Grund, und der Strom entführte mich mit Windeseile in ein unterhalb gelegenes Becken. Dieses bildete die ungefähre Form eines Ovals, lag in gänzlicher Weltabgeschiedenheit, und um herauszugelangen, mußte ich augenscheinlich einen ähnlichen Prozeß durchmachen, wie den, mit Hilfe dessen ich hineingelangt. Ich beschloß deshalb, mich erst gehörig umzusehen. Zagend und zugleich bewundernd blickte ich an den gigantischen Felsen empor und zum Himmel hinauf, dessen bescheidener Streifen von den zackigen Felsgraten scharf begrenzt wurde und ein tiefes Bleigrau zeigte. Während meiner Wanderung hatte sich das Wetter geändert und jetzt rollte der Donner majestätisch über die Gebirge und die Wunder der mich umgebenden Natur; dem Brüllen von Geschützen vergleichbar zog sein Grollen wie Beben und Erschütterung durch die Steinkolosse, in deren Mitte ich meinen eigenen Herzschlag in furchtbarer Verlassenheit hören zu können glaubte. Wie Unmut und Erzürnen klang des Gewitters Ton in meinen Ohren, stumm drohend schienen mir die Felsen ringsum, als wollten sie sich loslösen aus ihren Sockeln und herniederstürzen auf den Wicht, der kecken Sinnes in ihr Reich gedrungen. Der schneeige Gischt und Schaum des Bergstroms schien intensiver, sein Brausen vernehmlicher, die hochstämmigen Farn peitschten ihre langen Wedel, die langfingrigen, bleichgrünen Blätter der Zwergpalmen zitterten nervös und durch das mächtige Felsenthor kam eine kalte Zugluft, den Aufruhr der Natur verkündend — — ‚Wozu sind solche Zeichen da, als daß sie beachtet werden —‘ dachte ich, schlüpfte schleunigst in meine Kleider und lief etwas höher hinauf, um unter einem mitleidigen Vorsprung Schutz zu finden. Doch siehe da! Ich war noch nicht weit geklettert, da gähnte mir eine Öffnung entgegen und das Buschwerk auseinanderbiegend, blickte ich in einen Schacht, den Leute vor mir schon gegraben. Ich blieb betroffen stehen. Zweifelnd schaute ich auf die mich umgebende Natur, dachte an den oft gerühmten dunklen Erdteil und murmelte bestürzt: „O, Ben Akiba, es giebt doch faktisch nichts Originelles mehr unter der Sonne."

*

Meine Leser wird es mit gerechtfertigter Verwunderung erfüllen, wenn ich ihnen jetzt sage, daß an mich von Ermelo der Ruf erging, meine Kunst als Maler zu bethätigen. Mich selbst wunderte es, unter uns

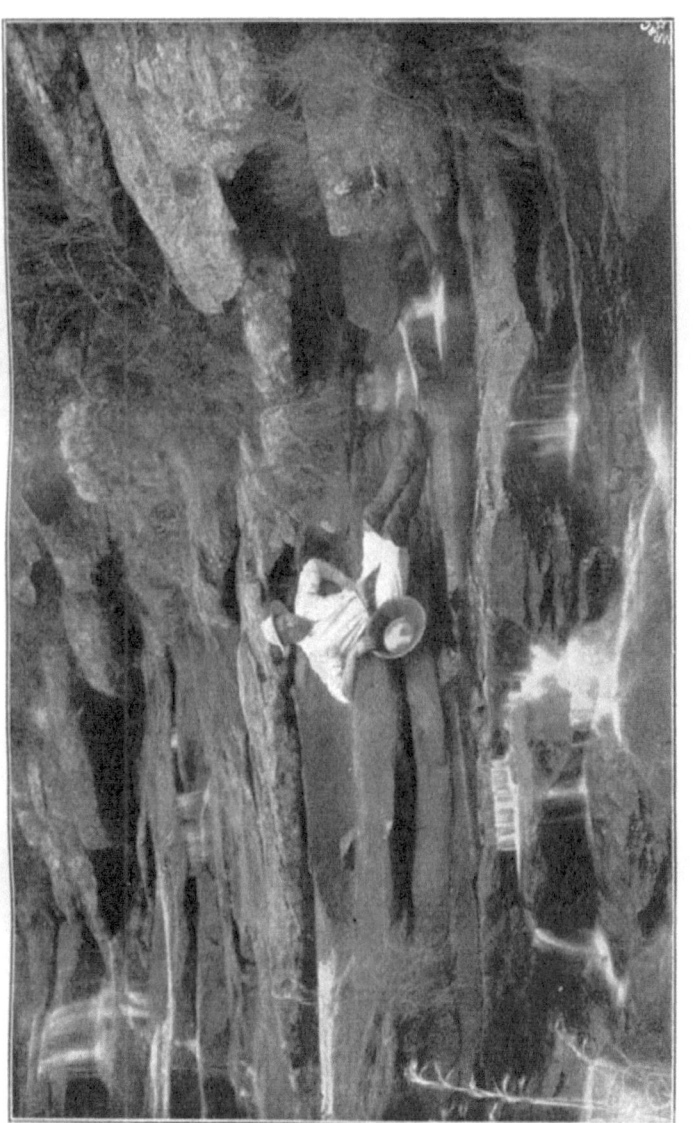

Goldwäschers Siesta

gesagt, am meisten. Denn wenn auch nicht ganz ein Neuling in diesem Zweig menschlicher Schaffenslust, da ich während meiner Schmiedethätigkeit hin und wieder den Pinsel zu führen hatte, so rechtfertigte mein Talent doch kaum das Schreiben Louis', das ich eben in der Hand hielt und in dem er mir in dürren Worten schrieb, daß er einen Maler brauche und mich in absehbarer Zeit erwarte. Meine Verwunderung hielt indessen nicht lange an. Die Zeit, über irgend etwas erstaunt zu sein in diesem Lande, war vorüber. Wenn zu jener Zeit jemand zu mir gesagt hätte: Brown, Sie müssen mit mir im Luftballon aufsteigen — hätte ich jedenfalls erwidert: Eh bien, steigen wir auf! Selbst wenn die odds 10:1 gewesen wären, daß wir bei der mangelhaften Einrichtung dieser Institute unfehlbar den Hals gebrochen hätten.

„Na, mein lieber Drexler," sagte ich daher, den Brief in die Tasche steckend — „wenden wir uns also einem neuen Zweig unserer vielseitigen Genialität zu und befreunden wir uns mit dem Farbentopf. Wie sagt einer unserer größten Denker doch? ‚Nur die Lumpe sind bescheiden' — also keine falsche Schamhaftigkeit. Wer weiß, wo unser Glück noch blüht . . . ich denke, wir schnüren unser Bündel und ziehen gen Süden!"

Zwei Stunden später war das Speckboomriverthal wieder verlassen. Einige des Weges kommende Nigger hatten wir als Träger engagiert und auf ihren dicken Schädeln ruhte unsere Habe, während wir unter dem

Cantus „heute scheid' ich, morgen wand're ich" hinterherschritten. Ein glücklicher Zufall fügte es, daß die Rendsburgs sich gerade wieder zu einem ihrer wochenlangen Trecks nach Charlestown rüsteten, und es kostete mich wenig Überredung, um in ihrer Mitte als willkommenes Mitglied bis Ermelo aufgenommen zu sein. Es war eine regnerische Tour im ersten Teil der Fahrt und eine grenzenlos öde im zweiten. Eines schönen Morgens aber lag Ermelo vor uns, und ich trat klopfenden Herzens in die wohlbekannte Schmiede ein, die noch vor wenigen Monaten mein Heim und mein Alles gewesen. Louis war nicht zugegen, die anderen aber ließen die Arbeit ruhen und bewillkommneten mich in ihrer Mitte. Ich drückte die schwieligen, rußigen Hände der Gesellen Mitchell und Hemmes, begrüßte die Wagenmacher Keppler und Monsieur Louis und stellte mich dann der Meisterin oder „Missis", wie man hier sagt, vor. Ich mußte Platz nehmen und von meinen Irrfahrten erzählen, bis ein solennes Frühstück, Thee und Kuchen mir den Mund stopften und ich nun meinerseits zuhören konnte, was sich in Ermelo inzwischen Bemerkenswertes zugetragen. Ich vernahm mit Interesse, daß Louis im Januar auch mit „im Felde" gewesen sei und daß er seitdem nun zwei Pferde halte, hörte teilnahmsvoll von dem Tode „Holdfasts", des treuen, gelben Köters, der solange Haus und Hof bewacht, und lieh ein geduldiges Ohr allen übrigen Ereignissen des Platzes. Dann war Louis Rothsprack selbst zurückgekehrt, hatte mir als Wohnung das Kavalierhaus jenseits der Straße angewiesen und Drexler auch willkommen geheißen. Am Nachmittag ging es an die Arbeit. Zunächst war ein alter Ochsenwagen aufzufrischen. Mit Bürsten und Wasser kann man ja viel erreichen, und bald hatte ich ihn gründlich gereinigt. „Comitschi" und die anderen Kaffern bugsierten ihn ins Malhaus und dort rieb ich alle gemalten Teile mit Sandpapier und Bimstein ab. In den nächsten Tagen ging es dann ans Anstreichen. Louis hatte noch einen Bruder in demselben Fleck, der ein ähnliches Geschäft besaß und zwischen beiden herrschten nicht nur die nicht ungewöhnlichen verwandtschaftlichen Differenzen, sondern auch hinsichtlich der Farbentöne machte sich eine grelle Dissonanz bemerkbar. Während Louis streng darauf hielt, daß seine Wagen sämtlich grün gestrichen wurden, bezeichnete Martin dies als eine traurige Geschmacksverirrung und malte die seinen stets im prächtigsten Artillerieblau.

Gehorsam meines Meisters Winken mischte ich also eine ordentliche Quantität Schweinfurter Grün, Leinöl und Terpentin und nachdem der ganze Wagen zunächst einen ersten Anstrich von Mennige erhalten, gab ich dem Rumpf den ersten coat, wie der sehr bezeichnende Fachausdruck im Englischen lautet, mit saftigster grüner Couleur. Wenn die Farbe genügend eingetrocknet ist, also etwa nach zwölf Stunden, giebt man den zweiten und später den dritten Anstrich. Hierauf geht es ans Malen der Räder, die ein Kleid vom grellsten Carmoisin erhalten. Die besondere Wissenschaft beim Rädermalen ist, daß man mit dem Pinsel kunstgerecht in die kleinen Zwischenräume der Felgen, Speichen und Achslager hineinfährt und wie überhaupt bei allem Malen den Pinsel lang und kräftig führt. Die Deichsel wurde ebenfalls rot gestrichen und alle Eisenteile des ganzen Wagens schwarz. Zum Schluß erhält alles einen Überzug von Copal-Firnis und dadurch ein glänzendes, strahlendes Aussehen. Später konnte ich meine Kunst noch an einigen neugebauten Wagen beweisen, deren Behandlung im großen und ganzen dieselbe ist, nur, daß vor dem Firnisanstrich die Blumen und Arabesken angesetzt werden müssen. Denn ohne die mooie bloemjes würde kein Boer den Wagen für standesgemäß und komplet halten. Zu diesem Blumenmalen braucht man nun nicht gerade ein Tizian zu sein, da Schablonen den hochfliegenden Geist in Schranken halten und einen davor bewahren, extravagante Gemälde an das Vehikel zu malen, das seinem Besitzer doch Haus und Heim, Burg, Beförderungsmittel, Schattenspender und Regenschutz sein soll.

*

„Wenn Sie nur Geld hätten, Brown!" seufzte Louis mit bedauerndem Kopfschütteln, während er das Eisen, das er gerade in Arbeit hatte, mit Vehemenz ins Feuer zurückstieß.

„Und wenn ich Geld hätte" —? erwiderte ich, obwohl ich ganz genau wußte, was nun folgen würde. Ich sollte mich nämlich an einem neuen Unternehmen beteiligen. Er hatte keine Ruhe mehr zur Arbeit, seit jener Mann mit dem Karussell dagewesen war und fünfundsiebenzig Lstr. an einem Abend verdient hatte. Warum soll man am Amboß stehen und sich abquälen, während anderen das Geld in den Schoß fällt. Ja, es giebt noch Mittel und Wege in diesem Land, um schnell reich zu werden. Man muß es nur verstehen und dann nicht bange sein, wie jene Angstmeier, denen bei jeder Gelegenheit das Herz in die Hosen fällt. Wer nicht wagt, auch nicht gewinnt, Geld macht Geld und so weiter. Und dann war das besagte Karussell ein wahrer Klapperkasten gewesen im Vergleich zu jener Photographie, die er drüben in seiner Stube hatte. Das war doch noch ein richtiges Karussell mit Gardinen und Perlenbehängen, wie es sich gehörte. Außerdem die Birne mit dem Ringspiel — es müßte doch sonderbar zugehen, wenn man mit all diesen Lockmitteln nicht Geld wie Heu machen sollte! Er konnte lange und unbeweglich vor diesem Bild sitzen und sich gänzlich in dessen Anblick versenken. Seine Gedanken nahmen dann einen ungeahnten Flug. Vor seiner Seele spiegelte sich ein verlockendes Wanderleben. Seine Schmiede, Wagenbauerei und sein Malhaus würde er verpachten oder Keppler bedingsungweise überlassen, und dann war er frei. „Karussellbesitzer" klingt auch nicht schlecht. Und dann die langen, neidischen Gesichter der Nachbarn über seinen Einzug in Ermelo und über die abendliche Fülle des Silbers, das er, wie jener andere erst in Eimern fortstellen und am nächsten Morgen dann auf der Bank deponieren wollte. Danach würde er ein Zweistöckiges herauskommen lassen, beide mit Profit verkaufen und eine landwirtschaftliche Maschinenbauanstalt einrichten . . . .

Armer Louis! Vergebens waren meine Einwände gewesen. Vergeblich machte ich ihn auf das Zunehmen der Konkurrenz und die Unzuverlässigkeit derartiger Angaben wie die jenes Karussellbesitzers aufmerksam. Meine Zweifel erregten nur seinen Unwillen.

„Mein lieber Brown, ich weiß es vom Bank Manager selbst, daß er an jenem Abend fünfundsiebenzig Pfund Sterling gemacht hat."

„Es war vielleicht eine Ausnahme." —

„Ausnahme!" lachte Louis spöttisch und triumphierend „— ja, es war eine solche Ausnahme, daß er überhaupt noch nicht wieder nach Ermelo gekommen ist, da er an anderen Plätzen noch bessere Geschäfte macht."

„Es ist eine kolossale Ausgabe, und wenn die Geschichte schief geht, kann Ihnen kein Mensch den Vorwurf ersparen, daß Sie unverantwortlich gehandelt haben, indem Sie Geschäft, Frau und Haus für solch eine Sache aufgegeben haben."

„Von Schiefgehen, wiederhole ich Ihnen nochmals, kann gar keine Rede sein," beharrte er, „und außerdem muß man nicht alles auf eine Karte setzen, sondern selbst, wenn man die ganze Geschichte verlieren sollte, so dastehen, daß man den Verlust aushalten kann."

Dagegen war allerdings nichts einzuwenden. In manchen Punkten hatte er entschieden recht, und jeder kann schließlich mit seinem Gelde anfangen, was er will. Ich schwieg also still und dachte, der ganze Plan würde im Sande verlaufen, wie so manche andere Idee. Das war aber fehlgeschossen; denn eines Tages unterbreitete er mir, daß er seinen Gesellen Hemmes als Partner genommen, und daß ich mit nach Durban gehen, das Karussell von dem Dampfer „Greek" abnehmen, durch den Zoll bringen und damit umherziehen sollte. Hemmes und ich fuhren also mit der Post nach Volksrust und von dort nach Durban. Es war eine dreitägige, strapaziöse Fahrt. Wir mußten auf die Ankunft des Bootes noch einige Tage warten, dann war es glücklich angekommen, wir hatten unser Vergnügungsinstitut gelandet und an einem geeigneten Platz aufgebaut. Louis war selbst erschienen, die Leinwandhülle wurde abgenommen, und nun stand es da in seinem vollen Glanz der Perlen, Stickerei und Lampenschimmer. Der Leierkasten schmetterte mit einer kolossalen Verve das „Edelweiß" hervor, die Glocke ertönte, die Pferde in der stolzgaloppierenden Haltung mit den beigezäumten Köpfen schienen sich zu bäumen — aber ach, kein Mensch machte Miene, sie zu besteigen, keine von den schönen Kutschen mit Plüschsitzen füllte sich. Gegen Abend allerdings wurde der Besuch reger und auch an den folgenden Abenden machten wir etwa soviel, daß wir unsere laufenden Ausgaben decken und die Weiterfahrt nach Verulam bestreiten konnten. Die erhofften Goldberge blieben aber aus. Wir zogen hierhin und dorthin, versuchten dies und jenes, aber das Geschäft blieb still und wenig lukrativ.

Wir durchzogen Natal und kamen schließlich nach Transvaal, und dort war Louis froh, das Ding an einen anderen verkaufen zu können, der inzwischen ähnliche Erfahrungen gemacht hat. Mir war diese Art und Weise des Lebens doch etwas zu bummelig. Eine Zeitlang gefällt einem das zigeunerhafte Umherziehen: man lernt Menschen kennen, kann die Jugend studieren, wird von den Jungens bewundert und von reizenden kleinen Backfischen angeschwärmt, da ein Karussell in jenen kleinen Plätzen dasselbe ist, was bei uns in Europa etwa ein Sommertheater oder Cirkus, und lebt wie die Mitglieder jener Bildungsstätten froh in den Tag hinein. Bald aber verlor diese Art zu leben jede Anziehungskraft für mich und beim Verkauf sagte ich dem Karussellleben endgiltig Valet.

*

Ich hatte va banque gespielt und verloren. Nicht am grünen Tisch indessen. Ich hatte meine gesamten Karussell=Ersparnisse für ein Unternehmen in Natal ver=

wandt, das durch eine seltsame Verkettung unglücklicher Umstände scheiterte. Mit zwanzig Schilling war ich zurückgekehrt — zwanzig Schillinge, die ich Dahlem und Mauff verdankte, zwei Bekannten aus Durban. Ich stand nun wieder einmal verwaist in Volksrust und sah mit melancholischem Interesse den Dingen entgegen, die sich nun entwickeln würden. Ich hatte, wie gesagt, verspielt. Noch aber hielt ich eine Karte. — An dem Abschiedsmorgen jener Unglücksfahrt war ich auf dem Bahnsteig auf und ab gewandelt mit Clude, dem Erbauer der Wakkerstrom= und Ermelokirche und verschiedener anderer monumentaler Baulichkeiten. Wir sprachen gerade über die neuerlichen Versuche deutscher Baumeister, das Mittelalter wieder zur Geltung zu bringen, da gesellte sich ein Dritter zu uns. Der Morgen war dunkel und kalt. Ich konnte das von dem aufgeschlagenen Kragen des großen Überrockes halbverhüllte Gesicht des Neuangekommenen nicht erkennen.

„Züricher —" stellte Clude vor.

Während die beiden anfingen sich zu unterhalten, grübelte ich nach, wo ich den Namen schon zuvor gehört. Ah, fiel mir endlich ein, der Traffic Manager der Netherlands Company in Volksrust!

„Haben Sie nicht einen job für mich, Herr Züricher?"

Die Frage mußte wohl ziemlich unvermittelt gekommen sein. Er starrte mich an:

„Einen „job" — welcher Art — was können Sie . . . ?"

„Oh, irgend etwas bei der Eisenbahn; im Bureau oder an der Linie — das letztere wäre mir eigentlich lieber, da ich, offen gesagt, nicht viel vom Stillsitzen und Federfuchsen halte."

Er schwieg und schien nachzudenken.

„Würden Sie Stoker werden wollen?" fragte er dann.

„Gewiß!" Ich hatte kaum eine Idee, was das war.

„Sind Sie schon mal auf einer Maschine gewesen?" —

„Nein," sagte ich ehrlich.

„Wissen Sie überhaupt etwas von Maschinenwesen, Dampf, Heizen und dergleichen?"

„Ich habe in Indien hin und wieder mit Dampfbarkassen zu thun gehabt —" entgegnete ich, mich erinnernd, daß ich einigemal auf Jagdausflügen zur Kurzweil an der Maschine herumgebastelt. „Außerdem," fügte ich hinzu, „kenne ich von der Schule her natürlich die elementaren Begriffe von Dampfmaschinen, Cylinder, Pumpen und so weiter."

„Allright — ich werde Sie unterbringen!"

Damit war unsere Unterredung beendet.

Darauf war ich abgedampft und nun wieder zurückgekehrt. Ich erinnerte mich jener Unterredung und beschloß Mynheer Züricher aufzusuchen, fest überzeugt, daß es doch nur leere Worte gewesen, die er mir damals gesagt. Ich kenne derartige Sachen zur Genüge, und die Enttäuschung ist für mich zur Regel geworden.

Diesmal allerdings hatte ich ungerecht geurteilt. Er war so gut als sein Wort, gab mir einen Freipaß und Brief an den Betriebsleiter in Standerton, und dort wurde ich definitiv engagiert. Der Abend fand mich bereits auf der Lokomotive Nummer 118 als „dritter Mann", das heißt als seitlicher Beobachter, der den Dienst einstweilen durch Zusehen lernen soll. Der Maschinist war gerade mit Ölen beschäftigt, und der Feuermann oder Heizer alias Stoker war ebenfalls zu sehr in Anspruch genommen, um sich mit mir beschäftigen zu können. Ich stand also allein und meinen Gedanken überlassen auf der von Öllampen matt erleuchteten Fußplatte. Unbewußt lauschte ich mit zurückgehaltenem Atem dem Pulsschlag der Maschine, deren Leben sich als ein Gemisch der verschiedenartigsten Geräusche kundgiebt. Das Sieden des Wassers, das Ablassen des überflüssigen Dampfes, das leise Klingeln und Klopfen der Vacuumbremsvorrichtung und ein Dutzend anderer Geräusche wirken verwirrend auf die Sinne des Neulings ein, im Verein mit all den Hebeln, Schrauben, Hähnen und Ventilen, die er absolut nicht unterbringen kann. Plötzlich weckten drei klare Glockenschläge mich aus meinem Brüten. Ein Schatten huschte neben mir auf, ein gellendes Pfeifen über mir, ein intensives Zischen am Schornstein, das Öffnen des Regulators, und nun fühlte ich, wie wir uns in Bewegung setzten. Zisch, zisch — zisch, zisch, entfuhr in immer kürzeren Zwischenräumen der überflüssige Dampf aus den Cy=

lindern in den Schornstein, und dann sauste die Maschine wie eine losgelassene Furie dahin. Ich werde noch lange an diese erste Fahrt denken. An die einsame, mondbeschienene Prairie, die wir Meile für Meile schweigend durchmaßen, an die Engpässe, die wir durchbrausten, die hohen, geländerlosen afrikanischen Brücken, über die wir donnernd hinwegfuhren, den Prairiebrand, den unser Feuer entfesselte, und viele andere Umstände, die sich mir unauslöschlich einprägten. Ich stellte sinnend Betrachtungen an über die Sprünge, die das Leben mit uns Staubgeborenen macht. Früher thronte ich auf dem Drehschemel vor hohen Pulten — heute schaufle ich Kohlen, wer weiß, was das Geschick morgen mit mir beschließt.

Es hat seine unstreitigen Annehmlichkeiten, über eine stattliche Körpergröße zu verfügen. Sie kommt dem Soldaten, Redner und anderen Personen öffentlichen Auftretens trefflich zu statten und ist eine Zierde des Mannes der oberen Zehntausend. Ein ander Ding aber ist es, mit sechs Fuß ausgerüstet, die dornige Laufbahn der Arbeit und des körperlichen Schaffens anzutreten. Beim Schiffsleben, im engen Raum des Schachtes, bei Reparaturen unter dem Wagen habe ich die Länge meines Corpus oft verwünscht; bei meinem jetzigen ‚job' indessen hatte ich ihm ein förmliches Martyrium zu verdanken. Etwa fünf Zoll über dem Boden der Fußplatte befindet sich das Feuerloch und bei jeder Schaufel Kohlen — und, ach, wie viele tausend sind es an einem Tage — muß ich eine Verbeugung machen, die meinen Ehrenschädel einen Bogen von etwa 80 Grad beschreiben läßt. In einer einzigen Peripherie vereinigt, würde dies eine stattliche Kilometerzahl per Tag ergeben — allein hierfür bezahlt die Zuid Afrikaansche Spoorweg Maatschappij keine Kilometergelder. Wohl aber schmerzt einem der Buckel schließlich. Dann kommt das Feuerreinigen oder fuer schoon maken, wie man im Holländischen höflicher sagt. Es ist dies der Kulminationspunkt in dem wenig beneidenswerten Los des Feuermanns und entringt zuweilen selbst der old hand noch derbe Flüche. Durch Drehen eines Kurbelrades wird eine Welle in Bewegung gesetzt und das Öffnen der beweglichen Feuerroste bewirkt, durch die das Feuer oder vielmehr dessen Schlacken ausgestoßen werden. Hierzu bedient man sich zweier Schüreisen oder, wenn diese nicht ausreichen, des so nützlichen „Kuhfuß". Das alles klingt recht harmlos und so natürlich, daß dem Leser nicht recht ersichtlich sein dürfte, worin die Schwierigkeit bei dieser Manipulation eigentlich besteht. Ich werde mir ein Vergnügen machen, dies des Weiteren zu erläutern: Ad exemplum: Man geht aus irgend einem Grunde mit einem schweren und schmutzigen Feuer von der Anfangsstation ab. Dasselbe brennt infolgedessen schlecht, und der Blaser muß permanent angesetzt werden, um genügend Dampf zu erhalten. Man entfacht ein wahres Höllenfeuer, und die sich in der Feuerkiste häufenden

Kohlenmassen nehmen die Dimensionen von Gebirgen an. Nun kommt man zu der abfallenden Bank, bei deren Herabfahren das Feuer gereinigt werden muß. Es muß beim Herabfahren geschehen, um nicht zu viel Dampf einzubüßen. Man legt also die Schaufel zur Seite und ergreift den Schlüssel, um die Kurbel aufzudrehen, die das Öffnen der Roste herbeiführt und das Herabfallen des Feuers bewirkt. Trotz kolossaler Kraftanstrengung ist man kaum imstande, die Kurbel zu bewegen. Der Blaser und die Kohlenmengen haben das ganze Feuer in eine fußhohe, harte Schicht von Schlacken verwandelt, die wie erkaltete Lava an den Rosten festklebt. Man dreht sich beinahe die Seele aus dem Leibe, um die Roste aufzubekommen. Endlich ist dies gelungen, die Umdrehungen der Kurbel sind beendet, was man an einem leichten Widerstand der Welle verspürt, und die eigentliche Arbeit kann losgehen. Man reißt die Feuerthür auf, und, das lange Schüreisen ergreifend, stößt man ins Feuer, um es aus der entstandenen Öffnung herauszustürzen. Ach — das Eisen gleitet machtlos an der steinharten, glasigen Schicht ab. Keine Spur von einer Öffnung ist zu entdecken. Das ganze Feuer ist durch die im rechten Winkel gedrehte Klappe aufgehoben und muß nun mit Gewalt durchstoßen werden. Man führt das Eisen mit Vehemenz ins Feuer. Man scharrt, stößt, kratzt. Man kniet vor dem Feuer, um es besser überblicken zu können, die Glut versengt das Gesicht und blendet die Augen, in Strömen rinnt der Schweiß, und die schwefligen Gase benehmen den Atem. Das Schüreisen selbst wird rotglühend und leistet noch weniger Wirksamkeit als zuvor. Unterdessen braust der Zug weiter und weiter und nähert sich rapid dem Ende der Bank, wo das Feuer unbedingt gereinigt sein muß.

Das fügt zu den körperlichen Qualen noch die seelischen! Die Anstrengungen werden verdoppelt und beinahe übermenschlich. Endlich werden sie von Erfolg gekrönt. Es ist gelungen, in einer Ecke ein Loch durch die Schlackenschicht zu stoßen, das, wenn auch nur handgroß, doch Fortschritt verheißt. Und endlich fällt ein Stück nach dem andern polternd herab und wird unter dem donnernden Geräusch des Zuges begraben. Die Kurbel wird wieder in Bewegung gesetzt, diesmal mit dem erleichternden Gefühl der vollbrachten That, und sobald sich die Fallthür geschlossen hat, verteilt man mit dem kleinen Eisen das Feuer und schüttet neue Kohlen auf. Die ganze Prozedur soll nur drei Minuten dauern, aber diese Zeit ist genügend, um einem die Beine wanken und den Atem fliegen zu machen, daß er wie ein Blasebalg pfeift. Ganz erschöpft lehnte ich in der ersten Zeit an der eisernen Handgriffstange, weit herausgebeugt, um frische Luft zu schöpfen — heute, nun, wenn ich auch heute noch nicht die Gnadenarie aus Robert dem Teufel nach diesem Akt fehlerfrei pfeifen kann, so ist die Anstrengung doch nicht annähernd so aufreibend mehr wie früher.

Eine weitere angenehme Beschäftigung erblüht einem in dem täglichen ein= bis zweimaligen Entleeren der Aschpfanne. Wenn einer jemals Gelegenheit wünschen sollte, sich zum Schlangenmenschen auszubilden, in dieser interessanten Thätigkeit ist es ihm selten schön geboten. Es muß ein erbarmungswürdiger Anblick gewesen sein, mich so regenwurmartig unter der Maschine zusammen= geknäuelt zu sehen. Um diese Arbeit mit Erfolg zu thun, muß man nämlich zur einen Hälfte sich unter dem Trittbrett zusammenringeln, zur andern sich halb in dem cowcatcher verkriechen. Mit einer langen, schwerhandlichen Eisenkrabbe fährt man dann über dem Boden der Pfanne hin und her. Die herausfallende Asche wirbelt in dichten Wolken umher und läßt einen sich weiß wie ein Müller erheben. Auch das Reinigen des Rauchkastens ist nicht ohne gewisse Reize. Die scharfen, durch die Flammenpfeifen getriebenen Aschpartikelchen setzen sich in den Atmungsorganen fest und können gelegentlich einen diabolischen Hustenreiz veranlassen.

Diese drei Beschäftigungen nebst unablässigem Lampenputzen und Reinigen der Maschine sind die Quintessenz im Dasein des afrikanischen Stokers. Es sind Sachen, an die man sich gewöhnt. Was aber die meisten so kaput macht, daß sie sich oft kaum mehr auf den Beinen halten können und selbst während der Mahlzeiten thatsächlich in Schlaf fallen und sie geistig vollkommen apathisch werden läßt, das sind Mangel an Schlaf, verbunden mit unrationeller Ernährung.

Feuermann der Z. A. S. M.

Ich bin einmal vierunddreißig Stunden ununterbrochen im Dienst gewesen und kaum von der Fußplatte gekommen. Nach acht Stunden Ruhe gingen wir dann wieder für weitere neunzehn Stunden auf die Tour. Auf dem Standerton—Heidelberg-Trajekt ist überhaupt keine Tour unter neunzehn Stunden und alle mit Aufopferung der teilweisen oder ganzen Nachtruhe verbunden. Dergestalt gehören regelmäßige Mahlzeiten zu den Ausnahmefällen. Auf eine warme Mahlzeit kommen zwei bis drei kalte, in Hast eingenommene Abfütterungen. Auf der Fahrt stehend, oder bei Stationen am Grabenrand sitzend, nimmt man einen aus Brot, kaltem Fleisch und Thee bestehenden Imbiß ein. Gegebenen Falls sucht man ein boarding house auf, und die hastig eingenommenen heißen Speisen verursachen einem schließlich mehr Pein als Genuß.

Für ein gut Teil der schweren Arbeit wird man durch Annehmlichkeiten entschädigt, die man wohl nicht immer in ähnlichen Stellungen findet. Dahin gehört eine nachsichtige, menschenwürdige Behandlung des Personals seitens der Vorgesetzten, kulante Geldentschädigung, liberale Urlaubserteilung und Bewilligung von Freibillets, sowie Fürsorge in Krankheitsfällen und weitgehende Berücksichtigung hinsichtlich der Wohnungen, Badevorrichtungen, Bibliothek und anderer sonst schwer entbehrter Annehmlichkeiten im afrikanischen Leben. Mir gefiel dieses Dasein großartig. Auf der Maschine die freie Gottesnatur zu durchfliegen, täglich frische Luft zu genießen, einen sorgenfreien Beruf zu haben, dabei gut bezahlt zu werden und begründete Aussicht zu haben, Karriere zu machen — was will der Mensch mehr. Hin und wieder erlebte ich sogar kleine Abenteuer. Einmal hatte ich einen Zusammenstoß zwischen meiner Maschine und einem Zug, notabene ohne mein Verschulden, und ein andermal verfolgte ich einen Nigger, der Klippen auf die Schienen gehäuft hatte und so den Postzug entgleisen lassen wollte. Im ersten Falle konnte man mir Geistesgegenwart nicht absprechen, und bei der zweiten Affaire wurde ich von der Direktion belobt, und die Maatschappy vergalt mir den Scherz mit einer Fünfpfundnote. Mehrere Monate war ich abkommandiert und führte mit meinem Maschinisten Jan von der Boom und unserer guten, alten Maschine Nummer vierundneunzig ein einsames, beschauliches Zeltleben. Wir harmonierten alle drei zusammen. Die Maschine ist für Feuermann und Maschinisten dasselbe, was für den Kavalleristen das Pferd. Man spricht von ihr, man putzt und verhätschelt sie. Wenn man sie gut ölt, verpackt und in Ordnung hält, befleißigt sie sich einer guten Gangart, macht keine Kapriolen und geht einen leichten, fördernden Schritt; vernachlässige sie, und sie wird aufhören zu ziehen, wird ächzen und schlagen und schließlich eines Tages zusammenbrechen. Das sind allerdings Erfahrungen, die ich mir erst später angesammelt habe, als in den zwei Monaten meiner maschinellen Thätigkeit, die eigentlich nur in den Rahmen dieses Buches gehören. Denn mit Ende Juli sind die achtzehn Monate verfallen, die diesen Zeilen das Charakteristische verleihen. Achtzehn Monate! Aus jenen Tagen des Unbekanntseins und der bittersten Armut hatte ich mich emporgearbeitet zu einer lukrativen, geachteten Stellung, und mein Beruf empfing eine festere Gestaltung, als ich am 3. August, also nach kaum zweimonatlicher Dienstzeit folgenden Brief meiner Vorgesetzten in Händen hielt: Het is my aangenaam U te kunnen melden dat Uw salaris met ingang van 1. dezer gebracht is von Lstr. 12.0.0. op Lstr. 13.0.0. per maand en U bevorderd zyt tot leerlingmachinist 2de klasse.

De Chef der Diensten
Zuid Oosterlyn.

*

Während dieser achtzehn Monate habe ich zwölfmal meinen Beruf und fünfzehnmal meinen Wohnsitz gewechselt. Johannesburg, Kopje Alleen, Heidelberg, Harrismith, Ermelo, Pilgrimsrest, Pretoria, Lydenburg, Ermelo Durban, Verulam, Volksrust, Rietolei und Roodekop bildeten nach einander meine Heimat. Um dieses zu bewerkstelligen, habe ich zweitausendfünfhundertsechsundvierzig Meilen mit der Bahn zurückgelegt, vierhundertachtundzwanzig mit dem Ochsenwagen, vierhundertunddreißig mit der Karre, hundertundsechzig zu Fuß, neunzig per Maultiergefährt und hundertundvierzig

Meilen mit der Postkutsche. Hierzu kommen noch viertausendachthundertachtunddreißig Kilometer, die ich im Dienst der Bahn gefahren bin. Mein Leben war das des Nomaden. Einhundertundzehn Nächte habe ich in der Hängematte geschlafen oder auf dem „stretcher" zugebracht, einundfünfzig auf dem Ladentisch, einunddreißig unter dem Ochsenwagen, fünfzehn unter der Karre, fünfzig im Karussell, sechsunddreißig im Zelt, vierzehn auf Wache im Maschinenschuppen, zwölf auf der Fußplatte der Lokomotive, zwei auf Wache in Pretoria im Feldzug. Einmal schlief ich in einer Krippe, ein andermal erwachte ich in dem Hause eines wildfremden Menschen. Im ganzen waren es nur neunundbreißig Tage in Ermelo und vierzehn Tage in Standerton, an denen ich mir mein Essen nicht selbst zu bereiten brauchte, sondern mich an einen gedeckten Tisch setzen konnte und in einem sauberen, richtigen Bett schlief. Einmal stürzte mein Haus nachts über mir ein, und die das Dach beschwerenden Steine hätten mich beinahe erschlagen; ein andermal mußte ich mit meinen Kaffern unter Aufbietung aller Kräfte arbeiten, um mein Zelt mit meiner geringen Habe vor dem Untergang im Prairiebrand zu retten.

Nachdem ich glücklich über das einem in Deutschland geflissentlich eingeimpfte Lebensvergällungsprinzip hinaus war, fing ich an, dem Augenblick, und nur dem Augenblick zu leben. Ich befand mich glücklich dabei. Meine Gedanken verirrten sich nicht weiter, als bis zur nächsten Mahlzeit. Was danach kam, lag in ferner Zukunft und war mir gleichgültig. Das Schicksal — hier besonders — ist so vollkommen unberechenbar, daß es ungemein nutzlos ist, sich Pläne für die Zukunft zurechtzulegen. Es sei denn, man wolle das Vergnügen der Enttäuschung haben. Das alleinige Bestimmte bildeten meine wollenen Decken, die ich wie meine Augäpfel hütete, und ohne die ich keine halbe Meile aus dem Hause ging. Meine ganze Habe, bestehend aus meinen Schreibutensilien und der Kampausrüstung eines fahrenden Junggesellen, war in einer Geneverkiste aufgehoben. Sonst hatte ich kein Besitztum in der weiten Welt und setzte daher mein Leben voll und ganz ein, bei jeder Gefahr, bei jeder Chance, die es wert war.

Es war eine glückliche Zeit. Von den Tagen meiner Jugend möchte ich keinen wieder durchleben, keinen! In Indien umgiebt den Europäer Luxus und Überfluß, aber es ist doch nur der vergoldete Käfig des dem Norden entführten Vogels. Unbedenklich aber und freudig will ich jede Stunde und jeden Augenblick dieser achtzehn Monate noch einmal durchleben. Was sind jene Tage der Erkenntnis in Johannesburg, was die Hungertour von Heidelberg nach Kopje Alleen — im Vergleich zu dem, was ich gewonnen habe! Ich habe die harte Schule durchgemacht, die den rechten „Afrikaner" zeitigt. Die Lehrjahre liegen hinter mir. Ich stehe auf dem festen Standpunkt eigenen Wollens und Könnens und habe Vertrauen zu mir selbst. Nahezu zehn Jahre hat es mich gekostet, jene Selbständigkeit zu erringen, die schon den englischen Jungen mit zwölf Jahren kennzeichnet und jene servile Scheu abzustreifen, die uns in der Schule anerzogen, in der wir beim Militär bestärkt, die im ganzen deutschen Erwerbsleben verlangt und von allen deutschen Konsulaten soweit als thunlich ins Ausland verschleppt wird, um den soweit Geflohenen auch dort noch das Dasein zu erschweren und zu vergällen. Nun, das ist wie gesagt für mich ein überwundener Standpunkt. Ich bin in Afrika ein anderer Mensch geworden. Ich habe meine gesellschaftliche Stellung nicht aufgegeben und bin doch zu Hause in dem rough and tumble life der Goldfelder und des Kamplebens. Ungebundenheit und persönliche Freiheit sind mir über alles lieb geworden. Für sie ist mir kein Opfer groß genug. Es ist ein prickelndes Gefühl, auf sich selbst und nur auf sich selbst angewiesen zu sein, nicht bei jeder Gelegenheit „Hilfe" und „Polizei" zu schreien, sondern seinen Weg sich selbst zu bahnen — was auch immer die Konsequenzen sein mögen.

Es ist ein Gefühl der Befriedigung, mit dem ich auf diese Zeit zurückblicke. Schätze habe ich nicht gesammelt. Das lag weder in meiner Absicht, noch im Bereich der Möglichkeit. Ich habe meinen Weg in ehrlicher Weise gemacht und mich zu einer Stellung emporgearbeitet, die mich vollauf ernährt. Für andere mag damit der Beweis meiner Selbständigkeit erbracht sein, für mich selbst die Genugthuung, eine genußreiche, befriedigende Zeit verbracht zu haben. Unbekümmert erwachte ich am Morgen, sorglos schaute ich dem Tag entgegen. Die Summe der Jahre meines Lebens hat nicht so viele Frühmorgen aufzuweisen gehabt, wie diese kurze Spanne Zeit. Wenn ich aus dem klaren Nachthimmel — ach, wie oft, — das bleiche Licht des jungen Tages sich verbreiten sah und allmählich der glühende Purpur des afrikanischen Morgens den Horizont bestrahlte, dann war meinem ganzen Tagewerk schon die nötige Weihe verliehen. Es gab nichts, was mich verstimmen konnte und „Mr. Brown is always happy —" ist für mich ein oft gehörtes Wort.

Ich bin am Ende. Einige mögen einen rechten Abschluß vermissen. Es liegt dem europäischen Maßstab so nahe, die letzte Seite umschlagend, zu fragen: Und nun? Wo kommt denn der Passus, daß er nach all diesen Schereien endlich den nervus rerum, den Goldklumpen, gefunden hat! Wann wird er mit dem Mammon zurückkehren und gleich good, old Barney Barnato seine in einen rosaseidenen Schlafrock gehüllten Glieder im Pall Mall Distrikt oder im Tiergartenviertel strecken? — Denen möchte ich zu ihrer Belehrung raten, derartige Ideen zu verbannen, um Enttäuschungen vorzubeugen. Rhodes, Beit, Philipps, Barnato und Konsorten wissen ebensowenig, wie sie zu dem großen Mammon gekommen sind, wie jene vielen armen Teufel, die noch immer ohne einen penny dastehen, es verstehen können, daß der Goldkelch so permanent an ihnen vorbeigeht. Das Gold, unter dem die gemeine Menge ja das Glück versteht, läßt sich eben nicht erzwingen. Es fällt launisch dem einzelnen in den Schoß, ohne sein Beithun und Ansehen der Person. Ich persönlich nun, der ich mich vor nichts scheute, habe mit einer gewissen Ängstlichkeit von mir ferngehalten, was sich mir in Gestalt von shares, claims, stands und properties nahte. Gesetzt aber, ich hätte glücklich spekuliert und wäre nun einer jener „Beneidenswerten"? — — — — — Nun, mir sind die Segnungen des Reichtums und der Civilisation schon vordem geworden. Meine ganze Jugend weiß davon zu erzählen, und ich bin gottlob kuriert.

Am eigenen Herd

Wenn ich zum Beginn dieses neuen Kapitels feststelle, daß ich nach einem kurzen Aufenthalt in Europa nach Transvaal zurückkehrte, in Lydenburg Grund und Boden erwarb, ein Unternehmen begründete und mich endgiltig seßhaft machte, dann ist der Leser zu der Annahme berechtigt, daß ich nach all den Erfahrungen, Lehren und Entbehrungen des Vorhergehenden nun ein gesichertes, beschauliches Dasein friste. Weit gefehlt! Es ist das Charakteristische Südafrikas, daß mit den unstreitigen Wohlthaten seines Klimas und der goldenen Freiheit Enttäuschungen aller Art Hand in Hand gehen. Da giebt es bald Dürre, Heuschrecken, Lungenseuche, bald Rinderpest, Pferdekrankheit, Hagelschlag, Krieg und Pestilenz. Alle diese Widerwärtigkeiten haben auch mich mittelbar oder unmittelbar betroffen.

Die Rückkehr in die Heimat hatte die von vielen zurückgekehrten Wanderern beobachtete Enttäuschung mit sich gebracht. Die Phantasie der Knabenjahre war zerstört, die Verhältnisse hatten sich geändert, die Jugendfreunde waren in alle Winde zerstoben, und ich selbst war fremd im eigenen Vaterlande. Doch da war das Elternhaus! Ich war ja eigens hinübergekommen, um meinem Vater zum siebzigsten Geburtstag zu gratulieren. Und hierin wenigstens erfuhr ich keine Täuschung: es war noch alles lieb und traut wie an jenem Abschieds=morgen vor sieben Jahren; und nun war das gemästete Kalb geschlachtet, und ich streckte die Beine wieder ein=mal unter den heimatlichen Familientisch. Der gute Rheinwein floß, und die Genüsse einer opulenten Tafel inmitten einer festlichen Schar bewährter Freunde des Hauses waren wohl dazu angethan, über manche harte Stunde entsagungsvoller Auslandstage endgiltig zu quittieren. Aber ach, das alles fand nicht mehr so recht den Weg zu meinem Herzen. Die letzten Jahre der Einsamkeit und Einfachheit hatten doch nachhaltigere Eindrücke hinterlassen, als ich mir selbst gestehen mochte. Inmitten der frohen Tafelei überkam mich eine geheime Sehnsucht nach dem frugalen mealiepapp Transvaals, und mit beinahe ängstlichem Befremden beobachtete ich, wie eine Unzahl von Gerichten im Inneren derjenigen verschwanden, die an gewöhnlichen Kalendertagen doch sicher nur eine Suppe und ein Fleischgericht zu sich nahmen. An den Erörterungen der Rangliste, der Stadtbegebenheiten und mancher Tagesfragen konnte ich nicht teilnehmen, und die eigenen kleinen Erlebnisse fanden auf der anderen Seite kaum einen rechten An=klang. Ich vermißte später überall den herzhaften Händedruck und das vertrauliche how do you do unserer fernen Gegenden und wanderte weltverloren in den Straßen von Berlin und Hamburg umher. Einen Monat beschäftigte mich das Niederschreiben und die Korrektur der „Achtzehn Monate", einen weiteren kleine Reisen, einige Einkäufe und sonstige Vorbereitungen für meine Rückkehr; aber dann fühlte ich, wie die Sehnsucht mehr und mehr von meinem Herzen Besitz ergriff. Die Sommertage schwanden, und die freundlichen Worte meines Vaters, die mich beinahe wie ein leiser Vorwurf anmuteten: „Ich sehe, du sehnst dich wieder nach Transvaal zu kommen, und ich will dich nicht zurückhalten" — waren das Signal zu ernstlichen Reisevorbereitungen. Jetzt, da der Abschied vor der Thür stand, überschlich doch beinahe etwas wie Reue mein Herz; im Gedenken der zahlreichen Freundschafts- und Liebesbeweise im Verwandtenkreis, der reizvollen Tage in Zoppot, Berlin, Hamburg, Lübeck, Kiel, Köln und anderen Städten kam mir mein Beginnen fast wie undankbare Fahnenflucht vor. Doch vor mir winkte das Leben mit seinen mancherlei Ansprüchen, gespannten Erwartungen und dem steten Wechsel, der einem beinahe unentbehrlich scheint.

Nach einem flüchtigen Aufenthalt an der Riviera, einem Abstecher nach Monte Carlo, einem Besuch in Abessinien und einer Landung auf Madagaskar, sah ich die Küste von Süd-Afrika wieder vor mir auftauchen. Wenig ahnte ich, was mir bevorstand, und mit einem Gefühl von Kampfbereitschaft und großer Genugthuung sprang ich in Lourenço Marques an

Land. Mit meiner Landung stand ich sofort wieder in Amt und Würden, da die niederländische Eisenbahngesellschaft mir meinen Europaurlaub mit freier Fahrt bis zur Küste bewilligt hatte, und ich konnte wieder in meine alte Stellung einspringen. Es kam indessen anders. Durch meine Heimkehr hatten sich meine Verhältnisse durchaus verändert, und ich beschloß daher umfangreichere Anstalten zu treffen, um für die „kalten Tage" zu sorgen. Ich befand mich stark auf der unrechten Hälfte der Zwanziger und machte mir klar, daß man doch kaum im Geschirr eines Maschinisten oder überhaupt als der Diener einer Company sterben will, und daß es daher an der Zeit war, die Vorbereitungen für eine eigene Existenz zu beginnen. Das ist allerdings leichter gesagt als gethan. Wie viele standen vor mir in Südafrika an diesem selben verhängnisvollen Scheidewege, stürzten sich mit Vehemenz und bestem Wollen auf die verschiedensten Erwerbszweige und auf wie verschwindend wenige Erfolgreiche fällt mein Blick heute, wenn ich die lange Reihe derer mustere, die mit mir zusammen dieses Land betraten oder sich im Laufe der Jahre einstellten. Ich glaube wirklich, es sind nur drei, die sich im Wirbel äußerer Gegenströmungen und eigener Schwächen behauptet haben. Es ist eine alte Thatsache, daß ein Mensch, der in seinem Beruf besonders tüchtig ist oder sein Handwerk wirklich versteht, seine Heimat nicht zu verlassen braucht, um im Ausland eine bessere Existenz zu suchen. Es wird nirgends besser bezahlt als in Europa. Ob wir unser Salär in Mark, Francs, Pfunden, Dollars oder Rupies einstreichen: wir werden bald mit Verwunderung merken, daß alles denselben Weg geht ohne uns erheblich weiter zu bringen. Jeder Verdienst ist eben den uns umgebenden Verhältnissen angepaßt. Da neue Verhältnisse aber meist Mehrausgaben mit sich bringen, ein scheinbar hohes Gehalt oft empfindlich überschätzt wird, die lockere Disziplin des Auslands zum Schlendrian verleitet, Spekulationen naheliegen und gute Lehren in den Wind geschlagen werden, so sehen wir die Mehrzahl unserer Bekannten immer wieder auf den Fleck des Ausgangspunktes oder gar der absoluten Mittellosigkeit zurückgleiten. Hieraus erklärt sich auch das so häufig gehörte und mit großem Selbstgefühl hervorgebrachte: „Ich habe schon so und so viel Mal ein Vermögen gemacht und wieder verloren", — zweifelhafter Staatsbürger in Süd=Afrika. Es ist eben nur das einfache Gleichnis mit dem Sperling in der Hand, oder um den südafrikanischen Beleg dafür zu bringen: die Erfahrungen jener Zimmerleute, die im Jahre achtzehnhundertfünfundneunzig beinahe schiffsladungsweise von Hamburg kamen. Ihnen wurde Arbeit in Kapstadt für zwölf Schilling angeboten. — Überlegen lächelnd schlug die bei weitem größere Mehrzahl dieses Anerbieten aus und zog nach Johannesburg oder Salisbury, um dort für zwanzig beziehungsweise dreißig Schilling pro Tag zu arbeiten. Von den hunderten hatten nur ein paar nach einigen Jahren das Reisegeld für einen Besuch in Deutschland in der Tasche, und auf der Durchreise besuchten sie ihre damals am Kap zurückgelassenen Gefährten. Einige derselben wohnten in kleinen von Gärten umgebenen Häusern der Vorstädte, hatten ihre Familien herauskommen lassen, und als ihre Freunde nach dem Preis der Miete fragten, wurde ihnen zur Antwort „Miete? Dies ist hier unser Eigentum. Wir haben noch eine Kleinigkeit abzuzahlen, und dann ist es gänzlich unser property."

Dies erwähne ich nur zur Charakteristik der Verhältnisse nebenbei. Wirkliches Können ist wie gesagt in den stabilen Verhältnissen Europas am besten geschätzt und honoriert. Nun sind wir aber eben nicht alle Koryphäen in unserem Beruf. Wir können nicht alle die Gabe und Befähigung haben, die höchsten Stufen zu erreichen, oder wir sind aus Standesrücksichten, Familienvorurteilen oder Selbsttäuschung in eine gänzlich verkehrte Lebensbahn geraten, aus der wir ohne beträchtliches Kampfgeschrei der Leute, die es überhaupt nichts angeht, nicht wieder herauskönnen — dann öffnet uns das Ausland seine Arme. Im Strom der allgemeinen Mittelmäßigkeit schwimmt mancher mit, der in dem Wettbewerb der angestauten Menschenmassen und deren aufs höchste geschraubten Thätigkeit sich nicht behaupten konnte. Allerdings geschieht es auf ganz andere Weise als in der traditionellen Tretmühle Europas. Der alte Adam wird einem ziemlich gewaltsam ausgezogen und durch Enttäuschungen, Erfahrungen, Entbehrungen, rücksichtsloses Hin- und Hergestoße, harte Arbeit, Hunger, Mangel an Schlaf, Durst und Kälte während langer, prüfungsreicher Jahre so umgeknetet, bis sich endlich nach mancher Metamorphose das Individuum entpuppt, das sich dem an der Scholle klebenden Europäer dann als foreigner oder selfmademan präsentiert. Dieser Gipfel hat wohl manchem vorgeschwebt, und um ihn zu erreichen, sind die Leute auf die verschiedenartigsten Ideen verfallen. Die wenigsten bleiben bei ihrer herkömmlichen Beschäftigung, sondern werfen sich auf das erste beste, das ihnen gewinnbringend erscheint. Sie versuchen sich als Stiefelputzer, Straßenkehrer, Anstreicher, Handlanger, Ziegelstreicher oder Kalkbrenner, im Hörner-, Fell-, Gemüse-, Frucht-, Fisch- und Kleiderhandel; sie begründen Cafés, Gerbereien, Chokoladenfabriken, Selterwasserbuden und Eßhäuser für die Kaffern; sie ziehen mit Schießbuden, Glücksspielen, Karussells und Panoramen umher und beginnen hundert andere Sachen — meist mit dem Endresultat, daß sie das Wenige zusetzen, das ihnen oder anderen gehörte. Das schadet vorderhand auch nichts. Denn die ersten Jahre sind nur eine Art Vorschule, in der es lediglich gilt, sich die europäischen Ecken abzuschleifen, die Augen offen zu halten, möglichst viel Plätze des Landes zu sehen und Holländisch und Englisch zu lernen. Bis dahin ist alles nur Spielerei. Die Schwierigkeiten beginnen erst, wenn man endlich den rechten Weg gefunden zu haben glaubt, der uns einer etwas ruhigeren, womöglich gesicherten Zukunft entgegenführen soll. Aber wie wenige haben selbst dann noch Glück. Der Grund des regelmäßigen Fiaskos liegt zum Teil in der mangelhaften Kenntnis des Erwerbszweigs oder den in der That zahlreichen Widerwärtigkeiten dieses Landes, ist ganz besonders aber in dem Mangel an Ausdauer und in der Unbeständigkeit des Individuums selbst zu suchen. Ich habe Menschen kennen gelernt, die Pflug und Ochsen buchstäblich auf dem Felde stehen ließen und für immer davon rannten, weil die Heuschrecken zweimal die Ernte vernichtet hatten, und Klavierlehrer, die einen ausgedehnten Schülerkreis und Organistenstellen im Stich ließen, weil ihnen der Platz zu „einsam" war; einige verfielen der Großmannssucht, andere dem Hang zur Herumtreiberei und viele der Spekulation.

All dieses hatte ich aufmerksam beobachtet, meine Schlüsse gezogen, und nun stürzte ich mich kopfüber in den Strudel selbstgeschaffener Sorgen, Müh und Not. Nicht, daß ich im geringsten den Wunsch an sich verspürte, selbständig zu werden. Es war mir im Gegenteil äußerst wohl im Gefühl des Geborgenseins und meines monatlichen Salairs. Ich habe mich kaum je sicherer gefühlt, als damals im Schutze einer mächtigen Kompagnie, die alle Sorgen auf sich nahm und mir meinen Lohn pünktlich ausbezahlte. Aber eine solche Stellung ist doch nicht einwandsfrei, zumal ich im

Maschinenwesen immerhin nur Hospitant war und man nach etwas Sicherem streben sollte. Hinsichtlich einer zweckmäßigen Wahl für eine dauernde Lebensschaffung hatte ich mich in demselben Dilemma befunden, wie die übrigen. Es galt eine Beschäftigung ausfindig zu machen, die, an sich befriedigend und angenehm, einen gesicherten Lebensabend verhieß. Mein Jugendberuf kam mir hierin nur sehr bedingt zu statten. Es ging mir damit wie etwa dem Neuankömmling hier, den man mit einer Schachtel Streichhölzer und einem Stück Fleisch ins Veld setzt. Er würde vermutlich Hungers sterben, — da er nicht einmal ein Feuer entzünden, sich das Fleisch zubereiten kann, und meine kaufmännischen Talente hätten mir jedenfalls ein gleiches Los bereitet.

Schon vor längerer Zeit hatte sich mir die Idee aufgedrängt, eine Brauerei ins Leben zu rufen, da die meisten, die diesen Plan vor mir verwirklicht hatten, ziemlich erfolgreich gewesen waren. Es kam nur noch auf die Wahl eines geeigneten Platzes an, und ich fand, daß von der Kap=Kolonie, Natal, dem Freistaat und Transvaal nur das letztere in Betracht kommen konnte. Dann ließ ich die einzelnen Städte Revue passieren und strich Johannesburg und Pretoria sofort von der Liste wegen der dort schon vorhandenen Brauereien und des Umstandes, daß sie mir niemals für einen längeren Aufenthalt zusagen könnten. Potchep=broom, Heidelberg und Pietersburg haben ihre Braue=reien. Ermelo ist als der ergiebigste Wolldistrikt reich, aber an Wasser arm und von der Natur gar kärglich bedacht. Standerton, Carolina, Rustenburg, Kerksdorp schienen zu klein oder hatten anderweitige Bedenklichkeiten, und so bestimmte mir das Schicksal das Städtchen Lydenburg als das endliche Ziel meiner Wanderungen

*

Lydenburg (sprich Leidenburg) bildet das glückliche Mittel zwischen dem eintönigen Hochland und dem mehr romantischen Buschfeld. Es besitzt das gesunde Klima des ersteren neben dem Wasserreichtum, der gesegneten Vegetation und den Jagdgründen des letzteren. Dieser Umstand, sowie die Kaffernkriege der dort seßhaften Stämme und das Gold von Pilgrimsrest und Barberton haben den Distrikt bekannt gemacht, emporgehoben und gelegentlich vor dem Wiedereinschlafen bewahrt. Es ist eben eins der sonderbarsten und in seinen Gegensätzen überraschendste Nest, das man sich in einem Lande wie Südafrika denken kann. Es hat seine Historie, seine Blüte- und Verfallsperiode, seine Kriegsgeschichte, seine Anekdoten und seine chronique scandaleuse wie irgend ein alter europäischer Flecken. Schon seine eigentliche Gründung und Entstehung entbehrt nicht des Seltsamen, da seine Begründer die Überlebenden des vom Fieber vernichteten Flecken Ohrigstadt waren, die diesem ungastlichen Flecken für immer den Rücken kehrten und sich mit dem heutigen Lydenburg eine neue Heimat schufen. Als eine der drei ehemaligen Republiken Transvaals spielte Lydenburg eine bedeutsame Rolle in der Geschichte des Landes. Es füllte den leeren Staatssäckel zweimal aus seinen Goldminen, focht in seiner Landesmark den Sekukunikrieg, und gewährte dem einarmigen Kapitän Clarke, Sir Garnet Wolseley, Sir Redvers Buller und anderen damals noch bedeutend jüngeren Haudegen der englischen Armee das Hauptquartier für ihre militärischen Operationen. Die Trümmer des Forts, von dem später undankbarerweise die englischen „Befreier" des Landes verjagt wurden, stehen heute noch. Der obligate unterirdische Gang spielt eine Rolle, und ein Haufen Steine wird gezeigt als der Verschluß zu einem Brunnen, der sich einer fabelhaften Tiefe erfreuen sollte. Was die frühen Generationen an Unterlassungssünden auch sonst verschuldet haben mögen, man muß ihnen doch zuerkennen, daß sie für Anlage ungewöhnlich breiter Straßen und Anpflanzung von Bäumen gesorgt haben. Ihnen verdanken wir heute den Schmuck riesiger Eukalyptus, breitästiger Eichen, von Weiden und mancher Fruchtbäume, in deren Schatten man sich ergehen kann. Und das ist mehr, als mancher andere Platz Transvaals aufzuweisen hat. Auf diesem Niveau ist Lydenburg aber scheinbar auch stehen geblieben. Es war, als ich dorthin kam, ein schläfriges im schönsten Emporblühen plötzlich erstarrtes Nest. Das dichte Gras auf den Straßen gewährte nur für Wagen eine breite Spur, von Seitenwegen für

Fußgänger war keine Rede, und nach Regengüssen verwandelte sich das Ganze in einen reißenden Strom. Die beiden Vierecke der Marktplätze waren von weit auseinanderstehenden Häusern umgeben, zwischen denen sich verwahrloste Gärten und Weideplätze dehnten. Man hätte sie überhaupt kaum als Marktvierecke erkannt, wenn Landdrost de Villiers nicht rings um ihr Quadrat Eichbäume gepflanzt und dergestalt einige Symmetrie hervorgerufen hätte. Die halb aus Sandstein gebaute Kirche nimmt sich stattlich genug aus, wenn auch statt des Zifferblatts eine schwarze Platte im Turm gähnt, und der Geistliche für seinen gegenüberliegenden Pfarrgarten entschieden besser gesorgt hat, als für die Umgebung seines Gotteshauses.

Von den anderen Häusern machten einige den Eindruck, als ob sie sich ihrer schäbigen Genossen schämten und sich zu dem gewaltsamen Entschluß einiger Verschönerung aufgerafft hätten. Dies waren die Läden der shopkeeper, und es war allerdings das wenigste, was sie nach jahrelanger Schröpfung des Publikums thun konnten. Diejenigen, deren Ernte in den letzten Jahren aber nicht so ergiebig war, haben sich nachdrücklich gerächt, indem sie ihre windschiefen, verwitterten Buden so respektwidrig als möglich stehen ließen. Robertsons verblichene Mineralwasserfabrik und des alten Fraser antike Holzbaracke mit ihren erblindeten oder zerschlagenen Scheiben und der aus ihren Angeln gefallenen Thür bilden hierfür sprechende Beweise.

Einige neuere, mit Ausnahme von Sonntagen aber leerstehende Kirchhäuser der Buren trugen mit ihren verwilderten Schlingpflanzen und einer höchst traurigen Umgebung wenig dazu bei, den Eindruck des großen Vierecks freundlicher zu gestalten. Die verfärbten Aushängeschilder hier und da, die aus den Büschen lugenden Skelette verschiedener Hausruinen mit ihren flehend zum Himmel gerichteten Dachsparren waren eine weitere Charakteristik dieses Hauptstadtteils. Die übrigen Straßen wichen von diesem Bilde nicht wesentlich ab, nur daß die weißgetünchten, strohgedeckten Häuser durch ihre Umgebung ein ländlicheres Äußere erhielten. Niedere Steinmauern bildeten die Umgrenzung der einzelnen Grundstücke, und dichte Quitten= und Rosenhecken beugten sich darüber. Oleander, Flieder und die brennendrote Blüte des Granatstrauches unterbrachen vorteilhaft das Einerlei. Überhaupt hatte die Natur ihr möglichstes gethan, nur die Einwohner ließen es an sich fehlen.

Die dort hausende Generation entsprach der äußeren Beschaffenheit des Ortes. Eine still für sich lebende Bevölkerung, von der ein stattlicher Teil noch keine Eisenbahn gesehen hatte, von den Errungenschaften am Loitwatersrand ganz zu schweigen. So idyllisch solche Zustände auch für manche sein mögen, für jeden Vorwärtsstrebenden bedeuten sie geradezu Ruin. Es erzeugt stagnierende Verhältnisse, läßt die Bevölkerung sich obstinat abschließen gegen alles Fremde, zeitigt Einseitigkeit, Mißtrauen und Zurückgezogenheit und ist ein wahres

Frühbeet krassester Selbstsucht und Mißgunst. Die beiden letzten sind die wenigst verzeihlichen Erscheinungen, die aus solchen vorsündflutlichen Verhältnissen resultieren. Gerade im Ausland beleidigen diese Umstände am meisten und besonders in Minendistrikten, wo sonst die weitgehendste Befolgung gegenseitigen Zusammenwirkens zur stillschweigenden Voraussetzung wird: Alles Neue wird ermutigt, mit Jubel begrüßt und unterstützt. Mag das Revolverblatt noch so bescheidenen Formats und kärglichen Inhalts sein — es ist Ehrensache, daß jeder darauf abonniert ist. Der Zuwachs der Bevölkerung wird gewissenhaft verzeichnet. Die Etablierung eines Barbiers mit noch so bescheidenen Hilfsmitteln, das Erscheinen eines Schuhmachers im Dorf, der fliegende Zeitungshändler: das alles wird gebührend beachtet und erörtert, und jeder beeilt sich, die Leute etwas verdienen zu lassen. Diese wiederum stecken ihr Geld auch nicht einfach in die Tasche, sondern bestreiten ihre Bedürfnisse in den Läden und Kneipen des Ortes und dergestalt kommt das Geld unter die Leute.

Durch diese Leute haben die jetzigen Lydenburgmagneten ihr Geld gemacht und sich auf den Schultern anderer fortgeholfen. Sie haben aber die angenehmen Lehren vergessen, die den Grundstein zu ihrem Besitztum gelegt haben und lassen sich sehr nötigen, ehe sie Gleiches mit Gleichem vergelten und auch nur das Geringste zum Wohl des Platzes thun, dem sie ihre Existenz verdanken. Bei solchem Verhalten der Altan=

gesessenen im Dorf ist es natürlich, daß alle anderen auch lahmgelegt werden, und selbst der vom besten Willen Beseelte konnte keinen Zug in die Sache bringen. Parker ging in dem Versuch unter, und andere folgten. Über jedem neuen Unternehmen hing schon der Schatten der Vernichtung. „Gott sei meiner Seele gnädig —" war die unausgesprochene Losung jedes Geschäftsreisenden, wenn die Thüren der Coach sich hinter dem völlig Ausgesogenen schlossen und von Constables Schnapsbude aus die lokalen Nassauer ihm mit grinsenden Gesichtern: Auf Wiedersehen! nachriefen. Zahnärzte, Theatergesellschaften, Buchmacher, Gouvernementsbeamte, Prospektoren, Spekulanten und arme Reisende waren einstimmig darüber, daß dieses das bestorganisierte Aussaugungsinstitut wäre, das ihnen seit lange begegnet sei, und daß die Bevölkerung hinsichtlich ihrer jeder liberalen Regung baren Eigennützigkeit entschieden den Preiskuchen verdiene, den die Johannesburger „Crittic" für solche markanten Thatsächlichkeiten verteilt.

Keins der schlechtbesuchten und ziemlich armseligen Pferderennen ist bisher ohne unliebsame Vorkommnisse und schließliche Appellation an den Jockey=Club verlaufen. Keiner der wiederholt gegründeten Cricket=, Bycicle=, Gymnastic=Clubs und debating societies hat jemals ein längeres Dasein gefristet, als etwa zu der Bildung desselben erforderlich war, und der unbedachtsame Neuling, der den Gedanken der Gründung aushecke, war geringen Beifalls sicher. Er machte ge=

wöhnlich auch nie wieder einen ähnlichen Versuch, sondern ergab sich in die Thatsache, daß derartige Bestrebungen in Lydenburg von vornherein aussichtslos seien. Und warum? Die Patriarchen witterten in diesen und anderen Erscheinungen eine zweifellos nahende, neuere, ihnen unbequeme Zeit, die an ihrer Geldkiste rütteln, einer anderen Generation eine Chance geben und ihnen selbst einen Rücksitz anweisen würde. Dem Mining and Agricultural Journal, das eine unabhängige, freiere Richtung einschlug, wurden die Pforten geschlossen und die Maschinen meistbietend für ein Butterbrot der Familienclique des alten Blattes zugeschlagen.

Die von Spekulanten verbreitete Nachricht von einem nahe bevorstehenden Millenium Lydenburgs hatte unter anderen auch einen französischen Barbier von Krügersdorf herbeigelockt, der mit der nächsten Coach und alles zurücklassend, schaudernd wieder entwich, da sich jeder selbst rasierte und sich die Haare von seiner Frau schneiden ließ. Der Bäcker schloß seine Hallen, und ein Sattler siedelte sich am Backofen an. Verzweifelt schlug er einem Kunden den Holzhammer an den Schädel, wurde zu einer Geldstrafe verurteilt und entfloh zur selbigen Stunde. An seinem Platz im ehemaligen Bäckerladen kaut jetzt ein Advokat seine müßige Feder, der in jugendlichem Optimismus glaubte, neben zwei bereits vorhandenen Kollegen noch Beschäftigung zu finden.

Es hat auch Blütenperioden in der Geschichte

Lydenburgs gegeben. Kein Zweifel. Es waren dies Zeitabschnitte, in denen neue Goldfelder aufgeschlossen wurden und Spekulanten Grund aufkauften; in denen der Genever und Whisky reichlicher floß, die Schenken florierten, und die Fremden in einer Art Raserei ihren letzten Pfennig in die Salons trugen. In solchen Zeiten klopften sich die Ureinwohner schmunzelnd den Wanst, strichen ungezählte Gelder ein und hüteten sich mehr als je auch nur den geringsten Bruchteil davon der Stadt oder der ansehnlicheren Gestaltung ihres Anwesens oder auch nur sich selbst zugute kommen zu lassen. Einige allerdings wie Freeman und der vorerwähnte Parker vermaßen sich, hiervon eine Ausnahme zu machen und es geschah ihnen recht, daß sie mit einer schmählichen Niederlage im Schlamm der Verhältnisse erstickt wurden. Ihre Namen werden von den übrigen jetzt mit einer Art Scheu gemurmelt, ihr Andenken ist gebrannmarkt und wird als warnendes Exempel hingestellt. Denn der eine wollte — man denke — eine Singspielhalle einführen, und der andere hatte gar ein zweistöckiges Haus gebaut, einen öffentlichen Park angelegt und überhaupt mancherlei Neuerungen eingeführt! Solch sträflicher Vorwitz hat sich noch stets gerächt. Der Amerikaner Freeman, der mehrere tausend Dollar von seinem Heimatsstaat mitgebracht hatte, starb so arm, daß seine Witwe kaum die Begräbniskosten bestreiten konnte, und Parker besiegelte seine verfrühten Bemühungen mit finanziellem Ruin. Seine Werke aber

sind von den Patriarchen künftigen Geschlechtern als
stete Warnung aufgestellt: Das zweistöckige Gebäude
wird nicht repariert und fällt den Fremden durch sein
ruinenhaftes Aussehen ins Auge, im Park schnitten sich
die Jungens Peitschenstiele, der Teich trocknete aus, die
Pflanzen verdorrten, die Umzäunung verfiel, das Vieh
scheuerte sich an den größeren Bäumen und zertrampelte
die jungen Stämmchen, und Grasbrände thaten bald
das ihrige, um die Vernichtung zu vervollständigen ...

*

Trotz dieser ungünstigen Sachlage beschloß ich,
hier meinen Herd zu gründen, und entsandte einen er=
fahrenen Brauer mit den nötigen Instruktionen, Be=
glaubigungsschreiben und Bankanweisungen, um die Ge=
schäftspräliminarien sofort zu eröffnen. Der Distrikt
hatte es mir nun einmal angethan und tröstend rief es
in meinem Inneren: So öde es hier auch jetzt aussieht,
alter Junge, so rapid und durchgreifend wird der Wechsel
sein, wenn die projektierte Eisenbahn erst einmal diese
Strecken durchschneidet, wenn die Goldfelder ringsum
erschlossen werden, wenn der breite Strom der Menschen
in diese Bahnen gelenkt ist, wenn ..... Du lieber
Gott, wie viele „wenn" stehen einem doch zu Gebot
beim Besteigen eines Steckenpferdes. Dann bist du am
Platz, führte ich die mir angenehme Idee weiter aus,
sitzest fest im Sattel und kannst gemächlich um dich

schauen, wenn die Neuankommenden ihre Jagd nach dem Glück beginnen. Außerdem reizte es meinen Thaten=
drang, in diesen Philisterkreis zu schneien und den Leuten zu zeigen, was 'ne preußische Harke ist. Es hatte allerdings nicht viel gefehlt, dann hätten die Philister die Nützlichkeit dieses Instruments an mir er=
probt; aber ich behielt doch immerhin so ziemlich die Oberhand und schließlich kam der Krieg und fegte mit großen Strichen uns alle hinweg, kehrte den ganzen Platz um und um, bis keine Spur von dem alten Ort mehr vorhanden war, riß uns alle von der Scholle und wirbelte uns ohne Unterschied in alle Himmels=
gegenden . . .

— Der Coach war es nicht beschieden, mich an der gewohnten Endstation vor dem Landdrost Kantoor niederzusetzen, denn eine halbe Stunde vor Lydenburg bekamen wir vor der Lombaardsmühle eine Karre in Sicht, die anhielt, als wir uns ihr ungefähr gegenüber befanden. Abraham, der Postillon, zog die Zügel seiner zehn Maultiere an, die Bremse trat in ihre knarrende Thätigkeit, das schwankende Vehikel kam zum Stillstand, und auf dem niederen Sitz der Karre erkannte ich das ehrliche Gesicht des Brauers, den ich schon seit einigen Monaten installiert hatte.

Es bedarf keiner großen Überredungskünste, um einen Passagier zum Verlassen der Coach zu veranlassen, und an dem vielfältigen Arm= und Beinstrecken der un=
glücklichen Insassen bei den jeweiligen Stationen merkt

man, was die armen Opfer dieser Beförderungsmethode empfinden. Deshalb kletterte ich ziemlich eilfertig von dem Verdeck herab und nahm nach einigen Direktionen hinsichtlich meines Gepäcks höchst zufrieden neben meinem Brauer Platz, der, während die Staubwolke der Coach in der Ferne entschwand, über seine bisherigen Erlebnisse Bericht erstattete. Es war schon ein guter Anfang gemacht, und wider Erwarten bisher alles nach Wunsch gegangen. Zunächst war es natürlich nicht leicht gewesen, einen geeigneten Platz für eine Brauerei ausfindig zu machen, deshalb hatte mein Sachwalter einfach in einem der alten strohgedeckten Häuser in der Mitte des Dorfes Quartier bezogen. Es war ein kühlgelegenes Anwesen. Das Wasser rieselte direkt über den Grund, der „Keller" wurde in einen zur ebenen Erde gelegenen Raum improvisiert, das Sudhaus und die Schwankhalle in einem zu diesem Zweck aus Holz und Eisen errichteten Schuppen untergebracht, und so hatte das junge Unternehmen bereits einen ganz passablen Anstrich bei meiner Ankunft. Als wir daher mit unserer Karre, auf deren blauem Anstrich ein vielsagendes „Lydenburg Brewery" prangte, unter den hohen Eukalyptusbäumen mit einer scharfen Kurve einbogen, und ich mich inmitten der bescheidenen Anfänge dessen befand, das mein Lebenswerk werden sollte, erfüllte mich das freudige Gefühl des Geborgenseins, und ich fühlte genügend Energie in mir, ein selbst zweimal so großes Philisterheer in die Flucht zu schlagen, als Lydenburg es besaß.

Ungeachtet der nur geringen technischen Hilfsmittel produzierten wir ein ganz trinkbares Bräu, und es gelang trotz aller möglichen Hemmnisse, dem edlen Gerstensaft Aufnahme und Einführung zu verschaffen. In einem Publikum, das ausschließlich an Alkohol gewöhnt ist, wird solch ein Beginnen zu einer ziemlich schwierigen Aufgabe, und Johannesburg liefert hierfür sehr bezeichnende Belege, da man dort den sich vom Alkohol zum Biergenuß vollziehenden Umschwung besonders unter Engländern und Amerikanern gut beobachten kann.

Aber auch die anderen sich entgegenstellenden Schwierigkeiten waren nicht zu unterschätzen. Die Produktion wurde durch die Transportschwierigkeit kostspielig und häufig unzuverlässig; das Brennmaterial war teuer und unzweckmäßig, die Kühlmittel höchst primitiv, das Flaschenmaterial eine Zusammenstellung so verschiedenartiger Behältnisse, daß sich Schwierigkeiten beim Korken nicht vermeiden ließen, außerdem mußten wir die Flaschen zeitweilig in Säcken auf meilenweit entfernten, holperigen Straßen anfahren, die Hefeangelegenheit war ein ewig frischer Born steter Sorge, dem fertigen Bräu wurde von Seiten der Kneipenbesitzer nicht die nötige Aufmerksamkeit zuteil — kurz, Schwierigkeiten über Schwierigkeiten. Schließlich handelte es sich, wie gesagt, nicht einmal um die Abhilfe eines lang empfundenen, lokalen Bedürfnisses oder um die willkommene Beglückung einer trinklustigen Bevölkerung, sondern es galt vielmehr, allen möglichen Vorurteilen zum Trotz, die Leute zu einem neuen Getränk zu bekehren und einen neuen Weg zu bahnen. Es dürfte kaum angebracht sein, des Breiten auszuführen, welche speziellen Erfahrungen ich in dieser Hinsicht machte, und welche Hindernisse sich dem Anfänger im fremden Lande entgegenstellen. Erwähnen möchte ich nur, daß alle Zunftgenossen in Südafrika genau dieselben Enttäuschungen vor mir erfahren haben und teilweise sogar vor großen Fiaskos gestanden, wie sie mir gottlob noch erspart geblieben sind.

De gustibus non est disputandum — und ich rufe die Unsterblichen zu Zeugen an', daß hinsichtlich meines Gerstensaftes ganz haarsträubende Ansichten zu Tage traten. „Look here, old boy" — sagte der Goldgräberveteran Jack Hjul eines Tages in seinem grollenden Bierbaß, „look here, dieser Stoff hier von Ihnen ist nicht stark genug — damn it man — das Zeugs muß drei Durchschnittsirländer mit einer Buddel niederschlagen. Thun Sie Schnupftabak hinein — you understand — oder mischen Sie spanischen Pfeffer und Hellmapius in den Höllenstoff, aber so —" er hielt das Glas mißmutig gegen das Licht und zog die Schultern in die Höhe, „aber so kann man den ganzen Nachmittag damit verschwenden und kommt doch sober wie ein judge nach Hause!"

So Jack Hjul der biedere Hinterwäldler in seiner aufrichtigen Anhänglichkeit und alten Schwäche für mich. Anderen wieder war das Bier zu bitter und anderen zu süß. Den Engländern wollte es zu dunkel erscheinen und den Deutschen zu hell. Ganz gewiegte Kenner redeten von mangelndem Exportgeschmack, und die Buren konnten sich eines leichten Mißtrauens nicht ganz entäußern, daß ein Getränk, das sie bisher von irgendwo aus der Ferne bezogen hatten, in ihrem Dorf hergestellt werden sollte. Die Patriarchen schworen aus Prinzip, die neue Industrie nicht zu protegieren, die shopkeeper verstiegen sich infolge meiner ziemlich beträchtlichen Kundschaft aus Pflichtgefühl zu einigen Dutzend Flaschen, und viele wollten von der Sache überhaupt nichts wissen. Es gab aber auch solche, die treu und unerschütterlich zu meiner Sache hielten, und so kam die Geschichte nach und nach in Schwung und dehnte sich von Woche zu Woche aus. Die Stützen der Brauerei waren neben einem Hotel und einer Bar solche Leute, die mich von früher kannten, und neue Gönner, die mein Unternehmen mit freundlichem Interesse verfolgten.

Soweit ging also alles ganz gut, und daß es so gut ging, kam mir ordentlich unheimlich vor, und ich bereitete mich im stillen schon auf einen Rückschlag vor. Daß er kommen mußte, war mir nach allem, was ich in diesem Lande erlebt hatte, völlig klar, aber ich sah mit einiger Verwunderung dem „wie" entgegen. Und das Unglück kam in der That; nicht plötzlich, sondern ganz allmählich. Der Niedergang im Ordrebuch, der stets schmächtigere Umfang der Kassa vollzog sich allmählich und still, aber unaufhaltsam und mit er=

schreckend untrüglicher Gewißheit. Zunächst befand ich
mich in einem idealen Zustand der Unkenntnis über die
Ursache all dieser Vorgänge und war geneigt, sie aufs
Konto der schlechten Zeitläufte zu setzen. Dann traten
Zeichen ein, die diese Annahme zunichte machten und
mich aus meiner Ruhe aufschreckten. Meinen Fragen
aber wurden ausweichende Antworten zuteil, und nur
zufällig vernahm ich unerwartet hin und wieder wenig
schmeichelhafte Epitheta hinsichtlich des Lydenburg Bräus.
Dann empfing ich ziemlich gutgerichtete, scharfe Seiten=
hiebe seitens der feindlichen Kohorten und sah mit
Schrecken einer sich täglich steigernden Vereinsamung
entgegen. Die Wahrheit hört man auch nicht gern
und allzu versöhnlicher Gemütsart war ich in jener Zeit
auch nicht, und so konnte es nicht fehlen, daß ich einige=
male nervös und ausfallend wurde — das Dümmste,
was man in solchen Fällen thun kann. Schließlich
öffneten mir dann ein paar Bekannte darüber die
Augen, daß sich die Qualität des Bieres in letzter Zeit
ganz wesentlich verschlechtert habe, und daß dasselbe in
der That kaum noch zu genießen sei.

Ich machte mich sofort daran, diese Behauptung
zu prüfen: Zunächst ließ ich mich von meinem Geruch=
sinn leiten und fand, daß der Gärkeller seinen Namen
in mehr als der eigentlichen Bedeutung des Wortes
verdiente. Es stellte sich heraus, daß der abflußlose
Fußboden der alten Lehmbude sich im Verein mit der
ausgeschütteten Hefe in einen wahren bazillenbrütenden

Sumpf verwandelt hatte, und der Duft, der beständig über diesem Miasmenherd lagerte, war allerdings nicht derjenige der Rosen von Schiras. Diese Thatsache betraf weder mich noch den Brauer — obgleich dieser etwas vorsichtiger hätte sein können, — sondern war lediglich die Schuld der abfluß= und ventilationslosen, elenden Baracke, in der wir unsere Brauerei aufgeschlagen hatten. Auch das Lehmwasser, das nach Regengüssen eine gelblichbraune Farbe anzunehmen pflegte, war für unsere Zwecke nicht gerade günstig. Unter diesen Umständen war an eine Fortführung des Gewerbes nicht länger zu denken, und mein Entschluß, die bisherige Stätte meiner Wirksamkeit mit Grausen zu verlassen, sollte mir leicht gemacht werden. Das Haus stürzte nämlich nach einem starken Regenguß zusammen. Ich hatte seine gastlichen Hallen eben für einen Augenblick verlassen, als die durchweichten Grundmauern sich bedächtig ausdehnten, die Wände einen Augenblick zu überlegen schienen, nach welcher Seite sie sich niederlegen sollten und dann mit einer einknickenden Verbeugung nach der Mitte traurig in sich zusammensanken. Das Dach stülpte sich, einem eingetriebenen Cylinderhut gleich, darüber und versuchte vergeblich, die melancholische Ruine meinen Blicken zu entziehen. Wenn man sich auf die Fußspitzen stellte, konnte man durch die gähnende Seitenmauer sehen, daß die Fässer unter der eingestürzten Wand begraben lagen. Ich nahm sofort eine Photographie des Tableaus, die ich pietät=

voll zu ähnlichen Dokumenten meines bewegten Lebens legte, und setzte meinen Wanderstab weiter.

Ich erwarb auf der Höhe des Dorfes ein paar eigene Grundstücke, die günstig lagen und sich in jeder Weise für meine Zwecke zu eignen schienen. Hier wurde zunächst ein Brunnen gebohrt, der in einer Tiefe von sechzig Fuß gutes Wasser gab, dann die Keller gegraben und ein ansehnliches Gebäude aus solidem Sandstein errichtet. Große Steinfliesen bedeckten den Boden, und eine geeignete Kanalisation und Wasserleitung erleichterten dem Brauer seine Thätigkeit. Aus Europa trafen Apparate und Maschinen ein, und hiermit trat die Brauerei in eine neue und diesmal dauernde Blüteperiode. Der Absatz steigerte sich in erfreulicher Weise von Monat zu Monat, der Kundenkreis erweiterte sich, und eines Tages schwang sich sogar „De Lydenburger" zu einem fulminanten Artikel auf, in dem er die neue Industrie und deren Unternehmer pries — who did spare neither energy nor money — um sein Werk von Erfolg gekrönt zu sehen, und es sei die verdammte Pflicht und Schuldigkeit des ganzen Distrikts und der umliegenden Dörfer, solche Bemühungen in jeder Weise zu unterstützen.

*

Von den vielen Geschäftsreisen, die ich zur Einführung meines Bieres unternehmen mußte, ist mir eine

besonders erinnerlich, die das von einem Goldsyndi=
kat neuerschlossene Rooitgedacht zum Ziel hatte. Die
Straße führt über den hohen Bergrücken von Spitzkop
ins Thal hinunter, und war damals in äußerst mangel=
haftem Reparaturzustand. Handgroße, flache Schiefer=
setzen bedeckten den in die Bergseite gehauenen, abschüssigen
Pfad und erschwerten den Pferden den Abstieg nicht
nur ungeheuer, sondern boten auch eine stete Gefahr
für deren Fußgelenke. Dann windet sich der Weg durch
Gestrüpp und über kleine Wasserläufe und ist eigentlich
selbst mehr ein ausgewaschenes, zerrissenes Flußbett, als
eine Fahrstraße. Zu unserer Bequemlichkeit und dem
unversiegbaren Gaudium der guten Lydenburger fuhren
wir damals unsere Pferde in Tandemstil, und das war
bei dieser Tour von großem Vorteil. Die Tiere be=
anspruchten dabei nicht die volle Breite der Straße und
konnten sich in der Rinnsalspur besser halten. Die
Karre balanzierte meist in höchst bedenklicher Weise auf
einem Rade, und mein Gefährte und ich mußten uns
mit dem ganzen Gewicht unserer Körper nach der ent=
gegengesetzten Seite hinausbiegen, um das Gleichgewicht
herzustellen. Bei dieser Prozedur hingen wir zuweilen
über einer jähen Tiefe von einigen hundert Fuß und
kamen überhaupt in Situationen, bei denen einem ein
gelinder Schauer den Rücken hinabläuft und man jedes
Haar auf seinem Kopf einzeln zu fühlen glaubt. Aber
mit festen Zügeln und abwechselnd ermunternden oder
energischen Zurufen halfen wir unsern Tieren die

Schwierigkeiten der Straße zu überwinden und bewerkstelligten dergestalt den gefährlichsten Teil dieses Abstiegs. Schon glaubten wir, gewonnenes Spiel zu haben, als der kritische Moment ganz unvermittelt an uns herantrat. Wir hatten gerade eine jener atemberaubenden Stellen hinter uns und bewegten uns in verhältnismäßig günstigem Terrain, da glitt das eine Rad auf dem Steingeröll aus, das andere erhob sich gleichzeitig über einen mäßigen Felsblock, wir machten instinktiv das bislang so erfolgreiche Experiment des Herausbiegens und dann gab der Boden unter uns nach, und ich empfand das angenehme Gefühl des Fliegens.

Zunächst entzogen sich die begleitenden Nebenumstände meiner Beobachtung, da ich unten lag. Auf mir ruhte mein Gefährte, zugedeckt von einem Gewimmel von Flaschen, Kisten, Körben und Pferdefutter, und über dem Ganzen breitete sich verhüllend die Karre.

„Ich glaube, wir sind entgleist," sagte die tiefe Stimme meines Kameraden über mir, während ich wahrnahm, daß ein kräftiger Biergeruch sich anheimelnd mit dem Gras- und Blumenduft ringsum mischte.

„Scheint mir auch so," pflichtete ich zustimmend bei. „Scheint mir wirklich so — und ich würde Ihnen verpflichtet sein, wenn Sie meinem Korpus ein wenig mehr Spielraum gewähren könnten."

Darauf fühlte ich ein paar gewaltsame, zappelnde Bewegungen meines Unglücksgefährten, die mich vorerst noch flacher auf den kiesigen Boden drückten; dann vernahm ich einiges erleichternde Scherbengeklirr: es wurde Licht und gleich darauf sagte mein Gefährte aufatmend und sich streckend: „So — ich wäre glücklich wieder auf den Beinen, und meine Knochen scheinen auch heil, aber, du lieber Gott, was ist denn mit der ‚Mary' los?"

Mary war unser Stangenpferd, und der Gedanke an den armen Gaul brachte auch mich blitzartig an die Oberfläche. Da sah es lieblich aus! Die Karre machte mit ihren gen Himmel gestreckten Rädern den Eindruck, als ob sie fliegen wollte, die ‚Mary' lag wie leblos zwischen den Deichselbäumen, und der ‚Cowboy' stand zitternd und schnaubend in seinen losen Strängen. Wir befreiten den Schimmel mit einiger Mühe aus seiner mißlichen Lage, schirrten beide Gäule ab und ließen sie laufen. Dann untersuchten wir den umhergestreuten Inhalt unserer Karre und stellten fest, daß nur etwa anderthalb Dutzend Bierflaschen den Umfall mit ihrem Untergang besiegelt hatten.

„Es ist etwa gerade die Stelle, wo wir ausspannen wollten," meinte mein Kamerad und zog ein paar unversehrte Flaschen aus dem Chaos hervor. Ich suchte die Tasche hervor, die unsern Proviant enthielt und dann ließen wir uns neben den Trümmern unserer Habe nieder und stärkten uns für unsere weiteren Abenteuer.

Als wir dann endlich die Karre aufgerichtet und die Pferde eingeschirrt hatten und einige Stunden später glücklich vor der niederen Bude hielten, die den Kauf=

laden des im übrigen ganz ansehnlichen Minenkomplexes enthielt, ergab es sich, daß wir nur noch traurige Reste aufzuweisen hatten.

„Halloh?" rief eine Stimme, als ich gebückt durch den etwas niederen Eingang trat.

„Halloh?" sagte ich. „Können wir Biergeschäfte machen?"

„Well — wir können ja mal sehen, was sich machen läßt," klang es zurück. Der Kaufmann saß auf dem von Tannenbrettern gefertigten Ladentisch, von dem seine Beine herabbaumelten: die Ärmel des losen Flanellhemds aufgekrempelt, die kurze Pfeife im Mund und umgeben von den verschiedenartigen Handelsartikeln, deren die Kaffern an solch entlegenen Plätzen bedürfen.

„Ich bin zwar mit meiner applecart unterwegs umgefallen," sagte ich und ließ mich auf ein umgestülptes Cementfaß nieder, „aber ich habe aus dem Schiffbruch doch so viel gerettet, um eine ehrliche Probe unseres Stoffs zu ermöglichen — ich bin der Vertreter der Lydenburg Brewery."

„Hab schon gehört," sagte der andere kurz und streckte mir seine Hand entgegen. „Mein Name ist Douglas."

„Und wie finden Sie die Dinge in diesem Teil der Welt?" —

„Ah, großartig," sagte Mr. Douglas, sich behaglich streckend, „geradezu großartig. Dies ist faktisch eine veritable kleine Goldgrube im wahren Sinne des Worts."

Die Beine auf den Ladentisch ziehend und über seine Kniee auf mich herabblickend, führte er des weiteren aus, wie diese Mine mit dem bekannten Troß von Direktoren, Sekretären, Managern, Cyanidleuten und Amalgametern für den Eigentümer Eckstein keine Profite erübrigt hätte, daß sie aber jetzt für ihr kleines Syndikat von fünf praktischen selbst Arbeitenden eine über Erwarten reiche Ausbeute gewähre. „In der That so zufriedenstellend," schloß Mr. Douglas, „daß ich, wenn die Dinge so bleiben, nach zwei Jahren ein hübsches kleines Vermögen zu haben hoffe."

Wir hatten ziemlich lange zusammengesessen, das Bier geprobt und wieder geprobt, ich hatte den Rest für eine liberale Entschädigung dagelassen und eine Ordre für mehrere Kisten in der Tasche. Dann traten wir den Rückweg an, überwanden die Gefahren des Thals noch bei Tageslicht und legten den Rest des Wegs in schlankem Trab in der Stille einer herrlichen Mondscheinnacht zurück.

Einige Monate später war Mr. Douglas in der Stadt. Wir spielten abends eine Partie Billard und am nächsten Morgen sagte ich ihm Adieu am Coachfenster.

„Wann denken Sie zurück zu sein, Mr. Douglas?" fragte ich, wie Abraham die Zügel fester ergriff, und die Maultiere anzogen.

„Der Himmel bewahre mich, daß ich diesen vermaledeiten Fleck jemals wieder betrete," klang es aus

dem Gerassel und Staub der Coach, und nachdenklich
trat ich meinen Heimweg an.

Später hörte ich, daß die Ausbeute von Nooit=
gedacht in der That eine äußerst reiche gewesen sei,
daß die Goldader indessen plötzlich versiegt sei, daß das
Syndikat unerlaubte Schachte bearbeitet habe, daß
Streitigkeiten unter den einzelnen Mitgliedern stattge=
funden hätten und so weiter. Kurz, das Schicksal hatte
sich — wie das in Südafrika so häufig ist — plötzlich
gewendet, und ich wurde insofern in Mitleidenschaft
gezogen, als ich einige Geschäftsfreunde verlor.

*

Mein Haus ist ein großmütiges Präsent meines
Vaters. Er hat mir dasselbe aus Stockholm schicken lassen,
und ich habe es unter Mithilfe meiner Kameraden eigen=
händig aufgebaut. Wenn es die Absicht des alten Herrn
war, meinem Wanderleben hierdurch einen gewissen Abschluß
zu verleihen und endlich meine Lebensbrigg vor Anker
gehen zu sehen, so hat er seine Absicht trefflich erreicht.
Trotzdem ich beim Schreiben dieser Zeilen fern von
meinem Heim in der Verbannung weile, trotzdem mein
Dasein in Lydenburg nicht immer frei von Sorge war,
und trotzdem das in den zwei Jahren Geschaffene in=
zwischen vom Krieg vernichtet und verschlungen ist, hängt
mein Herz doch — oder eigentlich umsomehr an jener

Scholle, die mir einen Teil der Heimat verkörpert und meinem Dasein einen Zweck verliehen hat. Zum Andenken an den Platz eines Freundes in Sumatra und infolge eines vorhandenen Orangewäldchens hatte ich meine Herdplatte Limomanis getauft, das ist Haus der süßen Lemonen, und die vor der Thür sitzenden Taufzeugen sind der Landdrost, Redakteur und Sheriff des Städtchens.

Zunächst sah es ziemlich kahl und unwohnlich in meiner Behausung aus, dann aber vervollkommnete sich deren Inneres mit dem lukrativen Betrieb der Brauerei, bis ich endlich eine sehr behagliche Wohnstätte mein eigen nannte. Das Treppenhaus war mit Antilopenhörnern geziert und enthielt die mannigfachen Andenken meiner frühen Wanderungen durch die Welt. Da hing an einem Pfeiler die Laute, das Ränzel und der Wanderstab, da prangte ein sehr schöner Sjambock, den ich von der westafrikanischen Küste mitgebracht und durch einen mir dedizierten birmesischen Silberknauf hatte verzieren lassen, da prangten Weidmesser, Schußwaffen und Shawls, da befand sich eine ganze Gallerie von Handzeichnungen, Skizzen und Photographien. Der größte Raum des Hauses bildete eine Art Trinkzimmer, wozu er sich infolge seiner kunstreichen Decke und seiner dunklen Holztäfelung besonders eignete. Ein breites mit Fellen bedecktes Lager nahm nahezu die eine ganze Seite des Zimmers ein und bildete die stete Attraktion meiner Freunde, denen es zuweilen gleich als Nachtlager diente, wenn sie unverhofft eintrafen. Meine Künstlerepoche war vertreten durch ein Dutzend Kolleginnen von den living pictures des Theatre of Varieties das heißt nur durch ihre beredten Konterfeis, denen sich einige Aquarellbilder von Turf und Sport anschlossen, die schon die Räume meiner Soldatenzeit in Deutschland schmückten. Eins der Zimmer bildet die Bibliothek mit Wandkarten, Nachschlagebüchern, Lexicis und einem bescheidenen, zusammengewürfelten Bücherschatz auf geräumigen bis zur Decke reichenden Regalen. Es ist ein Vorzug der schwedischen Holzhäuser, daß sie mit mancher bequemen Vorrichtung versehen sind und in diesem Raum waren es zwei in die Wände eingefügte Schränke, deren einer einen Vorrat von Medikamenten und Verbandzeug enthält. Im anderen befindet sich der mit Recht so vielgepriesene Linnenschrein, den meine sorgende Mutter reichlich ausgestattet hat. Im Neben= zimmer baumelte ein Trapez von der Decke, das im Verein mit Keulen, Hanteln und Gewichten, sowie der Staffelei für Schnellmalerei und einer Anzahl anderer Schnurrpfeifereien ebensosehr zu meiner Belustigung diente als gelegentlich ein distingiertes Auditorium ent= zückte.

Im oberen Stockwerk befand sich mein Schlaf= zimmer und das Fremdenzimmer nebst zwei Ankleide= räumen, sowie ein, mit einem breiten, bequemen Sitz ausgestatteter Alkoven am Treppenkopf. Von hier er= öffnet sich eine wunderhübsche Fernsicht nach der Kluft und den Höhen von Spitzkop. Auch von allen anderen Fenstern oben hat man einen schönen Blick auf das Dorf, während man von den unteren Räumen überall ins Grün blickt. Ich erbaute das Haus absichtlich in der Mitte meines Besitztums, nur soweit wie möglich von der Straße und Brauerei, um recht ungestört zu sein. Als ich die beiden Erven übernahm, waren es schlecht umfriedigte, mit Unkraut bestandene Grundstücke, deren einziger Schmuck in hohen Eukalyptusbäumen an beiden Enden und einem Obstbaumdickicht an der einen Längsseite bestand. Zwischen den verwilderten Pfirsich-, Apfel- und Birnbäumen, erhob sich mannshohes Gras, und die hier und da hervorlugenden Erdbeerblätter zeigten nur, daß ihre Stauden längst aufgehört hatten zu blühen und Früchte zu zeitigen. Ich zäunte den ganzen Platz neu ein und benutzte die Trümmer der alten Grenzmauern zur Anlage von neuen Wegen und Fußpfaden. Diese trennten Rasenflächen und Baumgruppen und waren an Biegungen von Bosketts unterbrochen, um reizvolle Abwechselungen zu schaffen. Eine Allee von Loquatbäumen führt an der Brauerei vorbei zum Wohnhaus, das von Rosensträuchern und Koniferengruppen umgeben war; Granadillos und Maréchal Nielrosen rankten sich an der Veranda empor und nach der Rückseite des Hauses dehnte sich ein Kreuzgang von Weinstöcken, die die besten Kapweinsorten repräsentierten. Die vorzüglichsten der hier gedeihenden Fruchtbäume pflanzte ich in einem besonders hierfür vorbereiteten

Teil des Grundstücks und trennte Gemüse-, Obst- und Ziergarten durch lebende Hecken von Feigen, Granatsträuchern und japanischem Liguster. Als ich Lydenburg verließ, befand sich all dieses im fröhlichsten Gedeihen und an einigen der kleinen Obstbäume hingen bereits Pflaumen und Äpfel... Das alles hat später der Krieg zerstört. Sic transit gloria mundi! — — —

*

Wenn ich auch manches andere aus jener Zeit unerwähnt lassen muß, so möchte ich diesen Abschnitt doch nicht beschließen, ohne meiner wandernden Freunde gedacht zu haben. Von dem Heer der ruhelosen Wanderer, die eine stete Völkerwanderung im Staate bilden, heute hier, morgen dort sind, die nie zu etwas Rechtem kommen oder jemals eine noch so bescheidene Stätte ihr eigen nennen, bis sie ihre Pilgerfahrt in irgend einem abgelegenen Winkel beschließen, läßt sich so manches sagen. Es sind etwas charakterschwache, genügsame Leute, die aus den frühen Anfängen des Landes in die Gegenwart mit hinübergenommen sind und nicht recht vergessen können, daß die Zeit des dünnbevölkerten, eisenbahnlosen, primitiven Südafrika vorbei ist. Sie strafen die neuen Verkehrsmittel mit Verachtung, schultern ihr Deckenbündel, ergreifen das rauchgeschwärzte, blecherne Kochgeschirr, und mit dem landesüblichen Kaffernstock in der Rechten ziehen sie kreuz und quer im Lande umher.

An Stellen, wo sich ihnen Beschäftigung oder sonstige Veranlassung zum Verweilen bietet, machen sie Halt und rasten. Aber lange ist ihres Bleibens meist nicht, da selbst aussichtsreicher, fester Verdienst sie kaum zu locken vermag und sicher nicht auf die Dauer fesseln kann. Es mag im besten Falle Monate oder vielleicht gar ein Jahr dauern, bis ihre Unbeständigkeit sich meldet. Die Zahl dieser Leute macht einen stattlichen Bruchteil der Gesamtbevölkerung aus, und daher ist es nur natürlich, daß von all diesen wandernden Gesellen im Lauf der Zeit manch einer seinen Weg zu meiner Schwelle fand.

Es lag mir selbstverständlich fern, irgend einen an meine Thür Pochenden abzuweisen, und es fiel mir besonders nicht ein, einem mir aus der Vergangenheit Bekannten die Gastfreundschaft der Brauerei zu verschließen; dann aber machte ich doch so merkwürdige Erfahrungen, daß ich mit den ehemaligen Kameraden meiner afrikanischen Sturm- und Drangperiode doch systematischer verfahren mußte, als dieselben einfach in meine Arme zu schließen und sie gehobenen Gemütes auf die Hochburg gastlicher Bewirtung in Limomanis zu geleiten. Einige kleine Vorkommnisse ließen mich davon absehen, ihnen eine Stätte in meinem eigenen Hause zu bereiten, sondern ich fand ihnen Unterkunft in einem eigens dafür hergerichteten Fremdengelaß in der Brauerei und schließlich sah ich mich genötigt, sie mit einer kleinen Geldspende zur schleunigen Weiterreise zu ermutigen.

Fiedler war einer meiner geschätzten Studiengenossen Johannesburgs. Er war Musiker nicht alltäglichen Ranges und hatte in der That als Organist, Cellist und Pianist Erhebliches geleistet. Aber ach, die Wanderlust und die Becherfreuden! Als er eines trüben Herbstabends eintrat und über seine Schicksale Bericht erstattete, war seine Toilette nicht nur in der bei Künstlern so beliebten nonchalanten Verfassung, sondern sogar von einer so realistischen Beschaffenheit, daß ich mir erlaubte, einige Toilettengegenstände von mir an seinem Lager niederzulegen, als er nach einem hastigen Mahl erschöpft und beruhigt in dem sicheren Hafen von Limomanis entschlummert war. Am nächsten Tage entwarfen wir einen Schlachtplan, und ich versprach ihm, mich nach Beschäftigung für ihn umzusehen. Aber die Vorschläge des ewig hilfsbereiten Pater Brown vom Loretto Convent und die gleicherweise schätzenswerte Anerbietung des holländischen Lehrers, ihm zwanzig Schüler zu je zwanzig Mark per Monat zu verschaffen, wenn er sich dazu verstände, mindestens ein Jahr am Platz zu bleiben, fielen bei Fiedler auf unfruchtbaren Boden.

„Die freie Kunst läßt sich nicht in Ketten schmieden," sagte er stolz, „lieber hacke ich Holz, als diese Dickschädel mit dem Kontrapunkt zu bearbeiten." Sprach's und ließ sich als Hospitant im Sudhaus nieder. Der Braumeister war von diesem Zuwachs der Arbeitskräfte nicht sehr entzückt. Er behauptete, mein musikalischer Jugendfreund sei wasserscheu und ließe in seinem Ex-

Das eigene Heim
— Limomanis —

terieur nicht die genügende Sorgfalt walten: „In der That könnte es die Kundschaft abtrünnig machen, denn die weiße Hose, die Sie ihm gegeben, starrt so von Schmutz, daß man sie aufrecht hinstellen kann, ohne daß sie umfällt." Das war allerdings ein bedenkliches Zeichen, und ich versuchte, Fiedler, der keine Anstalten zur Abreise traf, seitdem für den Gartenbau zu interessieren. Bei einem irischen Bankett und einigen anderen Gelegenheiten waren einige Goldfüchse in meines Gastfreundes Tasche geflossen, da er sich bei solchen Anlässen erweichen ließ, Klavier zu spielen, und seitdem schien die deutsche Kneipe des Ortes eine große Anziehungskraft auf ihn auszuüben. Ich sah ihn manchmal sogar schon des Vormittags in ziemlich unsicherer Haltung heimkehren. Auf die Dauer konnte mir dies kaum angenehm sein, und ich nahm mir daher vor, ihm gelegentlich ein paar diesbezügliche Worte zu sagen. Die Gelegenheit hierfür bot sich ohne mein Zuthun an einem klaren Mondscheinabend. Ich stand gerade beim Landdrostkantoor und sah etwas die Straße hinaufkreuzen, das sich beim Näherkommen als mein angesäuselter Hausfreund entpuppte.

„Halloh, Fiedler," rief ich, „sind Sie das?"

„Jawohl, das bin ich —" entgegnete er mit einer kleinen Schwerfälligkeit der Zunge, aber so prompt, als ob er in meiner Frage etwas Ungebührliches gesehen hätte und noch etwas hätte hinzufügen wollen, das er aber lieber verschluckte.

„Gehen Sie nach Hause?" erkundigte ich mich freundlich.

„Jawohl, ich gehe nach Hause!" sagte er ebenso markiert wie vorher.

Wir gingen nun nebeneinander her, wobei Fiedler Anstrengungen machte, sich gerade zu halten und allerlei abgebrochene Redewendungen vor sich hinmurmelte. Diese schienen nicht sehr friedfertiger Natur und nahmen in ihrem Verlauf einen immer pointierteren Charakter an.

„Sie scheinen heute nicht sehr versöhnlicher Sinnesart zu sein, mein lieber Fiedler," bemerkte ich nach einer Weile sanft.

„Nein!" sagte er stehenbleibend scharf und suchte sich mit einem gewaltsamen Ruck zu festigen. „Wenn man — hik — von all seinen Freunden — hik — verlassen wird, dann, dann, dann — hik — dann ist es wohl kein Wunder — daß man nicht vergnügt ist — hikop — —"

„Und befinden Sie sich in dieser schlimmen Lage, daß Sie von Freunden verlassen sind?" fragte ich teilnehmend.

„Ja, Sie sind auch so einer —" sagte er gestikulierend. „Sie sind auch — hik — einer von denen — hik —, die ihre alten Bekannten vergessen, wenn's ihnen gut geht. Sie haben — hik — Sie haben sich schön verändert seit früher. Hier stehe ich, ein armer Kerl — hik — ein armer Kerl, sage ich und was thun Sie für mich? Nicht so viel haben Sie mir gegeben,"

— er zog eine Münze aus der Tasche und hielt sie mir unter die Nase — "nicht so viel!"

Ich nahm das Geldstück aus seiner Hand, betrachtete es und sagte, ihm den Schilling zurückgebend: "Nein, Fiedler, allerdings nicht. Haben Sie denn Geld von mir erwartet?"

"Geld von Ihnen erwartet?" sagte er, mich blöde anstarrend. "I should think shave. Denken Sie — hit — daß ich all die Arbeit für nichts gethan habe? Für nichts?" fiel er leidenschaftlich ein — "Flaschenspülen, Unkrautjäten und — und — und — —" seine Stimme verlor sich in ein lallendes Murmeln.

"Mein lieber Freund!" nahm ich nun das Wort. "Sie laborieren unter einem sehr bedauerlichen Irrtum hinsichtlich unserer gegenseitigen Beziehungen und scheinen die Sachlage etwas zu verkennen. Ich denke, ich bin heute noch genau derselbe wie in jenen Zeiten, als wir im Wakkerstroom-Distrikt gemeinsam unter einer Decke froren. Trotzdem meine Verhältnisse sich gebessert haben, sind jene Tage doch nicht vergessen. Als Sie jetzt zu mir gekommen sind, habe ich Ihnen das gegeben, was wir in jener Zeit für angenehm und begehrenswert gehalten hätten, nämlich eine Lagerstatt und das bißchen tägliche Brot. Mehr konnte ich Ihnen nicht geben, und mehr konnten Sie füglich auch nicht verlangen. Geld gab ich Ihnen nicht, da ich überhaupt keins zu vergeben habe. Sie haben es auch nicht verdient, da ich keine Arbeit von Ihnen verlangt habe.

Wenn ich Ihnen riet, sich im Garten zu beschäftigen, so geschah das erstens, um Sie von der Kneipe fern zu halten, und zweitens, um meinem Unternehmen den Ruf eines Asyls für Trunkenbolde zu ersparen. Also habe ich Ihre Vorwürfe nicht verdient. Sie kennen mich auch zu gut, um nicht die Grundlosigkeit derselben einzusehen. Sie verstehen mich heute vielleicht nicht recht." —

„Ich verstehe Sie nicht recht!" heulte Fiedler plötzlich, die Hände vors Gesicht schlagend — „ich verstehe ihn nicht" — jammerte mein armer Theaterkollege, sich hin und her wiegend. „Ich verstehe ihn nicht" — wiederholte er wieder und wieder, mehr zu sich selbst, und schien gar keine Notiz von unserer Umgebung und seiner Unterbrechung der nächtlichen Stille zu nehmen. Wir waren gegenüber dem Konvent angelangt und wenn sonst um diese Zeit auch vollkommene Verlassenheit die Straßen kennzeichnete, so kann man bei solchen Gelegenheiten sicher sein, auf unerwartetes Publikum zu stoßen. So nahte heute plötzlich der Uhrmacher des Orts und erkundigte sich, was das Geheul bedeute. Ich war froh, der Szene auf diese Weise zu entrinnen, teilte ihm mit, daß Fiedler das graue Elend habe, und übergab ihm dessen Bierleiche zur gefälligen Weiterbeförderung.

Eines Tages wurde mir die Ankunft eines neuen Fremdlings in der Brauerei gemeldet, und als ich denselben nach einigen Tagen zu Gesicht bekam, erkannte ich in dem Zugereisten den Bäcker Hitzner, der vor Jahren in Kopje Alleen gewesen war, mir später im Jamesonfeldzug begegnete und nun nicht wenig erstaunt war, seinen ehemaligen Kollegen ‚Brown‘ unter so günstigen Umständen zu begrüßen. Ich sah ihn später noch einmal vor Ladysmith wieder.

Einmal kam ein junger Mann von Standerton mit einer Empfehlung seines mir bekannten Bruders. Er war wandermüde und verweilte so lange unter dem Schutz des Gastrechts, bis er sich wegen allerlei unliebsamer Transaktionen unmöglich machte.

*

An einem jener stürmischen Aprilabende, vor denen man Fenster und Thüren gern verschließt und sich bei einem möglichst steifen Grog um ein lustiges Feuer versammelt, ertönte plötzlich ein tiefes „Guten Abend" von der Thür her, und eine in einen langen Mantel gehüllte Gestalt präsentierte sich unsern erstaunten Blicken. Es war der ‚Schwarzkünstler Bosco‘, der von einer seiner großen Touren vom nördlichen Transvaal zurückkehrte. Das Glück hatte sein diesmaliges Unternehmen nicht begünstigt. Zwei seiner Zugtiere hatten die Löwen gefressen, seine Karre hatte auf den halsbrecherischen Wegen stark gelitten, die Einnahmen waren schlecht gewesen, die Zauberapparate waren beschädigt, die Tauben und Kaninchen halb verhungert. Unter diesen Umständen war er nicht auf kostspielige Hotels erpicht, zog seine Karre unter den großen Eichenbaum der Brauerei und quartierte sich selbst in deren Fremden= gemach ein. Nach einigen Tagen hatte er seine Sachen soweit instand gesetzt, um seine Vorstellungen beginnen zu können und im Plough-Hotel die erste séance zu geben. Sein Famulus war durchgebrannt, und schweren Herzens mußte ich ihm meine Unterstützung für den betreffenden Gala=Abend zusagen. Mir schwante Unheil, und thatsächlich wurde es der schrecklichste Abend meines ganzen Lebens. Alles ging schief. Bosco selbst mußte verspätet aus einer entfernten Distille geholt werden, kam Racheschwüre murmelnd an, hatte einige Zauber= gegenstände vergessen, andere waren nicht zu finden, beim Suchen danach steckte ich mit dem Licht den Vor= hang in Brand, und er zerdrückte bei den Löschversuchen die bereits in der Servante befindlichen Eier, sein Ex= terieur dadurch bedeutend beeinträchtigend. Dieser Um= stand trug nicht zur Hebung seiner Stimmung bei und konnte auch seine Bühnensicherheit nicht gerade erhöhen. Das Publikum wurde ungeduldig, der Klavierspieler kam nicht, der Lärm stieg. Zum bekannten Trick für das Verschwinden eines Glases Wasser bedarf es eines Ringes, der in der Größe der Glasperipherie im Schnupftuch befestigt wird. Dieser Ring war natürlich nicht vorhanden, und ich stürzte in die Nacht hinaus, um ein Stück Draht zu suchen, um den Ring daraus zu fertigen. Ich fiel über einen Hauklotz in den Stachel=

draht, fand eine Axt und hieb im Versuch, ein Stück Draht vom Zaun zu reißen, einen von Mr. Blairs besten Pfählen um. Als ich freudestrahlend mit meiner Beute zurückkehrte, war Bosco noch entrüstet, daß der Draht zu dünn sei. Wir fabrizierten nun unter Aufwand von beträchtlicher Mühe und Angstschweiß den benötigten Ring, und während dieser Prozedur fiel meinem Schmerzensgenossen ein, daß wir Rosinen und Korinthen haben müßten für den Zauberkuchen, und ich begab mich eilend in das bereits vereinsamte Küchen=Departement. Ich konnte des Chefs aber glücklicherweise noch habhaft werden, und als ich mit den erwünschten Zuthaten zurückkehrte, hatte Bosco bereits die Bühne betreten.

Unsere Prüfungen begannen mit dem dritten Kunststück und jedes weitere stürzte uns weiter ins Verderben, bis die Pistolenaffaire endlich unsern schmählichen Untergang besiegelte. Bosco fragte zunächst mit lauter, ermutigender Stimme, ob jemand aus dem Publikum ihn unterstützen wolle zum Zeichen, daß alles ehrlich zugehe, und ein nicht gänzlich nüchterner Goldnigger von Pilgrimsrest torkelte sofort auf die Bühne. Bosco musterte diesen pflichtbereiten Assistenten mit einem leichten Mißtrauen, hielt ihm aber doch die an einem Ende mit Reis gefüllte Büchse hin, der sich unter Boscos Zauberstab in Blumen verwandeln sollte, und forderte den Mann auf, sich zu überzeugen, daß dieselbe nur mit Reis gefüllt sei.

„Erlauben Sie mal —" sagte das Medium. Tat einen plötzlichen Griff nach dem anderen Ende der ihm dargebotenen Büchse und zog zum Gaudium des Publikums die Blumen heraus, die dort zwar ihrer Entwicklung harrten, aber erst von Boscos Zauberformel zur Entfaltung erweckt werden sollten.

„Herr —" schnaubte Bosco erbost „Herr, scheren Sie sich von der Bühne! Sie sind nicht unter meinem spiritistischen Einfluß, sondern unter dem Effekt von Gin und Tonic, wenn mein Geruchsinn mich nicht täuscht —" sagte er mit einem neidischen Schnüffeln nähertretend. „Von der Bühne sage ich Ihnen!" und als er den frenetischen Jubel des Publikums bemerkte, fügte er hinzu: „Wenn sich ein einziger nüchterner Mann im ganzen Auditorium befindet, dann trete er vor und komme auf die Bühne — ha, ha, ich wußte es —" hohnlachte er, als keiner Miene machte, sich in den Löwenkäfig zu begeben. Endlich fand sich ein hilfsbereiter Mitbürger, und unter seiner Mitwirkung sollte die Kuchenbackerei im Hut vor sich gehen. Unter Boscos zittrigen Händen ging der größte Teil des Mehl- und Eiermixtums nicht in das vorher in den Hut praktizierte Gefäß, sondern in diesen selbst und der aufgebrachte Eigentümer verlangte sh. 7/6 oder einen neuen Hut. Beim nächsten Trick vergaß er, die geliehene Uhr durch eine minderwertige, untergeschobene zu ersetzen und bearbeitete des unglücklichen Zuschauers Chronometer dergestalt mit einem Hammer, daß der Uhrmacher später

£ 3.0.0. für deren Reparatur beanspruchte. Dann sollten alle einzelnen Teile dieser Uhr nebst den Stücken des Tellers und ein paar Spielkarten an die Wand geschossen werden und sich dort wieder komplet präsentieren. Sämtliche Gegenstände wurden in die weite Mündung einer Pistole geladen, Bosco zählte eins, zwei, drei! ich riß hinter der Bühne den die Sachen verbergenden kleinen Vorhang hinweg, die Pistole ging nicht los und da hingen trotzdem die Gegenstände, die noch jeder in der Pistole wähnte, bereits harmlos vor dem erstaunten Publikum an der Wand! Aus dem Wutgeschrei, Toben, Jodeln, Jubeln, Trampeln, Lachen, Pfeifen, Zischen, das nun ertönte, vernahm ich nur noch die markierten Rufe ‚rats, rats, rats!' und ‚Brown, pull the strings!' — und dann war ich mit einem gewaltigen Satz durch die schmale Hinterthür Professor Bosco in die Dunkelheit gefolgt, die uns mitleidig in ihre Schatten aufnahm.

*

Nach dieser schmerzlichen Erinnerung ist es mir eine Erleichterung, an F. H. Rumbolds höchst eigentümliche Erscheinung zu denken, der unter günstigeren Auspizien mein Gast wurde. Er kam in Lydenburg in Begleitung geringen Gepäckes an und stieg in Blairs Hotel ab. Er bot in seinem gutgemachten, anspruchslosen Anzug, seinem stillen Wesen, seinen gepflegten, mit einigen guten Ringen gezierten Händen, dem gemessenen Schritt und noch gemessenerem Benehmen einen durchaus unauffälligen und doch nicht alltäglichen Eindruck. Keiner kannte ihn, aber er schien überall gleicherweise at home und so anerkannt vom ersten Tage an, als wenn er ein langjähriger Bewohner des Platzes gewesen wäre. Die guten Leute zerbrachen sich anfangs allerdings die Köpfe über sein Erscheinen und den mutmaßlichen Zweck seines Aufenthalts, da er augenscheinlich kein Geschäft oder irgendwelche äußerlich erkennbaren Absichten überhaupt zu haben schien. Einige munkelten, daß er Spekulator sei und irgend ein ungenanntes Syndikat vertrete. Diese Version erfuhr eine Änderung, als in einem saloon Streit ausbrach, und zwei Kampfhähne eben zu Thätlichkeiten übergehen wollten. Da hatte sich der in seiner Ecke friedlich rauchende Fremde erhoben und war zwischen die beiden getreten.

„Wenn Sie sich in unsere Angelegenheiten mischen, können Sie selbst ein paar blaue Augen davontragen," sagte der eine drohend.

„O nein, das kann ich nicht," sagte Rumbold ruhig und in seinem Blick lag soviel Festigkeit, und sein Arm schob die Widersacher mit solcher Leichtigkeit zur Seite, daß in der That sofort Frieden herrschte. Seitdem hieß es, er sei ein Detektiv. Aus diesem Grunde begegnete man ihm im Café Royal mit einigem Mißtrauen. Da es mit den Ortsbestimmungen nicht ganz im Einklang stand, Besuchern ‚coffee with a stick' oder ‚café au cognac' zu verabfolgen, hätte ein spürnasiger Vertreter hierin Unheil stiften können. Aber Rumbold lächelte nur, als man ihn dieserhalb andeutungsweise interpellierte, schloß das eine Auge, während er das andere weit geöffnet hielt, zog die Schultern empor und schien durch diese Gebärde anzudeuten, daß er der Letzte wäre, von dem man sich einer solchen That zu versehen hätte. Es war in diesem Café Royal, wo ich mehrere Wochen nach seiner Ankunft mit ihm bekannt wurde. Er saß an dem Tage unserer ersten Begegnung vor einem Stillleben von Schinken, kaltem Geflügel und Tomaten und genoß sein Mahl mit jener Ruhe und dem augenscheinlichen Behagen dessen, der solche Dinge zu würdigen und richtig zu genießen versteht. Ich hatte an demselben Tisch Platz genommen, und eine geraume Zeit verging, ohne daß wir ein Wort gewechselt hätten. Dann kam ein Gespräch in Fluß, im Verlauf dessen ich erwähnte, daß ich eine Reise nach Johannesburg machen wollte und ihn fragte, ob er dort vielleicht bekannt sei und mir ein Hotel empfehlen könnte.

„O, das kommt ganz darauf an," sagte er bedächtig und mit großer Sorgfalt die Serviette zusammenlegend und seine großen, dunklen Augen fest auf mich richtend, „das kommt ganz darauf an, welche Pläne Sie verfolgen. Wenn Ihre Geschäfte am Share Market liegen, ist das Gold Fields Hotel entschieden das beste Quartier, da dort die brokers und Spekulanten ver=

kehren, während das Central-Hotel vorzuziehen ist, wenn einem daran gelegen ist, gelegentlich Hereinkommende aus den verschiedenen Distrikten Transvaals zu treffen. Im East London Hotel verkehrt eine Menge Ihrer Landsleute, im Madeira House hausen die Künstler und die Theaterwelt überhaupt, für Verheiratete ist das teure und komfortable Heath zu empfehlen, und Leute, die zur Zerstreuung nach dem Rand kommen, sind bei Soccoli im Grand National oder North Western am besten aufgehoben."

Bei den letzten Worten hatte er seine Pfeife herausgezogen und am Stiefelabsatz ausgeklopft, während ich noch über seine unerwartet erschöpfende Auskunft nachdachte und im stillen überlegte, ob dieser Mann wohl einmal Fremdenführer gewesen sei. Später merkte ich, daß er auf allen Gebieten gleich gut und gründlich beschlagen war. Als Alcock einmal seinen Heimatsort Oudtsboorn in der Kapkolonie erwähnte und sich mit einer ausführlichen Erklärung bemühte, winkte Rumbold in seiner sanften Weise ab und überraschte meinen Freund durch eine genaue Kenntnis der dortigen Verhältnisse. Es war dasselbe, wenn die Rede auf Beluwayo oder sonst irgend einen Platz allgemeiner Bedeutung kam. Er kannte die Geschichte, die geschäftlichen und technischen Verhältnisse der meisten Minen, schrieb eine vorzügliche Handschrift und einen nicht weniger ausgezeichneten Stil, machte Warenkalkulationen im Handumdrehen, war ein gewiegter Menschenkenner, richtiger Beobachter und Beurteiler gewinnbringender, industrieller Unternehmungen — immer still, immer verbindlich, ohne sich das Geringste zu vergeben und stets auf der Höhe der Situation.

Einige Tage nach unserer ersten Begegnung war ich mit Pike und Schaufel beschäftigt, an der Brauerei einen Weg durch das eisensteinhaltige Terrain zu bahnen und gewahrte, einen Augenblick Atem schöpfend, plötzlich Rumbold neben mir. Er schien schon geraume Zeit dort zu stehen, rauchte und sah aufmerksam zu, wie ich das Geröll fortschaufelte und an einer anderen Stelle wieder anhäufte. Er nickte mir zu, und ich erwiderte seinen Gruß in derselben Weise, als ich mir gelegentlich den Schweiß von der Stirn wischte. Keiner sagte ein Wort. Die Sonne stieg höher, die Stunden entschwanden, und jedesmal, wenn ich inne hielt, sah ich Rumbold, den Rauch seiner Pfeife in leichten Ringeln von sich blasend, das Gesicht unbeweglich, die Augen ruhig und unverwandt auf meine Arbeit gerichtet oder auf mir ruhend, wenn ich zufällig in seiner Richtung blickte. Ich war daher beinahe erstaunt, als ich seine Hand plötzlich auf meinem Arm fühlte und dergestalt in meiner Thätigkeit unterbrochen wurde. Ich war gerade bei einem besonders harten Stück angelangt und hatte die Pike mit ganzer Wucht gehandhabt.

„Sie arbeiten zu viel mit dem Arm," sagte er mit leiser Mißbilligung. „Erlauben Sie mir mal das Ding!" Er hing sein Jacket an einen Knorren des nahen

Weidenbaums, hob die Pike mit leichtem Schwung in die Luft und ließ sie mit weitem Bogen schmetternd in die Steine niedersausen. „Wenn man sein Körpergewicht mit in den Schwung legt, kann man den Muskeln manche Ermündung sparen," meinte er. Er fuhr fort, ohne sichtliche Anstrengung den Eisenstein zu bearbeiten, und ich sah mit Verwunderung, wie fest seine weißen Finger sich um den Stiel der Haue schlossen. Als ich ihm das Instrument wieder abnehmen wollte, meinte er, ich solle nur ausruhen, etwas Bewegung thue ihm gut, und in gleichmäßigen, geübten Schlägen arbeitete er eine ganze Weile fort. Als die Mittagsstunde nahte, und ich die Arbeit einstellte, ging er fort, aber er kam mehr oder weniger regelmäßig alle Tage wieder, ohne daß wir uns indessen irgendwie genähert oder viele Worte miteinander gewechselt hätten. Dann blieb er eine zeitlang aus, und ich vernahm, er sei in die Nachbarschaft gegangen, um auf Goldfarmen zu prospektieren. Ebenso plötzlich erschien er wieder, und ich erblickte ihn beim Dinner im Café Royal. Ich hatte mein Mahl beendet und erhob mich, als ich bemerkte, daß er mir ein Zeichen machte, das andeutete, auf ihn zu warten. Ich schlenderte also langsam die Straße hinauf und sah ihn bald neben mir.

„Wissen Sie, was sich mit mir ereignet hat?" fragte er unvermittelt.

„Well? —"

„Old Blair hat mich für die Hotelrechnung verklagt und mir heute mein Zimmer verschlossen."

„Well? und was weiter?"

„Ja, was weiter!" wiederholte er achselzuckend.

„Sie werden vermutlich in den Schuldturm wandern."

„Aye, vielleicht — aber bis dahin muß ich doch irgendwo unterzukommen suchen," sagte er in demselben matter of fact-Ton, der ihn nie verließ. „Ich dachte, vielleicht könnten Sie mir einen shake down geben — ich bin momentan in jeder Hinsicht von Pech verfolgt."

„Ich habe etwas Derartiges kommen sehen, als ich die Gerüchte über Ihre Verlegenheiten vernahm," sagte ich nach ein einer Weile. „Sie wissen, ich habe Raum genug in meinem Hause, und ich muß sagen, ich habe Sie längst erwartet. Sie hätten besser gethan, sich einzufinden, ehe es soweit kam."

Er langte mit einer Ledertasche und Überrock an, und während ich die Betten überzog und sonst Ordnung schaffte, entnahm er diesem spärlichen Gepäck eine Anzahl Sachen, die dem Raum sofort einen Anstrich verliehen, der gleichzeitig persönlich und anheimelnd für den Bewohner sein mußte. Das Bemerkenswerteste hierunter war das in einem eleganten Rahmen befindliche Porträt einer noch jugendlichen Dame mit einem etwa vierjährigen Mädchen. Unschwer konnte man aus dem von Locken umringelten Gesicht der letzteren die Züge meines seltsamen Gastes wiedererkennen, und in der That erfuhr ich später, daß es die Photographie seiner in London lebenden Familie sei.

Seine Lage war keine beneidenswerte, und trotz aller äußeren Ruhe schienen ihn die kürzlichen Begebnisse nicht unberührt zu lassen. Doch waren es nur geringe Anzeichen, die den Sturm verrieten, der in seinem Inneren toben mochte. Die aufmerksam umherblickenden Augen waren seine einzigen Verräter, und es mußte einen mit Bewunderung erfüllen, wie dieser Mann sich in der Gewalt hatte und alle äußeren Gefühlsausdrücke seinem eisernen Willen unterzuordnen verstand. Nachdem ich ihn in seinem Logis installiert hatte, bat ich ihn, in den unteren Räumen Platz zu nehmen, zündete die Lampe an und drückte ihm ein Buch in die Hand, das er aufschlug und zu lesen schien. Dann ging ich fort, und als ich nach einer halben Stunde wieder kam, saß er noch ebenso unbeweglich auf demselben Fleck, das Buch vor sich und dieselbe Seite aufgeschlagen.

Nachdem in den nächsten Tagen seine kleinen Schwierigkeiten mit den Philistern arrangiert waren, begann eine ruhige Zeit des Zusammenlebens für uns beide, und ich muß ihm das Zeugnis ausstellen, daß ich kaum einen angenehmeren und nützlicheren Gefährten besessen habe. Immer ruhig, immer gentlemanly, aufmerksam und stets thätig. Ich verdanke ihm mancherlei Verbesserung im Haus und Garten und hätte auch weise gethan, seinen geschäftlichen Ratschlägen ein willigeres Ohr zu leihen, als ich es zu thun für gut hielt. Auf diese Weise flogen einige Monate rasch dahin. Wer weiß, ob sich in unserm Verhältnis jemals etwas geändert hätte oder der Tag des Scheidens gekommen wäre, wenn das Schicksal derartige Situationen nicht weise regelte und gewisse Ereignisse eintreten ließe, die für unser Verhalten bestimmend werden. So waren es hier einige sonderbare Eigentümlichkeiten und seltsame Vorkommnisse von seiten meines Gastes, die an sich vielleicht vollkommen harmlos, mich doch nachdenklich stimmten. Er lieferte hin und wieder Proben unstreitiger Excentrik oder zum mindesten solcher Eigentümlichkeiten wie sie uns gewöhnlichen Sterblichen versagt sind. Einmal waren wir abends mit einem Spaten losgezogen, um das Wasser zur Überrieselung des Gartens anzuleiten und waren von dieser Arbeit ziemlich spät zurückgekehrt. Es mochte etwa elf Uhr sein, als wir aus der exquisiten Nachtluft ins Haus traten, um uns zur Ruhe zu begeben. Ich hatte noch einiges in meinem Zimmer zu ordnen und schloß dann nach einer Weile die Hausthür, um mein Lager aufzusuchen. Als ich an Rumbolds Zimmer vorbeikam, sah ich dessen Thür bereits geschlossen und trat leise auf, um ihn nicht zu stören. Am anderen Morgen erhob ich mich frühzeitig zu meinem Rundgang durch den taufrischen Garten. Um diese Zeit pflegte naturgemäß noch alles still zu sein und besonders kein Mensch zu sehen — wer beschreibt also mein Erstaunen, als ich, leise gähnend aus dem Hause tretend, Rumbold vor mir sah! Er schien mich übrigens kaum zu bemerken, denn er schaute in der Richtung der aufgehenden Sonne und blies leichte Rauchwolken vor sich hin.

„Halloh, Verehrtester, schon auf? Durch welche Thür haben Sie denn das Licht der Freiheit gewonnen?" rief ich, gut gelaunt, mit leichter Spannung auf die Antwort.

„Durch gar keine —" lächelte er, sich umdrehend und meinen Gruß erwidernd.

„Now then — wie ist das möglich?" fragte ich, unwillkürlich die in meinem Bereich liegenden Fenster musternd, die indessen noch sämtlich geschlossen waren.

Er schüttelte aber nur den Kopf zu dieser unausgesprochenen Vermutung und sagte behaglich: „Ich habe diesmal mein Bett verschmäht. Ich war gestern abend noch etwas hinausgegangen, und als ich wiederkam, war die Thür geschlossen."

„Und Sie wollen sagen," fiel ich ganz konsterniert ein, „daß Sie meiner Unbedachtsamkeit halber überhaupt nicht Ihr Lager aufgesucht hätten und hier draußen . . . ."

„Hat durchaus nichts auf sich," winkte er ab, „es kommt mir überhaupt immer wie ein Unrecht vor, solche wundervollen Nächte zu verschlafen, und ich habe die verflossene in der That äußerst genußreich zugebracht."

Eines anderen Abends fand ich ihn bei meiner Rückkehr im Hause nicht vor, worin nur insofern etwas Ungewöhnliches lag, als er eigentlich niemals ausging, und wir immer noch etwas zu plaudern pflegten oder doch wenigstens beisammen saßen, bevor wir zur Ruhe gingen. An diesem Abend war er, wie gesagt, nicht zugegen, und nachdem ich seinen Namen mehrmals vergeblich laut gerufen hatte, kam ich zu dem Schluß, er hätte sich ins Dorf begeben, und setzte mich an meinen Schreibtisch, um noch etwas zu arbeiten. Ich hatte mehrere Stunden geschrieben, als ich aufstand, um mich auf der Veranda zu ergehen. Ich hatte meinen Gast eigentlich gänzlich vergessen und in der That das unbestimmte Gefühl, als ob er schon zur Ruhe gegangen sein müsse, und war deshalb nicht wenig betroffen, als ich beim Heraustreten auf dem Rasenplatz zwischen den Koniferen seine dunkle, regungslose Gestalt stehen sah. Ich selbst befand mich im Schatten der Veranda und blieb so einen Augenblick abwartend stehen. Der Mond hatte sich hoch über die ehrwürdigen Gipfel der Eukalyptus erhoben und mußte also schon geraume Zeit am Himmel stehen. Sein heller Schein erleuchtete den Garten und ließ alles scharf markiert hervortreten — auch die Umrisse der noch immer unbeweglichen Figur, die mit verschränkten Armen, das Gesicht der Mondscheibe zugewandt, in Einsamkeit und Weltverlassenheit dort stand.

„Mr. Rumbold!" rief ich halblaut, doch so, daß er mich hätte hören können. — Keine Antwort.

„Mr. Rumbold!" sagte ich etwas lauter und trat in den Lichtkreis hinaus. Er wandte sich langsam um und kam auf mich zu. Da er nichts sagte, bemerkte ich, um nur etwas zu sagen, daß ich ihn vor einiger Zeit gerufen hätte, und da ich keine Antwort erhalten, ihn auch nicht gesehen hatte, glaubte, er wäre ausgegangen.

„Nein," sagte er nun ruhig, „ich war während des ganzen Abends hier, aber vielleicht habe ich Sie nicht gehört, da ich im Garten war."

Unzweifelhaft war es so, wie er sagte, und es ist ja auch schließlich das natürlichste Ding von der Welt, daß jemand einen schönen Mondscheinabend genießt und dennoch — — — —

Als das Geschäft den willkommenen Aufschwung genommen, mein Haus sich allmählich ganz wohnlich gestaltet, und ich mich für einige Einladungen zu revanchieren hatte, beschloß ich, eine solenne fête in Limomanis zu veranstalten. Es war bei dieser Gelegenheit, daß Rumbold sich auf der Höhe der Situation zeigte. Es sollte keine eigentliche Abfütterung werden, sondern mehr ein geselliger Abend mit kaltem Buffet. Die Reihenfolge zu dem letzteren war seine spezielle Verdienstleistung, indem er den Austerpasteten, Springbockbraten, Fischsalaten und Süßigkeiten ihren speziellen Platz anwies, gewissenhaft darüber wachte, wann die Weine und wann die Erdbeerbowle und anderen mixed drinks ihr Erscheinen machen sollten. Er ordnete die Blumen und Fächer für die Damen in Form von Gruppen, Sternen und Kissen und krempelte das ganze Haus in solcher Weise um, daß es plötzlich

über Empfangs-, Garderobe-, Tanz- und Erfrischungs-
räume, ein Rauchzimmer, sowie Schmollwinkel und
Koseecken für die Damen verfügte. Blumen, Farn-
wedel und Guirlanden überall und zahlreiche Lampen
mit gedämpftem, verführerischem Licht. Fiedler war in
ein anständiges Civil gesteckt und begleitete die Ereignisse des Abends von der Ouverture an durch ein
ganzes Programm von Gesängen und Produktionen
der Lokalartisten, bis er sich in den frühen Morgen-
stunden endlich selbst mit einem gehörigen Rausch nach
Haus begleitete. Doch die Krone des Ganzen war
mein Hausfreund! Wenn irgend etwas, war er heute
noch ruhiger und schweigsamer als je. Aber überall
zugegen. In seinem einfachen Anzug, in dem er zu
mir kam, arbeitete, grub, harkte, Wasser holte, die Brücke
teerte und das Haus anstrich — machte er heute die
Honneurs, und ich muß gestehen, daß, wenn ich überhaupt einen Vergleich zwischen ihm und meinen be-
frackten Gästen gezogen hätte, derselbe sicher nicht zu
seinen Ungunsten ausgefallen wäre. Seine liebens-
würdige Geselligkeit war bestrickend und sein Walzer
altenglischen Musters einfach großartig. Es verlief
alles in harmonischer Weise. Die Vertreter der beiden
Revolverblätter steckten die gedruckten Programmkarten
zu sich und brachten am nächsten Morgen eine ge-
wissenhafte Berichterstattung von der wunderbaren Vor-
tragsweise von Damen, die überhaupt nicht gesungen
hatten und erhebenden Instrumentalsolis, die zwar auf

dem Programm figurierten, aber garnicht vom Stapel gelaufen waren.

Das Fest war verrauscht, die Papierlampions im Garten verlöschten, die Gäste zündeten ihre Laternen an und empfahlen sich. Selbst die Seßhaftesten hatten sich schließlich zum Aufbruch ermannt, und im fahlen Morgenlicht saßen mein Hausfreund und ich schweigsam auf dem verlassenen Schlachtfeld. Wir stießen schweigend auf den guten Erfolg des Abends an und ahnten nicht, daß die Konsequenzen desselben zu unserer Trennung führen sollten. Denn seit dieser Zeit änderte sich mein Hausfreund merklich, und diese Veränderung wurde zu meinem aufrichtigen Bedauern von Woche zu Woche markanter. Nicht daß er etwa dem chronischen Verderben Südafrikas, dem Alkohol, anheimgefallen wäre, oder sonst in seinem Wesen sich vernachlässigte — ich konnte kaum definieren, was es eigentlich war — aber da war ein ‚etwas‘, das ihn umgewandelt und entfremdet hatte. Ob er sich nach anderen Verhältnissen sehnte, ob plötzlich jene Unruhe in ihm erwacht war, die uns Fremdlinge hier so häufig rätselhaft ergreift, ob Erinnerungen in ihm wach geworden waren und rumorten und ihm unser ruhiges Leben verleideten — genug ich fühlte, daß der Augenblick unseres Scheidens gekommen sei. Daher bat ich ihn um eine Unterredung, bevor ein Bruch eintrat, der zur Trübung seines Andenkens hätte führen können.

Ich erinnerte ihn daran, daß jener ‚shake-down‘,

um den er mich seiner Zeit gebeten habe, sich zu einer angenehmen Gastrolle von einigen Monaten ausgedehnt habe, und daß ich deren Ende nun für gekommen hielte. Ich dankte ihm für sein mir entgegengebrachtes Interesse und fragte, ob ich noch etwas für ihn thun könnte. Er erwähnte einige Kleinigkeiten, die ich ihm verschaffte. Dann besorgte ich seine Coachfahrkarte, und eines Freitagmorgens sah ich ihn dann zum letzten Mal die Loquat-Allee hinuntergehen, wie ich ihn so oft gesehen und wie er heute vor meinem geistigen Auge steht: in dem dunklen, sauber gebürsteten Anzug, dem runden Hut, dem Überrock am Arm und in der Hand die kleine Ledertasche. — — — —

Ich hoffte immer, ihn noch einmal wiederzusehen. Ich machte später Erkundigungen und beauftragte sogar einen mir bekannten Johannesburger Detektiv mit Nachforschungen, aber ich habe nie wieder von ihm gehört oder die geringste Spur irgendwo von ihm entdecken oder auch nur jemand finden können, der seinen Namen je gehört hätte.

Der Krieg

Die Boeren setzten ihren Feldzug mit einer Gemütlichkeit und Gestattung von persönlicher Freiheit ins Werk, die wohl in der gesamten Kriegsgeschichte einzig dastehen dürfte. Außerdem beruhte vieles auf „business", obwohl das Wort und der Begriff, als dem Sprachschatz des Erbfeinds entstammend, in den Boerenreihen hätte verpönt sein sollen. Man kann sich in Europa keine rechte Vorstellung von derartigen Kriegen machen, und manches aus dem amerikanischen Unabhängigkeitskampf und anderen Vorgängen in der Weltgeschichte wird einem erst klar, wenn man einen solchen Krieg erlebt hat.

Beim Ausbruch der Feindseligkeiten befand ich mich in einem bösen Dilemma. Denn in die deutsche Lust für Schlachtgeschrei und Waffenklang mischte sich ein gut Teil geschäftlicher Prosa und allerlei warnende Stimmen. Es war für mich nicht mehr die Zeit des Jameson-Raid, und ich konnte nicht mehr sagen: ‚Ich hab mein Sach auf nichts gestellt.' Ich hatte ein Besitztum, wo ich an erster Stelle hingehörte, dessen

Verantwortlichkeit mir früher nicht gekannte Schranken auferlegte und längst nicht mehr gestattete, mich kampfbereit in das erste beste Abenteuer zu stürzen, das mir in den Weg kam. Richtig aufgefaßt hatten diejenigen, die mich finanziert hatten, und deren Interesse nun auf meiner Person ruhte, mindestens ebenso großen Anspruch auf mein bißchen Dasein, als die Boeren oder ich selbst. Die Boeren haben übrigens den Beistand der Fremden nie sehr geschätzt und daraus auch kein Hehl gemacht. Besonders im Endstadium des regulären Krieges haben sie deutlich zu verstehen gegeben, daß sie auf die Hilfe der Ausländer gern verzichteten. Ihre geringe Meinung von europäischer Kriegsführung für dieses Land war ja auch sicher nicht ganz ungerechtfertigt, und die Affären der Deutschen bei Elandslaagte und der Skandinavier unter Flüggerer waren nicht dazu angethan, ihnen eine andere Meinung beizubringen. Andererseits haben die Deutschen durch ihr unerschütterliches Aushalten bei den Kanonen einen unschätzbaren moralischen Einfluß auf die zaghafteren Boeren ausgeübt. Aber das phlegmatische Gemüt von Bauern ist selten von langwährenden Erkenntlichkeitsbekundigungen beschwert, und diese Thatsache gilt hier wie bei uns. Es war auch eine undankbare Sache, sich wutentbrannt in die Schlacht zu stürzen, während sich die eigenen Landessöhne nur zu oft — um das mindeste zu sagen — recht passiv verhielten. Dies soll kein Vorwurf sein für den Afrikanderstamm, dem damals sein Völkerfrühling noch nicht erblüht war. —

Ich begoß am frühen Morgen des 11. Oktober 1899 ahnungslos meine jungen Kohlpflanzen, als ich laute und ungewöhnlich erregte Stimmen eifrig diskutieren hörte. Ich stellte meine Gießkanne unter die Quittenhecke und ging zum Zaun, um zu vernehmen, was denn los sei.

„Was! Sie wissen noch nichts von allem, was sich in letzter Nacht ereignet hat?" rief Mr. Dods in seinem breiten, schottischen Dialekt. „Mann, der Krieg ist erklärt, und die Boeren haben bei Charlestown die Grenze überschritten!"

Ich faltete die Hände und murmelte ein fröhliches ‚Gott sei Dank!' Lange genug hatte es gedauert, ehe es soweit gekommen war. Die Geschäfte waren seit Monaten unter aller Kritik und kürzlich auf beinahe nichts zurückgegangen. Auf allen Seiten und in allen Kreisen waren Geldnot, Mißtrauen und Abwartung chronisch geworden. Nun wurde alles anders. Mit Erklärung des Kriegsgesetzes traten gleich durchgreifende Maßregeln ein. Alle geschäftlichen Verpflichtungen hörten auf, die Kaffern erhielten keinen Lohn mehr, Miete wurde nicht mehr entrichtet, die Kantinen wurden geschlossen, der Schnapshandel verboten, die Polizei aufgehoben, eine Bürgerwehr konstituiert und statt des Landdrostes ein Kriegsrat eingesetzt. Jeder Einwohner wurde aufgefordert zu erklären, wes Geistes Kind er sei, die Engländer wurden über die Grenze gesetzt, die Neutralen mit einem Knüppel zur Stadtbewachung und die Bürger mit dem Mausergewehr an die Front gesandt. Ich blieb zunächst noch einige Wochen in der Stadt und zog mit meinem Karabiner auf die Wache zum Pulverschuppen; dann wurde ich die verantwortliche Hälfte eines Doppelpostens bei einem kleinen Waffenmagazin innerhalb des Dorfes. Hier war es, wo ich bei der mitternächtlichen Nachricht der Geschehnisse bei Dundee den Entschluß faßte, daß dies meine letzte Wache in Lydenburg sein sollte. Es war doch zu lächerlich, als erwachsener Mensch einen Haufen rostiger Martinigewehre zu bewachen, während so viele andere lustig ins Feld zogen. Ich überraschte den Landdrost am nächsten Morgen mit dieser Nachricht, erhielt meinen Reisepaß nach Pretoria, sowie ein offenes Schreiben an den Kommandant-General Piet Joubert und konnte abreisen. Vorher jedoch bestellte ich mein Haus, versammelte in Limomanis zu einem letzten Whisky-Soda meine Lydenburger Mitbürger um mich, verzieh ihnen großmütig alles mir angethane Herzeleid, wurde mit viel schönen Reden als heroischer Charakter gefeiert, und dann trug mich die Coach hinweg. Abraham konnte kaum glauben, daß ich mich freiwillig in das blutige Schlachtgewimmel stürzen wollte und sah mit einem gewissen Stolz von Zeit zu Zeit von dem hohen Sitz auf seinen tapfern Passagier herab. Jene absolute Nutzlosigkeit, sich in einem Lande, wie Südafrika, etwas grundsätzlich vorzunehmen und mit Gewalt durchsetzen zu wollen, hat zu der häufig gehörten Maxime geführt: — nooit geen plan maak! Mit diesem Satz will der erfahrene Boer sagen, daß ohne die geringste Notiznahme von unsern eigenen Wünschen hier alles seinen rücksichtslosen Lauf nimmt und zumeist alles anders kommen läßt, als wir es uns gedacht und zurechtgelegt haben. Wir werden einfach von einem unsichtbaren Strom regiert und fortgeschwemmt, dessen Wogen mich meine frühen Erfahrungen in diesem Lande als höchste Autorität anerkennen und sogar lieben gelehrt haben. So schwemmten mich seine Wellen auch diesmal von Lydenburg hinweg, ertränkten in ihrem Rauschen die zeitweiligen Erinnerungen an das Zurückgelassene, trieben mich nach Waterval Boven, Middelburg, Johannesburg und spülten mich in Pretoria im Parlamentsgebäude gegen Krantz und einige Dynamitarden, die mit Leutnant von Dewitz von Mafeking zurückgekehrt waren. Damit waren wieder einmal alle Pläne überflüssig geworden. Ich zögerte nicht lange, mit den beiden Gebhards der Dritte in einer Sprengabteilung zu werden, die dem deutschen Korps in Natal attachiert werden sollte. Eine Hauptsache war, diese Angelegenheit mit dem nötigen Komfort zu arrangieren, und so begab ich mich nach Johannesburg, um einen bequemen Zeltwagen auszuspüren. Gebhard besorgte unterdessen ein paar zuverlässige Kaffern, die schon in ähnlichen Lagen gewesen waren und nicht beim ersten Schuß davonrannten. Acht Maultiere, die elektrische Batterie nebst Leitungsdraht und Zündschnur, sowie einiges Handwerkszeug, Zimmermannsgeschirr und

Gerätschaften für Erdarbeiten vervollständigte unsere Ausrüstung. Das Dynamit sollte an Ort und Stelle in Empfang genommen werden. Der damalige Veld=Kornett und spätere Kommandant Krantz hatte Ordre, seinem bei Ladysmith stehenden Korps einige sechzig neue Mannschaften sowie etwa fünfzig Pferde zuzuführen und Montierungsstücke für zweitausend Mann von General Lucas Meyer mitzunehmen. Dieser Troß nebst einer Anzahl Wagen wurde in einen Sonderzug verladen, mit dem wir in einer Mitternacht des Novembermonats von Pretoria schieden. Die zweitägige Fahrt verlief in besonders charmanter Weise, da wir sogar zwei Damen zu Mitgliedern unserer Expedition zählten. Es waren dies Frau Krantz, die ihren Mann ins Feld begleitete und deren Gesellschafterin; beide trugen nicht wenig dazu bei, die etwas eintönige Eisenbahnfahrt durch das obere Natal zu beleben.

*

Elandslaagte mit seinem Wirrwarr gab einem den ersten Begriff vom Krieg und der Nähe der Schlachtfelder. Bis in weite Entfernungen waren die Drahtumzäunungen niedergerissen, das Feld zerstampft und mit Trümmern und Überbleibseln aller Art besät. In der Nähe der Kohlenminen war augenscheinlich eine englische Militär=Kapelle verunglückt, oder in ihren musikalischen Bestrebungen gestört worden, denn dort war zur Seite des Bahndamms ein wahrer Berg von zerrissenen und zertretenen Notenſetzen, Geſangbüchern, Inſtrumentenkaſten und aufgeweichten Lederkoffern. Die fortwährend ankommenden Züge mit Boerenkommandos entleerten ihren Inhalt in ein Labyrinth von Zelten, Wagenreihen, Pferdekoppeln und Stapeln von Mundvorräten überall. Wir bezogen ein temporäres Lager bei der Bahnſtation, um noch einige Sendungen zu erwarten. Es waren langweilige Tage, zu deren Thatenloſigkeit das tiefe Brummen des long tom, das mit günſtiger Windrichtung ſchwach von Ladyſmith herübertönte, noch das Gefühl ungeduldigſter Erwartung fügte. Endlich erklang das Signal zum Aufbruch. Krantz ließ die Fußmannſchaften als Bedeckung der Ausrüſtungsgegenſtände zurück; er ſelbſt brach mit den berittenen Leuten nach dem deutſchen Lager auf, und wir drei Dynamitarden wurden mit der Führung der Wagen betraut und ſollten den Damen ein ſicheres Geleit bis zum Lager geben, das ſich etwa ſieben Stunden entfernt in ſüdweſtlicher Richtung von der belagerten Veſte befand.

Wir hatten am erſten Morgen kaum unſern Kaffeekeſſel am Feuer, als die Engländer bereits anfingen zu ſchießen. Eine Maximgranate jagte uns beſonderen Schrecken ein, indem ſie ſich gerade über unſern Häupten in der Luft verfing, und mit leiſem Singen zu überlegen ſchien, wem von uns drei Unglücksraben ſie auf den Buckel fallen ſollte. Schließlich beſann ſie ſich nach ein paar Sekunden eines anderen und senkte sich schwerfällig auf die Kraalmauer nieder, wo sie liegen blieb, ohne weiteren Schaden anzurichten. Im allgemeinen wurden die Boerenpositionen selten beschossen, da dieselben stets gut gedeckt waren. Der allmorgendlich aufsteigende Luftballon konnte wohl an den weidenden Pferden und anderen Anzeichen auf die Nähe eines Lagers schließen, aber es war wohl kaum angebracht, auf derartig zweifelhafte Ziele, die ohnehin knappe Munition zu verfeuern. Die beim long tom stationierten Kommandos befanden sich überhaupt außer Schußweite, da die Belagerten über keine so weittragenden Geschütze verfügten.

Die Gesamtstärke des deutschen Korps mochte etwa zweihundert Mann betragen, die sich aus Infanterie und berittenen Mannschaften zusammensetzten. Zwei Korporalschaften davon bestanden aus Holländern, und eine setzte sich aus frommen Griechen zusammen, deren Hauptstärke die war, daß sie beim Sausen von Geschossen die Hände überm Kopf falteten. Die Fußmannschaften dienten zur Bedeckung von mehreren in der Nähe postierten Kanonen, und die Reiter zogen abends auf Brandwacht oder Vorposten, wie wir es nennen würden. Dies war neben der Pferdewache der einzige Dienst. Es fanden weder Schießübungen, noch Appelle, noch Reitstunden oder Pferdebewegen, noch Instruktionsstunden, Pferderevisionen, Wachtdienstübungen oder überhaupt irgend welcher Dienst statt.

Man kann sich also denken, wie es um den Geist und die Mannszucht der Truppe bestellt war. Da ich mit Krantz in Pretoria vereinbart hatte, eine unabhängige Stellung in Natal einzunehmen, schlugen wir Dynamitarden unser Kamp einen Büchsenschuß entfernt vom Lager auf, fuhren unsere Wagen in den Schatten eines Mimosenbaums, brachten die Pferde in einen daneben befindlichen Kraal, gruben unser Dynamit einige Fuß tief ein und hißten die rote Fahne auf. Ich will nur gleich erwähnen, daß wir es ruhig dort hätten liegen lassen können, denn einen Gebrauch haben wir nicht davon gemacht. Wir wollten zwar Minen legen in dem Paß, den die Engländer mutmaßlich zu einem Ausfall benutzt hätten, oder auf der Straße nach Colenso oder bei Besters Farm — aber all diese Pläne verrannen im Sande, weil sie höheren Ortes nicht gebilligt wurden, oder weil keine Kaffern für die Erdarbeiten zu bekommen waren, und schließlich gewöhnte ich mich überhaupt daran, die ganze Dynamitgeschichte zu vergessen und ging in dem täglichen Kreislauf eines gewöhnlichen Auskampierens gänzlich auf. Lange aber konnte mir dieses Leben des Badens, Kochens, Lesens, Schreibens, Schlafens und absoluten Nichtsthuns nicht gefallen, und so fiel ich in die Gewohnheit, lange, einsame Ritte zu unternehmen, die mich nach und nach auf alle Belagerungspunkte von Ladysmith führten und mit dem Situationsplan trefflichst bekannt machten. Zuweilen blieb ich tagelang fort, indem ich mich Re-

kognoszierungsritten anschloß, die die Aufklärung
voraussichtlicher Schlachtfelder zum Zweck hatten, oder
ich besuchte Freunde bei anderen Kommandos. Dann
wieder saß ich tagelang, um meine Korrespondenz zu
bewältigen und gelegentliche Berichte in die Welt zu
senden. Ich war also frei wie ein Vogel in der Luft und
nützte die mehrmonatige Sommerexkursion trefflich aus.

*

Auf einem meiner Ausflüge war ein merkwürdiges
Zusammentreffen zu verzeichnen. Am Tugelafluß war mir
öfters ein großes, einsam stehendes Zelt aufgefallen, von
dessen Spitze eine zierliche Trikolore flatterte. Es war
ein ausnahmsweise geräumiges Leinwandgebäude, und
man hatte mir auf meine Frage gesagt, daß es das
Hauptquartier von Kapitän Ricciardi sei, dem Anführer
des italienischen Freikorps. Ich hatte diesen Namen
schon mehrmals gehört und gelesen und meistens in
Verbindung mit allerhand Reiterstückchen, sodaß ich den
Wunsch hegte, seinen Träger kennen zu lernen. Zu=
gleich zog es mich auch anderweitig zu diesem Mann,
und schließlich kam es mir vor, daß es ein alter Be=
kannter von mir aus dem fernen Osten sein müßte.
Ich fragte den Posten, ob sein Kommandant anwesend
sei, und warf ihm auf seine bejahende Erwiderung die
Zügel meines Gaules zu. Dann trat ich durch den
weiten Eingang in das Zelt, an dessen Wänden Sättel

lehnten und Waffen hingen. An einem grünbezogenen Tisch saß ein Mann, unverkennbar der Capitano selbst, anscheinend in das Studium verschiedener Telegramme vom Hoofdlaager versunken, die vor ihm ausgebreitet lagen. Ihm gegenüber lehnte ein Herr, der mir später als sein Adjutant vorgestellt wurde, und mehrere Ordonnanzen unterhielten sich halblaut im Hintergrunde. Ich war von der Stille überrascht, die hier herrschte, und dem unverkennbaren System, die sich vorteilhaft von der Bummelei in manchen anderen Kommandantenzelten unterschieden. Beim Nähertreten erkannte ich sofort meinen Mann, obwohl ein Vollbart und die Jahre und das Räuberzivil dem schneidigen, römischen Kavalier von ehemals erheblich Abbruch thaten. Ich legte meine Hand auf seine Schulter und sagte:

„Halloh, Kapitän Ricciardi, wie geht's?" —

„Halloh?" sagte er aufblickend, „ich erinnere mich nicht . . ."

„Glaub's wohl," sagte ich, ihn prüfend ansehend. „Es waren ganz andere Zeiten, als ich Vice-Kapitän und Sie Fechtmeister vom Athleten-Club in Siam waren, und heute sehen wir beide etwas wild aus."

„Ah' salute salute, amico mio —" rief er aufspringend und im Übermaß freudiger Überraschung in seine eigene Sprache verfallend. Er umarmte mich stürmisch und küßte mich auf beide Wangen. Dann drückte er mich auf eine Sitzgelegenheit nieder und rief mit lauter Stimme: „Chianti, Chianti — Berduccio!"

worauf einer seiner Schergen — in seinem früheren Zivilverhältnis Soccolis Mundkoch im Grand National Hotel — mit der strohumflochtenen Flasche und einigen Bechern herbeieilte. Aus dessen ledernen Gamaschen lugte der Griff eines mörderisch aussehenden Bratenmessers: eine Erscheinung, die ich später auch bei seinen anderen Leuten beobachtete. Bald fühlte ich mich in dieser originellen Umgebung so heimisch, wie in einer richtigen Osteria.

Zunächst mußte ich meine bescheidenen Erlebnisse seit jener Zeit berichten, und dann machte er mich mit seinen Schicksalen bekannt. Vor sieben Jahren war er mit den siamesischen Ausstellungsgegenständen von Chicago nach Bangkok gekommen, wo er sich niederließ und ein Anerbieten der Regierung als Instrukteur beim Kadettenkorps annahm. Er verließ diesen Posten beim Ausbruch des griechisch-türkischen Krieges und focht in Kreta auf Seiten der Griechen; nach Beendigung dieser Affäre kämpfte er auf den Philippinen mit Aguinaldo gegen die Amerikaner und war dann den Boeren zu Hilfe geeilt, wie er überhaupt überall der schwächeren Partei seinen Degen zur Verfügung stellte.

„Und nun," schloß er seinen Bericht, „freut es mich ganz besonders, altes Haus, daß Sie gerade heute gekommen sind. Ich kenne Ihren Geschmack an kleinen Intermezzos von früher her und kann Ihnen für morgen vorzüglichen Sport versprechen. Es handelt sich um eine kleine Affäre dreizehn Meilen jenseits des Tugela,

wo ich gegen Morgengrauen eine englische Vedette auf=
zuheben gedenke."

Er rieb sich im Vorgeschmack dieser Überraschung
die Hände und sah mich mit seinen leuchtenden Augen
erwartungsvoll an.

„Sagen Sie nicht nein, amico mio, Sie stören
wirklich nicht. Wir sind allerdings schon neun, aber
Sie haben doch jedenfalls einen guten Gaul, und ich
gebe Ihnen mein Wort, es wird ein tüchtiges Jagen
und Schießen abgeben."

Da hatten wir die Bescherung! Komme ich da
zu einer unschuldigen Nachmittagsvisite und werde sofort
zu Mord und Totschlag eingeladen, als ob es sich um
ein Tanzvergnügen handelte oder einen Frühschoppen in
Chieveley. Ich rückte etwas mißgestimmt an meinem
Bandolier, dessen Druck mir nie vorwurfsvoller vor=
gekommen war, als in diesem Augenblick. Wenn ich
auch die beste Absicht von der Welt hatte, meine mit
den Boeren eingegangenen Verpflichtungen ehrlich zu
erfüllen, so lag es mir doch fern, mich an einzelnen
Privatvergnügungen zu beteiligen, die wie dieses
meinem eigentlichen Posten doch recht fern lagen.
Da mein eigentliches Ziel, auf dessen Weg ich mich be=
funden, der Kliprivier war, wo gerade der berühmte
Damm in Angriff genommen wurde, der Ladysmith er=
tränken sollte, mußte ich meinen Freund zu überzeugen,
daß es mir nicht gut möglich sei, meinem dortigen
Rendezvous untreu zu werden. Sichtlich niederge=

schlagen vernahm der edle Capitano diese Hiobspost und suchte mich auf ein andermal zu vertrösten. Nach einigen Tagen kam übrigens einer seiner Leute zu meinen Zelten gesprengt und meldete, daß das Intermezzo gut verlaufen sei, indem sie etwa zehn Mann der Patrouille aus dem Sattel geschossen hätten, neun Pferde mit komplettem Sattelzeug und Karabinern Beute gemacht und selbst nur zwei Verwundete gehabt hätten.

*

Es war im ganzen ein famoser, origineller, beinahe möchte ich sagen lustiger — Krieg, wenn nicht jene Gräber bei Elandslaagte, in dem Freistaat und auf den einsamen Höhen an der Tugela uns zeitweilig an den Ernst der Lage und die Opfer mahnte, die auch das Deutschtum auf dem Altare von Freiheit und Recht niedergelegt hat. Es war ein so von allem Herkömmlichen verschiedener Feldzug, eine den uns von frühester Jugend an gemachten Vorstellungen von einem Kriege so entgegengesetzte Kampfesweise, daß man manchmal daran zweifeln möchte, ob man sich wirklich in einem Kriege befinde oder nur der geladene Teilnehmer an — sagen wir etwa — einem Picknick oder einer Jagdpartie sei. Alle Bewegungen wurden in größter Seelenruhe bewerkstelligt.

Mitte Dezember befand ich mich auf dem Wege nach dem Hoofdlaager, als ich langen Reihen von

Boeren begegnete, die sich in Trupps zu zwei und drei, zu zwölf und zwanzig und mehr in zwangloser Weise nach dem Tugelaflusse zu bewegten. Lachend und plaudernd, in ihren mannigfachen Kostümen, die meisten mit — aufgespannten Regenschirmen zu Pferde zogen sie an mir vorüber.

Wir riefen uns natürlich an und tauschten Frage und Antwort aus, und nachdenklich sah ich dem bunten Trupp nach, als die Letzten vorübergaloppiert waren. Zwei Tage später erfuhr die Welt von der entscheidenden Schlacht bei Colenso, und staunend fragte man sich, wie diese unkriegerischen, mit Regenschirmen bewaffneten Leute eine wohldisziplinierte und gutausgerüstete europäische Truppe aus dem Felde zu schlagen vermochten.

Keine weithin sichtbaren Standarten führten die Boeren in den Kampf, und keine schmetternde Militärmusik entfachte jene lodernde Begeisterung in seinem Herzen, die uns mit Sturmeswehen ins Gefecht führt, kein Kommando ertönte, und keine Trommeln rasselten zum Sturm. — Dort sind die Höhen, die wir zu nehmen haben, und nun vorwärts! Das sind die einzigen und letzten Weisungen, die der Veld=Kornet seinen Leuten giebt. Sie springen von den Pferden und werfen den Tieren den Zügel über den Kopf.

Es lag beinahe etwas Rührendes in dem geduldigen, treuen Wesen des abgehetzten oder schlecht gefütterten Transvaalpferdes. Wenn der Reiter nach vielen Stunden zurückkehrte, fand er sicher sein Pferd wenig Schritte von der Stelle grasend, an der er es zurückgelassen hatte. Bevor er es verließ, lockerte er höchstens den Sattelgurt und nahm vom Rücken des Tieres den Beutel mit Patronen, die man, außer den hundertundachtzig in den drei Gürteln, mit sich führte, wenn es ins Gefecht ging.

Dann begann der Aufstieg zu den steilen Anhöhen. Jeder suchte sich den ihm bestdünkenden Pfad durch das stellenweise mannshohe Gras, über das steinige Erdreich und um hindernde Felsblöcke herum. Jeder folgte seinem besten Ermessen und machte Gebrauch von der besten Deckung. Meist geschahen diese Aufmärsche gegen Morgen im Schutze der Dunkelheit. Oft indessen war dies unmöglich, wie beispielsweise bei Spionkop, wo es sich darum handelte, die verlorene Stellung zurückzuerobern. Bei dem sich entspinnenden mörderischen Nahgefecht bewiesen die Boeren zu verschiedenen Malen, daß ihre Stärke nicht nur in dem Niederschießen ihres Feindes aus dem Hinterhalt bestand.

Im großen und ganzen allerdings betrachteten die Boeren diese ganze Angelegenheit mehr als einen Jagdzug gegen die Engländer, denn als einen Krieg. Es lag dies auch in der Ausdrucksweise der Leute, indem man viel seltener hörte: ‚Wir ziehen in den Oorlog,‘ als: ‚Wir gehen Kaffern schießen oder Engländer schießen.‘ Wie tief diese Auffassung in dem einzelnen wurzelte, erhellte mir einmal aus der Äußerung eines schwer verwundeten jungen Boeren: „Ich schieße natürlich viel lieber sieben Engländer, als einen Bleßbock, denn es macht ja viel größeren Spaß, die Schultern und den Kopf eines Soldaten aus der Deckung auftauchen zu sehen und sie abzuschießen, wenn sie gerade im Begriff sind, selbst zu feuern; aber," fügte er nach einer Weile nachdenklich hinzu, „wenn das Gefecht mit seiner Aufregung vorüber ist, und Stille auf dem Schlachtfelde einkehrt, dann hätte ich doch lieber das erlegte Wild vor mir, als den Anblick der Verwundeten und Toten, ungeachtet des Umstandes, daß sie als unsere Feinde ins Land gekommen sind."

Wenn man sich einem Boerenlager bei Ladysmith oder Mafeking näherte, konnte man sich auf einem Schützenfest aller Bundesschießen wähnen. Nichts verriet den ernsten Zweck der in langen Reihen aufgestellten Zelte verschiedenster Form und Größe; der Anblick der geräumigen Planwagen erhöhte höchstens den Eindruck des Kirmeßartigen. Die in langen Pausen erdröhnenden Schüsse des ‚long Tom' erinnerten an das lustige Böllerschießen unserer heimatlichen Berge und das zeitweilige Abfeuern der Mauserbüchsen an den Scheibenstand. Die Kaffern hockten um lustig flackernde Feuer, und der liebliche Geruch der geschätzten Schmalzkuchen lagerte verführerisch über den Zeltreihen. Die jungen ‚Kerls' vergnügten sich beim Ballspiel, Wettlauf, Weitsprung und anderen Spielen, die man mit Hilfe des Ochsenjoches, der Stirnriemen und so weiter veranstalten kann, und die älteren Boeren saßen auf Feldstühlen im Schatten der Wagen. Einige reinigten ihre Büchse und setzten ihre Ausrüstung instand, andere schnitten Riemen, schnitzten am Holzwerk herum, flickten Schuhe und Kleider und thaten überhaupt dasselbe, was sie in ihrem Hause etwa auch thun mochten. Aus manchen Zelten ertönte Stimmengewirr und fröhliches Gelächter, die damals verpönte und irgendwie eingeschmuggelte Flasche kreiste, und eine ganze Tafelrunde saß von früh bis spät beim geliebten Poker oder Mapspiel.

Auf den umliegenden Feldern weideten tausende von Ochsen, die zur Bespannung der Wagen und als Schlachtvieh dienten. Das Schlachten und Verteilen des Fleisches war ein einfacher Vorgang und wurde in einer unglaublich kurzen Zeit erledigt. Das Fell behielt der Schlachtende für seine Mühe. Es wurde ausgespannt, eingefettet, kreisförmig in einen großen Riemen zerschnitten und mit einem großen Stein beschwert und ausgereckt an einen geeigneten Baum gehängt. Später folgten eine Menge anderer Manipulationen, bis endlich der unentbehrliche Ochsenriemen fertig war. Die Kaffern thaten den kleinen Dienst, schleppten Wasser und Holz herbei, kochten und wuschen, holten Pferde von der Weide und putzten sie und verrichteten auch alle beschwerlichen Arbeiten, während der regelmäßige Dienst ihrer Herren in der Hauptsache darin bestand, nachts auf Brandwacht zu ziehen, ein unseren vorgeschobenen Vorposten vergleichbarer Dienst. Bei der mangelhaften Organisation der Boerenkommandos wurde die leichtfertige Ausübung der Wachtdienste zu einer steten Gefahr für die Beteiligten. Es ist vorgekommen, daß von den Boeren auf ihre zurückkehrenden Posten, bevor diese antworten konnten, geschossen worden ist; der unwillkürliche Gebrauch der englischen Sprache hat zu verhängnisvollen Mißverständnissen geführt; unvollkommene Instruktion hinsichtlich des Losungswortes oder ein Vergessen oder Verwechseln desselben, sowie der Umstand, daß es nicht genügend gewechselt und geheim gehalten wurde, hat mehrmals traurige Folgen nach sich gezogen. Einem dieser Zufälle fiel ein junger Krieger aus dem Lydenburger Kommando zum Opfer. Die Nächte der Brandwacht verbrachte man in Schanzen, die aus Felsgeröll lose aufgebaut wurden, oder in natürlich geschützten Stellungen in beträchtlicher Entfernung von dem Lager. Der schwere Tau, häufige Niederschläge und das harte Lager waren keine angenehmen Zugaben des Feldlebens, aber die hereinbrechende Nacht verjagte doch wenigstens eine Plage — die Fliegen. Die Menge und Lästigkeit dieser Insekten spottete jeder Beschreibung. Ein beständiges Surren, wie in der Nähe eines Bienenschwarms, erfüllte das Zelt und eigentlich die ganze Atmosphäre. Sie bedeckten alle Gegenstände und ließen sich in schwarzen Scharen auf allem Eßbaren nieder. Wenn man ein

Stück Brot abschnitt, konnte man sicher sein, einige zu halbieren, und das Aufstreichen von Butter oder Marmelade konnte man nur durch schnelles Hin- und Herbewegen von Brot und Messer bewerkstelligen. Aber trotz aller Schnelligkeit zerquetschte man doch einige der Tiere. Das ist das Schlimmste bei diesen Natalfliegen, daß sie nicht die Kultur unserer zahmen Hausfliegen besitzen. Sie lassen sich mit einer Gemütsruhe erschlagen, zerquetschen, einatmen, verschlucken, die einen zur Verzweiflung bringen kann. Sie kriechen mit ihren feuchten, klebrigen Füßen über das Gesicht und bedecken in Scharen die wunden Stellen an Händen und Armen, die man sich beim Reiten und beim Durchbrechen von Gesträuch zuzieht. Der nach ausgestandenen Strapazen oft todähnliche Schlaf wurde jäh und unliebsam unterbrochen, indem die Kehle ihren Dienst versagte, und ähnliches ereignete sich, wenn man im besten Redefluß durch einige dieser Fliegen außer Gefecht gesetzt wurde. Als nach dem Fortzug meines Kommandos meine Zelte einsam auf Pieters stolzen Höhen zurückblieben, mußte ich nach einigen Stunden im wahren Sinne des Wortes flüchten und mich bei einer benachbarten Ambulanz einquartieren. Die Fliegen waren durch den Fortzug des Lagers ihrer Existenzmittel beraubt und fielen nun in Milliarden über meinen bescheidenen Vorrat her.

Das Versorgen der verschiedenen Lager mit Mundvorräten war oft mit nicht geringen Schwierigkeiten

verknüpft, indeſſen muß man ſagen, daß die Kom=
miſſariate den ihnen geſtellten Anforderungen in aner=
kennenswerter Weiſe gerecht wurden. Es war erſtaunlich,
welche Züge von Maultier= und Ochſenwagen nötig
waren, um unſere kleine Belagerungsarmee von Lady=
ſmith mit Proviſionen zu verſehen, und man konnte
hieraus einen Schluß ziehen auf die ſchwere Beweglich=
keit der engliſchen Truppen, die vielmehr auf ihren Troß
angewieſen waren, als der in ſeinen Gewohnheiten genüg=
ſamere Boer. Der ſtets mit dem Boeren in Verbindung
gebrachte ‚Biltong‘ iſt noch lange nicht ins Reich der
Fabel zu verweiſen. Wenn man ſich im Lager auch
an friſchem Fleiſch, Reis, getrockneten Früchten und
anderen Leckerbiſſen gütlich that, vergaß doch niemand,
einen kleinen Vorrat von Fleiſch in Streifen zu ſchneiden
und zu trocknen. Das wanderte dann in die Sattel=
taſchen, und während der feierlichen Ouvertüre jeder
Schlacht, dem raſenden Kanonendonner und eiſernen
Hagel der Projektile ſah man die Boeren im Schutze
der hohen Klippen friedlich an ihrem geliebten Biltong
knabbern.

*

Die über den Kliprivier geſchlagene Notbrücke
enthob einen zwar der Mühe, die etwa ſechzig Fuß
tiefe Böſchung hinabzureiten, ſeinen Weg durch Fels=
geröll und den zeitweiſe ſtarken Strom zu bahnen und

auf der anderen Seite das nicht weniger steile Ufer zu erklimmen, aber es beraubte zu gleicher Zeit die Pferde ihres hier gewohnten Trunkes. Daran dachten wir indessen wenig, als wir kletternd über das Holzwerk der Brücke ritten, und trösteten uns mit der Zuversicht, bei einer Spruit weiterhin das Versäumte nachzuholen. Dann galoppierten wir den kurzen, sandigen Aufstieg hinan, und nun hätten sich eigentlich unsere Wege getrennt. Der gerade Pfad der Pflicht führte mich der Hauptstraße entlang nach Nelthorpe und dem berüchtigten Damm zu, wenig Überredung aber bedurfte es von seiten meines Freundes, damit ich mein Pferd herumwarf und, scharf nach links abbiegend, die Straße nach Colenso einschlug.

Es war spät am Nachmittag. Die Natalsonne hatte wohl einen Teil ihrer Glut eingebüßt, aber genügte doch, um ihre abspannende Wirkung auf Roß und Mann gerade jetzt besonders fühlbar zu machen. Das Gelände, in dem wir uns befanden, ist anerkannt einer der armseligsten Striche von ganz Natal, und unmutig wateten unsere Pferde durch den losen Sand der öden Landstraße. Unser anfänglich lebhaftes Gespräch war allmählich ganz verstummt, und jeder über seine eigenen Gedanken brütend, hingen wir, ein Bild der Trauer, in unseren Sätteln und ließen uns von den erschöpften Mähren unserem Ziele zuschleifen. Mein Begleiter war der elektrotechnische Vertreter der Firma Gebrüder Delfoß in Pretoria, die es unternommen

Auf Vorposten

hatte, eine Drahtseilbahn über den Tugelafluß zu spannen, nachdem sie denselben bereits durch eine Fährverbindung überschreitbar gemacht hatte. Die Maschinen für den neuen Verkehrsweg waren bereits auf Ochsenwagen verladen, und mein Freund wartete nur noch auf einige andere Materialien, um sein Werk so schleunig als möglich zu beginnen. Kammeyer war ein famoser, jovialer Mensch, und ich hätte mir sicher keinen besseren Gesellschafter wünschen können. Er steckte voll Witz und Humor, war mehrere Jahre in Deutschland gewesen, um zu studieren, und kramte einen unerschöpflichen Vorrat von Abenteuern und Studentenstreichen aus. Daß wir nun so stumpfsinnig nebeneinander herritten, lag eben daran, daß wir seit Morgengrauen im Sattel waren, kaum einen Bissen zu essen und, was weit schlimmer war, absolut nichts zu trinken bekommen hatten.

Jetzt hätten wir endlich an die Spruit kommen sollen, die in unserer beider Erinnerung als ein klarer, schnellfließender Bach figurierte — eine kiesige, ausgedörrte, flache Höhlung starrte uns entgegen. Nicht die kleinste Lache, nicht einmal die Spur von Feuchtigkeit in dem trockenen, heißen Flußbett. Wir ritten also weiter und beschlossen, in Pieters zu bleiben, das etwa auf halbem Wege zu unserem Endziel lag. Die Gegend gestaltete sich allmählich freundlicher, und man konnte merken, daß man sich dem Bereich des Tugelaflusses näherte, der mit vielen kleinen Zuflüssen längs seines ganzen Laufes ein anmutiges Landschaftsbild gewährt. Hier allerdings gab sich der allmähliche Wechsel der Szenerie erst in dem häufigeren und stärkeren Auftreten der Dornbüsche zu erkennen.

Der Weg hatte sich gebessert, wir ritten eine kleine Anhöhe hinauf und nun befanden wir uns am Rande eines weiten Kesselthales. Es wird in seiner ganzen Länge von der Eisenbahnlinie durchschnitten und in der Mitte desselben liegt Pieters. Das rote Dach des Stationsgebäudes erglänzt wie ein großer Rubin in einer Insel von Grün, und die weißgestrichenen Umzäunungen verleihen dem Ganzen etwas ungemein Anmutiges und Anheimelndes. Dieser Eindruck wird noch erhöht, wenn man sich der Station nähert, die aus einem ganzen Komplex von Gebäuden besteht. Das Stationsgebäude selbst ist von einer weiten, von Granadillo umrankten Veranda umgeben und enthält das Dienstzimmer und den Raum, in dem die wenigen Beamten speisen. Links daran schließt sich ein kleiner Garten, in dessen Mitte ein Zelt Kammeyers stand, und weiterhin ein paar winzige Häuser, die dem Maschinenpersonal als Wohnung dienten. Auf der anderen Seite befand sich Doktor van der Merves Ambulanz in einem größeren Gebäude, mehreren Zelten und einem Gartenpavillon.

Dergestalt war die Oase beschaffen, der wir uns nun im Galopp näherten, indem wir die Klepper zu einer letzten Kraftanstrengung anspornten. Wir hingen die Zügel über den Zaun und traten ins Stationsgebäude, um unsere Freunde zu begrüßen. Das erste, was wir vernahmen, war, daß kein Halm Pferdefutter vorhanden sei! Das zweite war die willkommene Nachricht, daß Herr Middelberg in diesen Mauern weilte der Sohn des Herrschers aller Eisenbahnen im Transvaal. Ich kannte ihn zwar nicht persönlich, wurde aber äußerst gastfreundlich von ihm empfangen, da ich ihm durch frühere litterarische Sünden, die auch die Eisenbahn in ihr Bereich gezogen, bereits hinreichend bekannt war. Er war auf einer Inspektionsreise dieser kleinen Linie begriffen. Dieselbe läuft bekanntlich zwischen Ladysmith und der abgebrochenen Brücke über den Tugelafluß und ist lediglich strategischer Zwecke halber eingerichtet worden. Die beiden kleinen Maschinen sind in Pretoria auseinander genommen, auf die Bahn gesetzt, in Elandslaagte auf Ochsenwagen verladen und um Ladysmith herum bei Nelthorpe auf den Schienenweg gesetzt worden. Dann wurden sie montiert und vermittelten nun den Verkehr zwischen obiger Station und dem Flusse mit der Zwischenstation Pieters.

Inspektoren reisen gewöhnlich mit geringem Gepäck, aber der Krieg, der alles Herkömmliche über den Haufen wirft, ändert auch diese Regel, und ein ahnungsvoller Seufzer entschlüpfte Kammeyer, als Middelberg sich bedächtig einer mit seinem Namen gezeichneten Kiste stattlichen Umfanges näherte und dieselbe feierlich und umständlich erschloß. O, holder Bols! Welch südafrikanisches

Herz schlägt nicht höher, wenn der Blick auf deine unscheinbare, braune, steinerne Hülle fällt! Es war, als ob ein Engel durchs Gemach zog, so andachtsvoll folgten wir beide dem Prozeß, als Middelberg die rote Kapsel entfernte, den Kork zog und dann, die Kruke hoch gegen das Licht haltend, den goldigen Genever in den silbernen Teleskopbecher fließen ließ — welch letzteren ich übrigens wenige Stunden später vor einem schmählichen Übergange in englischen Besitz errettete. Denn ach — noch ahnte ja keiner von unserem fröhlichen Konvivium, wie es hier aussehen sollte, bevor die Nacht noch einmal wechselte.

Ich nahm einen eiligen Trunk, und dann stürzte ich hinaus, um nach meinem Pferde zu sehen. Es war wirklich weder Mais noch Hafer vorhanden. Ich sattelte also ab, kniehalfterte das Tier und ließ es zwischen den Eisenbahnwagen laufen, wo von vergangener Herrlichkeit her noch einige Halme umherlagen. Dann sandte ich nach der einen Büchsenschuß entfernten Ambulanz von Doktor Weiß, aber auch von dort kam die Nachricht, daß sämtliches Futter aufgebraucht sei und man sehnsüchtig auf frische Lieferungen warte. Da fiel mir ein, daß ich auf der Veranda einen halben Sack mit Hartbrot hatte stehen sehen, und da man hier gut zu leben schien und genügend frisch Brot vorhanden, holte ich eine unfern stehende Badewanne herbei und begann einen guten Vorrat von dem Zwieback einzuweichen. Dann goß ich das Wasser ab und holte meinen Charlie

herbei. Er schien dieses neue Kraftfutter etwas miß=
trauisch zu mustern, schnupperte daran herum, begann
aber schließlich doch zu fressen, da ich freundlich auf
ihn einsprach und Zureden bekanntlich hilft. Außerdem
ist Hunger ja ein guter Koch.

Inzwischen war die Sonne im besten Begriff unter=
zugehen, und unser eigenes Souper stand auf dem Tisch,
wie der Stationschef eben freundlichst verkündete. Ich
trat ein — ja — da stand ein richtiger Tisch: Beine,
Tischplatte, alles komplett. Es thut einem wohl, einen
Tisch zu sehen, wenn man fünf Monate lang von einer
Seifen= oder Lichtkiste gespeist hat. Da war sogar ein
Tischtuch! Wie ich mich unbeobachtet glaubte, befühlte
ich es — kein Zweifel, es war ein veritables, leinenes,
weißes, hm, sagen wir weißliches Tuch, das über vor=
besagten Tisch gebreitet war. Dann nahmen wir Platz.
Wir drei saßen auf Stühlen, unsere vis-à-vis in gleicher
Anzahl auf einer Art Planken=Arrangement, das genau
so lange komfortabel ist, als alle Beteiligten stillsitzen.
Nun kam das Essen. Mehrere Schüsseln wurden in
rascher Reihenfolge auf den Tisch geschoben, aber die
rasch fallende Dämmerung verhinderte, daß ich ihren
Inhalt ergründen konnte. Wie gut, daß die Nase unserem
schwachen Sehorgan zuweilen zu Hilfe kommt, und wie
gut, daß einige unserer heimatlichen Gerichte ihren Duft
wie ein Ankündigungskommando vor sich hersenden!
Sonst hätte sich an diesem Abend die Plötzlichkeit der
Erscheinung als zu riesengroß für mich erwiesen. Denn

was stand vor mir, was spiegelte sich in aller Mienen, was sandte seinen Duft gen Himmel, süßer denn Ambrosia? — das edle Sauerkraut! Und nicht mit jenem hämischen Beigeschmack, den die Engländer unserem harmlosen ‚Sauercrraout' stets beifügen, sondern mit einer ansehnlichen Portion von Wiener Würsten und gestampften Kartoffeln. Es kam mir immer wie eine Entweihung vor, dieses Nationalgericht inmitten einer Horde Engländer zu essen — wie anders heute, meine deftigen holländischen Freunde!

Leider kommt ja alles zu einem Ende, so auch dieses Mahl, und nachdem wir unsere Pfeifen in Brand gesetzt hatten, ließen wir uns auf einer Bank vor Middelbergs Thür nieder. Es war eine dunkele, sternenlose Nacht, und um die Flasche zu finden, mußten wir jedesmal ein Streichholz anzünden. Sonst unterbrach nichts die Stille. Keine unnötige Schießerei und kein Pferdegetrappel. Am Himmel allerdings malten die Scheinwerfer von Colenso her und über dem fernen Ladysmith ihre geheimnisvollen Zeichen und führten Sir Buller und General White ihre allnächtliche dringende Zwiesprache. Selbst dieses kleine Privatvergnügen wurde ihnen benommen, indem vom long tom her unser Scheinwerfer das verstohlene tête à tête plötzlich störte und, wie mit einem großen Besen den Himmel kehrend, alle Zeichen auswischte. Wir waren diesen Vorgängen eine Weile gefolgt und waren dann zu unserer leise geführten Unterhaltung zurückgekehrt.

Es ist still auf so einer kleinen Station, wenn der Abend weiter vorrückt. Der Verkehr stockt naturgemäß vollkommen, die Maschinen sind in Ruhe versetzt, und das Personal schläft oder ist doch wenigstens unsichtbar. Kaffern dürfen nicht mehr umherlaufen und so hört man höchstens ein Pferd hin und wieder scharren oder eine Eule vom Telegraphenpfahl schreien. Man kann sich also unseren Schreck vorstellen — ich war gerade beim Prozeß des Streichholzanzündens —, als plötzlich unvermittelt grell und gebieterisch der Telegraph zu arbeiten begann, und sein energisches Klingeln den Chef an den Apparat rief. Bevor ich das Streichholz fallen ließ, warf ich noch einen Blick auf meinen elektrischen Freund neben mir, der wie entgeistert dasaß und die Flasche zwischen die Beine geklemmt hielt, als ob es eine Wärmkruke wäre, und einen Blick zur Linken, der mir das erstaunte und etwas beunruhigte Gesicht von Middelberg zeigte. Dann sprangen wir alle drei auf und begaben uns ins Telegraphenbureau, aus dem uns der Chef schon entgegenkam: ‚Colenso wünscht einen Zug für zwei Schwerverwundete und drei Leichtverwundete!' lautete seine Botschaft.

„Well," sagte Middelberg, „die Leute haben den ganzen Tag gearbeitet und eben die Feuer ausgemacht, wir können ihnen kaum zumuten — indessen es handelt sich um Verwundete, und ich denke, sie werden ein übriges thun."

Und er hatte sich nicht getäuscht. Der Heizer

war mit einem Sprung auf der Maschine, hatte das Feuer ausgebreitet, neue Kohlen aufgeschüttet und den Blashahn angesetzt, während der Maschinist seine Laterne entzündete und den Rundgang um die Maschine begann, um Öl zu geben. Es dauerte nicht lange, bis Dampf genug vorhanden war, und mit einem Waggon und dem Konbukteur an ‚Bord' fuhren sie ab. Wir folgten ihnen mit den Augen, bis die Biegung beim Bethal Laager die Lichter unseren Blicken entzog, und dann kehrten wir auf unseren Sitz zurück. Der Chef hatte sich uns zugesellt, und die Zeit verging schnell genug, das der Zug mit seiner traurigen Ladung wieder einfuhr. Er hielt unmittelbar vor der Ambulanz und die Thüren wurden geöffnet. Eine Bahre schob sich langsam vor, und ich ergriff den einen Handgriff, drei andere faßten an den anderen Seiten zu, und unter dem Voraufmarsch einer Laterne bewegten wir uns vorsichtig dem Gebäude zu. Der Verwundete war ein Mann stattlicher Größe, mit langem Vollbarte und wirrem Haar. Er war durch die Brust geschossen und seufzte leise, wie wir ihn auf den Boden niedersetzten. Wenn er still lag, schien er keine Schmerzen zu haben, und anscheinend freute er sich, überhaupt nur unter Dach und Fach zu sein. Der andere hatte eine Kugel im Kopf und lag im Delirium. Die übrigen hatten Arm= und Beinschüsse und waren bereits verbunden. Die Maschine mußte aber doch noch zweimal Transporte von Verwundeten holen, die am Vormittage jenseits des Tugelaflusses verwundet worden waren und erst im Schutze der Dunkelheit hatten fortgeschafft werden können.

Endlich kehrte vollkommene Ruhe ein. Der Telegraph schwieg, die Verwundeten waren versorgt, der Chef hatte sein Lager aufgesucht, und wir schickten uns an, dasselbe zu thun. Ich verabschiedete mich von meinen Freunden, da mich der frühe Morgen wohl schon weit von dieser Stätte sehen würde, und dann bereitete ich mein Nachtlager unter der Veranda. Sattel, Zaun und Patronengürtel unter dem Kopfe, den geladenen Karabiner neben mir, wickelte ich mich in meine wollene Decke und versank sofort in den festen, friedlichen Schlummer des braven Reitersmannes.

*

Als ich erwachte, war alles um mich her in Mondschein gebadet. Ich richtete mich auf und dachte darüber nach, was die Ursache meines Erwachens gewesen sei. Es war mir, als hätte ich etwas gehört — jetzt indessen war alles still. Ich lauschte noch einen Augenblick, dann sprang ich auf und trat an die Brüstung der Veranda. Lange und aufmerksam schaute ich hinauf nach dem Monde und kam dann zu der Ansicht, daß es etwa zwischen drei und vier Uhr sein müsse. Ich rollte also meine Decke auf und legte den Sattel zurecht. In dem Moment, als die Bügel klingend zu-

sammenschlugen, hörte ich einen seltsamen Laut durch
die Nachtluft zittern und gleich darauf nochmals lauter
und lauter, und nun wußte ich, was mich geweckt hatte.
Es waren die Schmerzensausbrüche eines der armen
Verwundeten, die klagend aus dem anderen Hause
hinüberdrangen.

„Armer Bursche!" murmelte ich vor mich hin, als
ich mein Pferd nun losmachte. Charlie hatte mich mit
leisem Wiehern begrüßt. Er schien sich zu freuen, daß
ich ihn davon erlöste, in der frischen Nachtluft still zu
stehen und trabte munter mit mir den Bergen zu, auf deren
Höhen er mein Zelt und seinen Stall wußte. Unser
Weg führte durch Hohlwege, über grundlose Maisfelder,
durch die oft hundert Fuß tiefen Höhlungen ausge=
waschener Flußbette und steile Pfade hinauf und hinunter,
so daß die ganze Aufmerksamkeit des Reiters erfordert
wird und die Zeit im Fluge vergeht. Ich war deshalb
ganz erstaunt, als ich beim Vryheids Kommissariat an=
langend, im Osten den fahlen Schimmer des jungen
Tages sich verbreiten sah. Das Kommissariat befindet
sich auf einer in Ruinen liegenden Farm und von dort
aus ist es nur ein halbstündiger Ritt bis auf die
Höhen. Mein Gaul griff wacker aus, und als ich vor
meinem Zelt aus dem Sattel sprang, ging über den
Bergen gerade die Sonne auf. Tief unter mir lag jetzt
Pieters noch in Dunkelheit und Stille. Doch was war
das! — — — Am weitentferntsten Ende des weiten
Thales erhob sich plötzlich eine Wolke; erst klein; dann

größer; grau und darauf schmutzig gelb; sie breitet sich linienförmig aus und nun — bumm — .rollt der dröhnende Schall durch die morgenstillen Berge.

„Na, das ist eine schöne Bescherung," sagte eine Stimme neben mir, „die Boeren haben augenscheinlich die Positionen geräumt, und hier sitzen wir nun zwischen Ladysmith und Bullern." Es war mein Kriegskamerad und Majordomus Fränkel und so ganz unrecht hatte er nicht. Unsere Lage war keine beneidenswerte. Ich sattelte Charlie ab und ließ ihn laufen; dann gab ich meinem anderen Pferde noch eine Extraschüssel Mais und ließ mich nachdenklich neben Fränkel am Feuer nieder. Falls Ladysmith einen Ausfall machte oder Sir Bullers Entsatzarmee ihren Durchbruch bewerkstelligte — in jedem Fall mußten sie über das Bergjoch marschieren, auf dem ich mich mit meiner unglücklichen Zeltbehausung niedergelassen. Fränkel seufzte hörbar und schmerzlich. Seit drei Monaten hatten wir hier die schöne Bergluft genossen, hatten die Sonne morgens aufstehen und abends hinter den Bergen zu Bette gehen sehen. Wir hatten die heißen Stunden des Tages im Schatten des breitästigen Kameldornbaumes zugebracht, und die Feuerstätte wußte von manch saftigem Lendenstück zu erzählen, das auf ihrer Glut geröstet war. Wenn Schlachtgerüchte in der Luft hingen oder nahende Gefechte ihre Boten vor sich her sandten, dann hatten wir unsere Gäule gesattelt und ‚auf zum fröhlichen Jagen' stürzten wir uns ins Kriegsgewimmel. Das war immer weit von unserer friedlichen Stätte gewesen: bei Colenso, beim Sturm auf Ladysmith, bei Spionkop — und hatte meist mit der schmählichen Niederlage unserer Widersacher geendet. Nun wehte der Wind aus einer anderen Richtung!

„Mit der Sommerfrische scheint's mir hier vorbei," sagte Fränkel resigniert, und das beste ist, ich fange an zu packen und breche unsere Zelte ab." Das schien mir ein sehr weiser Plan, und meinen geleerten Kaffeebecher neben mich setzend, stand ich auf, um zu sehen, ob mein Pferd fertig war mit Fressen. Dann füllte ich zwei weitere Bandeliere mit Patronen, legte mein Kochgeschirr zurecht, verstaute die eiserne Ration in die Satteltaschen und bereitete alles zum bevorstehenden Tanz vor. In diesem Augenblick kam ein Freiwilliger vom deutschen Korps angesprengt, der auf der Pferdesuche war. Er war ein blutjunges Bürschchen von kleiner, schmächtiger Statur, hatte aber einen guten Sitz zu Pferde, und ich fragte ihn halb scherzend, ob er einen Rekognoszierungsritt nach dem Tugelaflusse mitmachen wollte. Er war sofort Feuer und Flamme dafür, und da er dienstfrei war, hatte ich kein Bedenken, ihn mitzunehmen! Der Abschiedsjodler von Fränkel verklang hinter uns und bald hatte uns das Gewirr der Berge aufgenommen.

Während dieser Zeit war das Schießen der Marinegeschütze heftiger und heftiger geworden, und es verging wohl keine Minute, ohne daß Geschosse auf den

Höhen von Pieters niederfielen. Unser Pfad führte in bombensicherer Entfernung zwischen mächtigen Bergkegeln hindurch und schließlich in ein kleines Thal am Tugela, in der Nähe der zerstörten Eisenbahnbrücke. Es fiel mir auf, daß alle Menschen, die wir sahen, uns entgegenkamen. Wir überholten keinen und niemand war hinter uns, der demselben Ziel zustrebte. Wagen zogen vorüber und Reiter sprengten vorbei. Sie mehrten sich mit jedem Augenblick, und manche musterten uns mit erstaunten Blicken. Die meisten ritten scheu und schnell an uns vorüber. Mir wurde sonderbar zu Mut. Es war, als hinge eine Katastrophe in der Luft, und wir trieben unsere Pferde an, um den Fluß schneller zu erreichen. Der Menschenstrom dichtete sich und als wir die Holzbrücke erreichten, sahen wir einen wirren Knäuel von Menschen und Pferden drängend, hastend, schiebend sich dem diesseitigen Ufer zuwälzen.

Wir hielten und sahen uns die Geschichte an. Was sich vor unseren Augen abspielte, war der Rückzug einer Armee. Es war ein sonderbarer Anblick, und ein ängstliches Gemüt hätte jedenfalls, die Hände über dem Kopf zusammenschlagend, jammernd ausgerufen: ‚Alles ist verloren — sauve qui peut!' und sich dem Gewimmel angeschlossen. Wer indessen in dem gewöhnlichen südafrikanischen Leben harte Schicksalsschläge empfangen hat, ohne sich zu beugen, giebt auch in solcher Lage nicht so schnell klein bei, und schon nach wenigen Augenblicken sagte ich mir: ‚Pah, die Boeren haben eben schlechte Stellungen gehabt, die sie haben räumen müssen. Sie drängen instinktiv, den Fluß zwischen sich und den Feind zu bekommen, und werden auf dieser Seite eben neue Positionen einnehmen. Damit wendeten wir unsere Pferde um und ritten langsam die Landstraße hinauf, die vom Flusse nach Pieters führt. Wir mußten dieselbe aber bald verlassen, da wir uns nun direkt in der englischen Feuerlinie befanden, und schlugen uns seitwärts in die Berge, wo die Granaten vereinzelter einschlugen. Endlich befanden wir uns oberhalb von Pieters, und ich fragte meinen jungen Freund, ob wir hinunterreiten wollten, um meine Freunde zu besuchen.

"Wo Sie hingehen, gehe ich auch!" erwiderte der Kleine fest. Es waren unangenehme fünf Minuten, die wir in der Ebene verbrachten, um die Station zu erreichen. Das unebene Gelände, die heulenden Geschosse in der Luft, das Krachen der einschlagenden Geschosse und die Schutzlosigkeit in der weiten Ebene sind eben Momente, die sich einem tief in die Seele graben, und die sich später am sicheren Lagerfeuer besser erörtern lassen, als im Augenblicke der Gefahr. Zwei Boeren kamen an uns vorübergejagt, als ob ihnen der Teufel auf den Fersen wäre. Als ob eine Lydditebombe danach fragt, ob wir Schritt oder Trab reiten!

"Halla=la=laiti=la=laiti!" jodelte ich, als wir endlich vor dem Stationsgebäude hielten, und wartete auf das korrespondierende mißtönige Geheul aller Anwesenden, das mich gewöhnlich schmeichelhaft begrüßte. Doch vergeblich. Es blieb alles still; kein Mensch, kein Hund, kein Huhn war sichtbar. Wir machten unsere Pferde unter einem Baume fest und traten näher. Ich warf einen Blick durch das Fenster des Telegraphenzimmers und fand, daß die Apparate fortgenommen waren und der Raum verlassen. Einige verbrannte Papiere lagen umher, eine Menge Telegrammformulare und ein Bleistift, den ich einsteckte. Dann ging ich in's dining room. "Der Thee ist noch warm!" rief mein junger Freund mir entgegen und schenkte zwei Tassen ein. Und nun begann ein Mahl, das unsere gestrige Sauerkrautschlemmerei an Kuriosität bei weitem übertraf. Unsere Stühle hatten wir vorsichtshalber anderthalb Fuß vom Tisch abgerückt, und sobald das Sausen einer Granate ertönte, sprangen wir à tempo auf und warfen uns flach hinter die der Geschoßrichtung zugewendete Wand des Hauses. Wir hätten ebensogut sitzen bleiben oder uns mit derselben Berechtigung etwa in ein Kartenhaus setzen können, fiel mir später ein; denn die dünnen Eisenblechwände mit ihrer schwachen Holzverkleidung hätten uns sicher nicht vor Vernichtung geschützt. Indessen der Mensch liebt es, sich in Illusionen zu wiegen, und verschmäht es zuweilen selbst nicht, den vielbespotteten Vogel Strauß nachzuahmen. Ich betrachtete die Geschichte also als eine nützliche Leibesübung und angenehme Unterbrechung unseres Kriegsmahles. Dasselbe bestand aus Brot, Butter, kaltem Fleisch, Käse, Sardinen und anderen Herrlichkeiten, die meine Freunde bei ihrem eiligen Rückzuge zurückgelassen, und ich hatte meine helle Freude an dem gesunden Appetit, den mein Kriegskamerad entwickelte. Als ich mit dem Krug hinausging, um Wasser zu holen, wurde mir klar, warum hier alles so still und verlassen war. Auf der Stelle, wo mein Pferd gestern noch friedlich Halme aufgelesen, befand sich ein Loch, in das man bequem einen fetten Schlachtochsen hätte betten können, und der gelbe Niederschlag des Lyddite machte jede weitere Frage danach, was sich hier ereignet, überflüssig; diese Überraschung hatte sich als zu kräftig für die Nerven der Beteiligten erwiesen. Ich wünschte später, uns hätte zu unserer Fortbewegung ebenfalls ein Eisenbahnwagen zur Verfügung gestanden, so indessen mußten wir uns mit der Mitnahme derjenigen Sachen begnügen, die wir in den vollgestopften Satteltaschen, Hafersack und Futterbeutel unterbringen konnten. Dies war bald geschehen, und also beschwert machten wir uns auf den Weg. Wir warteten eine Feuerpause ab und dann gab ich meinem Gaul die Sporen. Fort ging es in sausendem Galopp die Fahrstraße hinauf, die in die rettenden Berge nach Ladysmith führt. Hoch oben im Gebirgsjoch glänzte ein winziger, weißer Punkt: mein Zelt. Ich fühlte in meinem Innern den brennenden Wunsch, daß ich dort wäre oder wenigstens erst aus diesem Drangsal heraus. Es kroch mir kalt über den Rücken und kribbelte in allen Nerven im Gefühl der mich überholenden Gefahr. Dann schämte ich mich dieser Regungen und setzte mich korrekt in den Sattel, das Pferd zu größerer Schnelligkeit antreibend. Hinter mir hörte ich den flüchtigen Hufschlag des anderen Pferdes. Wir hatten schon zwei Drittel des Weges durchmessen, als das Geschick sich nahte. Keine Granate in den Schanzen hat mir wohl einen so heillosen Respekt eingeflößt, als die Lydditebombe, die nun über unseren Häuptern dahergeheult kam. ‚Adieu, du schöne Welt!' Doch nein. Sie passierte uns und grub sich etwa 500 Schritt vor uns in den Grund. Ein Krachen — der obligate gelbe Qualm — mein Gaul hob sich hoch in die Lüfte — und — uiih — u...i...i...h — kam ein Sprengstück daher gesegelt. Ich bog mich nieder, bis ich parallel mit dem Oberkörper des Pferdes lag, und gleich darauf hörte ich ein scharfes „Klack", und das Stück Metall fiel unmittelbar vor die Vorderfüße meines Pferdes. Ich sprang ab, hob es auf und ließ es sofort wieder fallen. Es war nicht so schwer, aber glühend heiß. Ich zog also aus meiner Tasche das heraus, was zu Beginn des Krieges ein Taschentuch gewesen war und wickelte den Metallstreifen hinein. Noch bevor ich es recht in die Satteltasche verstaut hatte, hatte das Tuch eine prächtige Kanarienfärbung angenommen, und ich dachte bei mir: ‚das stellt Spindler vollkommen in den Schatten!' Unsere Pferde griffen von neuem aus, wir bekamen noch ein paar Schüsse nachgefeuert, und dann hatten wir aufatmend den Schutz der Berge erreicht. In kurzer Zeit langten wir bei meiner Behausung an und berichteten Fränkel, daß die

Engländer im Anmarsch begriffen seien und es am Nachmittag jedenfalls zum Gefecht kommen würde.

*

Es litt mich nicht lange bei meinem Zelt. Die Aufregung der kommenden Ereignisse erfüllte mich ganz, und außerdem beherrschte mich eine geheime Wut über das schmähliche Schießen von heute morgen und das Verlangen mich zu rächen. Ich verfolgte zunächst denselben Weg, den ich erst vor wenigen Stunden geritten, und dann wandte ich mich mehr nach links den Pieters Höhen zu, anstatt die Richtung nach dem Tugelaflusse einzuhalten. Es war kein leichtes Manövrieren, da das Artilleriefeuer geradezu gefährliche Stärke angenommen hatte und man die kleinste und unscheinbarste Deckung ausnutzen mußte, um die Höhen zu erreichen. Auf diese Weise kam ich nur langsam vorwärts. Es war eine harte Geduldsprobe, denn die zunehmende Heftigkeit des Bombardements zeigte deutlich, daß Sir Redvers Buller eine Schlacht plante und bald zum Sturm übergehen würde. In der That hatten die Engländer bereits den Fluß überschritten und zehn Feldgeschütze auf dem diesseitigen Ufer aufgefahren. Den Übergang hatten sie teils vermittelst der Holzbrücke bewerkstelligt, die von uns zwar in Brand gesteckt, aber nur teilweise zerstört war und zum größeren Teil mit Hilfe einer Pontonbrücke, die sie selbst über den Fluß schlugen. Ich mußte von allem diesen zur Zeit noch nichts, da die Berge, zu denen ich emporstrebte, gerade zwischen mir und dem Feinde lagen, von unseren Leuten besetzt waren und die Lage beherrschten.

Schon seit geraumer Zeit war ich an kleineren und größeren Trupps von gesattelten Pferden vorbeigekommen, die an geschützten Bergabhängen grasten und ein sicheres Zeichen dafür waren, daß ihre Reiter bereits in Gefechtsstellung waren und die Gipfel der Berge besetzt hielten. Ich saß also auch ab, machte einen Knoten in den Zügel, damit Charlie sich nicht mit den Vorderfüßen verwickelte, lockerte den Sattelgurt ein wenig und schnallte den Sack mit Patronen los. Das Pferd fing sofort an, friedlich zu grasen, und ich begann den Aufstieg. Die Mühe des Klimmens und die spannende Erwartung des nahen Blutvergießens ließen mein Herz hörbar schlagen. Werden die Boeren heute standhalten? Wird ihre Zahl genügen, um der furchtbaren Überzahl der Feinde zu widerstehen? Wird Sir Buller nicht alles daran setzen, um heute endlich den Durchbruch zu erzwingen? Das alles waren Fragen, die mein Inneres durchstürmten und auf die mir niemand Antwort gab. Nur Oom Pauls ‚in unserem Lande wird alles recht kommen' flößte mir einige Zuversicht ein, und unter dem Schutze dieses Talismans kroch ich in meine Gefechtsposition. Es waren ein paar Felsblöcke, hinter denen ich meinen Patronensack und mich selbst deponierte, und es bedurfte nur einiger kleinen

Arrangements, um eine prächtige Schießscharte und Auflage für meinen Karabiner herzustellen. Nun blickte ich um mich. Etwa zehn Schritte zu meiner Rechten lagen zwei Zoutpansbergboeren und zu meiner Linken sah ich in weiter Entfernung andere Fechtgenossen liegen, die aufmerksam den Vorgängen im Thal zu folgen schienen. Ich nahm also mein Feldglas und folgte ihrem Beispiel. Das sah lieblich aus. Soweit das Auge reichte, ruhte es auf einem dichten Gewimmel von Khaki. Sie scharten sich in Massen in den Flächen hier und dort, sie krabbelten über die Berge und kamen in endlosen Zügen aus den Schluchten und Bergpässen. Khaki, Khaki, Khaki — es war, als ob die Gegend eine herbstliche Färbung angenommen hätte oder als ob ein Heuschreckenschwarm sein Domizil dort aufgeschlagen. Für Stunden dauerte die unbeständige Bewegung und dann schien Ordnung und System in die aufgelösten Massen zu kommen. Es war ein entzückender Tag, und ich war Auge und Ohr für das militärische Schauspiel, das sich unter mir entwickelte. Es war wie ein Kaisermanöver. Aha, jetzt sondert sich eine Abteilung ab, anscheinend ein Regiment, und jetzt geht es vorwärts in aufgelösten Kompagniekolonnen.

Das erste Bataillon ging zum Sturm vor. Sie krabbelten wie Ameisen die Anhöhe hinauf und waren bald in dem Gehölz verschwunden, das sich so zwischen uns und der Thalsohle dehnte, nach dem Gipfel des Berges zu wurde es spärlicher und hörte etwa tausend

Meter vom Kamm ganz auf. Das Schießen mit den
Marinegeschützen dauerte fort, und die einschlagenden
Geschosse verursachten einen Höllenspektakel; Shrapnels
explodierten und hinterließen ihre kleinen Rauchwolken
über uns wie ebenso viele kleine Teufel — die meisten
allerdings waren Blindgänger und gruben sich un=
schädlich weit hinter unserer Linie ein. Nun aber er=
schien ein anderer Teilnehmer am festlichen Turnier.
‚Tack, tack, tack, tack, tack — tack, tack, tack, tack, tack —
tack . . .‘ krachte es plötzlich von unserem linken Flügel
in sich wiederholender, fünfmaliger Reihenfolge und
Leutnant Grothaus' Maximkanonen sandten ihren bleiernen
Gruß ins Thal hinab. Wackerer Deutscher! Wie die
Granaten einschlugen und die Kronen der kleinen Dorn=
bäume zerzausten! Wie die Schüsse auf dem Gehölz
hin und her fegten und Grauen und Verwirrung unter
die Khakis trugen. Ein Jubelgeschrei ging durch die
Reihen der Boeren.

Doch Tommy Atkins ist nicht so leicht einzu=
schüchtern. Sie eilten mehr als je, aus dem Gebüsch
zu kommen, und mit einem herausfordernden Kampf=
geschrei sprangen sie ins Freie. Armes, irregeleitetes
Proletariat Londons! Es war ihre letzte Kundgebung
auf dieser Erde. Ein ohrenbetäubendes Knattern unserer
Mauser, das Aufreißen der Schlösser, das gewaltsame
Schließen derselben, das Repetieren der Maxims, das
Donnern unserer Bergkanonen — und alles war vorüber.
Vor uns lag eine Kette toter Körper, nebeneinander,

übereinander und in grotesken Stellungen, so wie es
der große Mäher Tod gefügt. Wohl denen, die den
Tod gefunden. Zwischen ihnen zeigten sich jene, die
verwundet waren und mit dem Schmerze und der Qual
des Durstes und dem Grauen vor den nächsten Augen=
blicken rangen. Denn schon nahte sich das zweite Ba=
taillon des Inniskilling=Regiments. Diesem Tage war
es vorbehalten, uns den Krieg in seiner schauderhaftesten
Gestalt vor Augen zu führen. Denn während die
nimmerfehlenden Büchsen der Boeren dieses Bataillon
zu dem anderen legten, durchbohrten ihre Kugeln die
noch lebenden und verwundeten Soldaten der ersten
Schar. Es wurde später konstatiert, daß einzelne hilf=
los Daliegende sechs und mehr Schüsse empfingen,
und das Jammergeschrei mit Flüchen gemischt drang
gen Himmel und übertönte selbst das Toben der Schlacht.
Ich suchte meine Nerven zu stählen vor dem Anblick
der aufgedunsenen und verzerrten Gesichter, der aufge=
rissenen und blutgetränkten Khakiröcke und vor den bis
zur Unkenntlichkeit verunstalteten, zerschmetterten Glied=
maßen der vor uns aufgehäuften Menschen. Man
spricht wohl leichthin von aufgetürmten Leichenhaufen
nach einer Schlacht, aber bei Pieters habe ich es zum
erstenmal gesehen, und plötzlich erhob sich aus dieser
melancholischen Umgebung die Gestalt eines baumlangen,
jungen Menschen, den ich für einen Fähnrich hielt. Er
schwang einen Revolver in der Luft und stürmte mit
schwankenden Schritten den Abhang hinauf. Dann fiel

er, wie vom Blitz gefällt, vornüber und blieb regungslos liegen.

„Gerade zwischen die Augen . . . ,“ sagte mein Nachbar zur Linken, indem er die Patronenhülse fliegen ließ und in diesem Augenblick kam mir die ganze Geschichte widerwärtig vor. Man hatte aber keine Zeit zum Nachdenken. Vale Caesar, morituri te salutant! Dort unten nahmen die nächsten händeschüttelnd Abschied: Good bye, mögt ihr euerem Geschick entrinnen — uns seht ihr lebend nimmer wieder! Das war meistens der Sinn der Worte, wie mir ein gefangener Offizier später erzählte. Ein letzter, stummer Blick ins Auge, ein Druck der Hand, das rauhe Kommando der Offiziere und vorwärts stürmten die braven Iren, um für die Königin und Großbritanniens Ruhm zu sterben! Bald war ihr Los besiegelt, und nun attackierten die letzten Mannschaften des Regiments, indem sie in Schützenlinien weiter nach dem linken Flügel zu vorgingen. Sie verlängerten nur die lange schweigsame Reihe ihrer Kameraden.

Großer Gott, dachte ich, wird dieses Schlachten nimmer enden? als ich neue Bewegungen im Thal wahrnahm. Doch nein! Der britische Löwe hat mit unserem afrikanischen nur das gemein, daß er sich grollend zurückzieht, wenn sein erster Ansprung mißglückt. Sir Redvers Buller hat es mehrere Male bewiesen.

Der Tag war für uns gewonnen. Das Inniskilling-Regiment war bis auf vierundzwanzig Gefangene und die Verwundeten so gut wie vernichtet, und die Höhen waren in unserem Besitz. Der Kanonendonner schwieg, und die untergehende Sonne zog gleichsam zögernd ihr Licht von den regungslosen Gestalten der armen Iren....

Ich fand mein Pferd, wo ich es verlassen, und trabte in der zunehmenden Dunkelheit gemächlich nach Hause. Die Freude über den Erfolg des Tages und die Erwartung, was sich weiter ereignen würde, gaben mir genug zu denken. Es war das letzte große Gefecht in dieser Gegend. Oom Paul war selbst von Pretoria gekommen und hatte mit scharfem Blick erkannt, daß es ein Unding sei, mit so zersplitterten Streitkräften zu kämpfen. Er ließ eine energische Korrektur eintreten und sämtliche Truppen von Ladysmith, von dem kleinen Tugelaflusse und Colenso zurückziehen, um bei den Biggarsbergen eine geschlossene Stellung einzunehmen. Die wenigen, die den Rückzug decken mußten, hatten noch einige Gefechte und ziemliche Verluste, und dann verließen wir diese Gegend nach einer fünfmonatlichen Okkupation.

Als ich mein sommerliches Heim erreichte, fand ich, daß mein Waffengefährte bereits das Notwendigste gepackt hatte. Ich gab meinem Karabiner eine nur sehr oberflächliche Reinigung und fiel dann schwer auf mein Lager. Sobald der Mond aufging, brachen wir die Zelte ab und packten alles zusammen. Bald waren die Wagen beladen und die Maultiere eingespannt, und dann ging es den halsbrecherischen Pfad hinunter. Ich blieb noch einen Augenblick zurück und stieg auf den Felsblock hinter unserer verlassenen Herdstätte: Verlassen, vereinsamt, zerstört, aber von dem milden Licht des Mondes umflossen und verschönt lag das liebliche Pieters!

*

Dalmanutha war vorüber. Das letzte Bollwerk im Hochfeld war damit gefallen, und selbst dem sanguinischsten Freunde der Transvaalsache mußte nun die traurige Wahrheit dämmern, daß es mit der Affäre der beiden kleinen Republiken schlecht bestellt sei. Nach den Erfolgen am Schlusse des Jahres 1899 und unseren Waffenthaten im Beginn des neuen hatte keiner an einem guten Ausgang unserer Sache gezweifelt. Dann kam Pieters, die Übergabe Cronjes und die erdrückende Übermacht der Robertsschen Armee. Das allmähliche Aufgeben Natals und der Rückzug durch den Freistaat wurden noch nicht als üble Vorzeichen angesehen. Wir trösteten uns mit der Thatsache, daß die auseinandergezogenen Kommandos auf diese Weise vereinigt werden würden, und überdies war es ein stolzes Boerenwort gewesen: ‚Bisher haben wir noch immer in Feindesland gekämpft und es nicht so genau genommen, aber die Engländer sollen erst etwas erleben, wenn wir die eigene Landesmark verteidigen müssen.' Es hatten noch einige blutige Treffen bei Johannesburg und Irene, sowie kleinere Gefechte bei Amersfoort und Bronkhorstspruit stattgefunden, und dann begann ein ruhiger, beinahe ungehinderter Vormarsch der sich vereinigenden Abteilungen des Lord Roberts und des Sir Redvers Buller. Bei Dalmanutha-Belfast kam es zu dem geplanten Zusammenstoß. Nach mehrtägigem, gewaltigem Ringen und der heldenmütigen Gegenwehr der Johannesburger berittenen Polizeitruppe mußten wir dem Feuer der britischen Kanonen weichen, und nun ritt ich in der Nacht vom 27. August einsam und versprengt die Höhen nach Helvetia hinauf. Wie ein paar Riesenfackeln leuchteten die in Brand gesteckten Platformen der long Toms ins Land und bestrahlten meinen Weg mit roter Glut. Das Aufgeben unserer Positionen war am späten Nachmittag in eine haltlose Flucht ausgeartet, und mit bitteren Gefühlen im Herzen ließ ich meinen erschöpften Gäulen die Zügel. Ich streichelte den Hals meines treuen Tieres. Manche Meile lag vor uns, mancher entbehrungsreiche Tag erwartete uns und manche lange Nacht im kalten Höhenwind, fern von irgend einer Behausung, inmitten abgebrannter Wohnstätten und verwüsteten Wohlstandes. Denn nun begann die Jagd.

Nun hörten wir auf, in geordneten Reihen und starken Kommandos zu fechten unter dem lustigen Donner der Kanonen. Unsere Rettung waren die Berge, unsere Bundesgenossen das Fieber, der Hunger und versteckte

Schluchten, aus denen man den Feind niederknallt. Die Landeskenntnis, die es Trupps von einzelnen ermöglicht, sich heranzuschleichen, Abteilungen von Pionieren zu überraschen, das war die zukünftige, uns aufgedrängte Fechtweise.

Es war keine liebliche Perspektive, die sich vor meinem geistigen Auge dehnte und mich der Rolle denken ließ, die mir im Kampfprogramm beschieden sein würde. Aber waren wir nicht in Südafrika, dem Lande, in dem ja doch stets alles anders kommt, als man es sich ausdenkt. Also warum grübeln? Ich mußte bei diesem erleichternden Gedankengang meinem Ziethen wohl die Sporen gegeben haben, denn er griff plötzlich lebhaft aus, und einen scheidenden Blick nach den ruhig weiter brennenden Feuern hinter mir werfend, trieb ich mein Packpferd an.

Und richtig: Alles löste sich ohne mein Zuthun und auf natürliche Weise, wenn auch freilich nicht ganz so, wie ich es mir gedacht hatte. Als ich nämlich eine Woche später, von Nelspruit kommend, aus dem warmen Wetter der Low Country in den Nebel der Berge zurückkehrte, überraschte mich ein schwerer Regenschauer, und einen Tag darauf fühlte ich, wie wieder einmal das Fieber in meinen Gliedern raste. Ich konnte weder Medizin bekommen noch meine Temperatur feststellen und mußte deshalb eilen, irgendwo wenigstens unter Dach und Fach zu kommen. Bei mir war mein Freund Beck, dessen Stellung als Stationschef mit dem Ende der Niederländischen Bahnverwaltung nun auch beendet war und der sich auf seinem Fahrrade den Bergen zuwandte. Kurz vor Sibthorpes Stone wurde sein Luftreifen undicht, das Fläschchen mit dem Gummi war zerquetscht, und er mußte seinen Raleigh mit meinem Charlie vertauschen. Es war eine traurige Fahrt von dem Stone bis zum Sabie River. Ich war schwächer und schwächer geworden und konnte kaum eine Meile zurücklegen, ohne mindestens dreimal abzusitzen und zu ruhen. Auf Roßhill machten wir einen längeren Halt, ließen die Pferde grasen, und ich verfiel unter dem spärlichen Schatten eines Busches in einen todesähnlichen Schlaf. Nach einigen Stunden bewerkstelligten wir den Abstieg und wurden am Sabie aufs freundlichste bewillkommt. Wir stellten bei mir hohes Fieber fest, das sich am nächsten Tage noch steigerte und mich an mein Lager fesselte. Von dem Donnern der Kanonen, dem lärmenden Rückzuge der Boeren und dem nächtlichen Anrücken des Feindes habe ich nur eine ganz dunkle Ahnung. Es wurde eine Beschießung des Platzes befürchtet, und wir mußten in einem der Schächte der Goldminen Schutz suchen. Die kalte, feuchte Bergwerksluft verbesserte meinen Zustand nicht gerade, und als am darauf folgenden Morgen die Kanadier einritten, mir die Waffen abforderten und meine Pferde aus dem Stall zogen, konnte ich nur schmerzlich zustimmend nicken — und ich war Kriegsgefangener! Ich war schwach und teilnahmlos, im Fieber mißt man allen

Dingen nur eine untergeordnete Bedeutung bei, aber ich hätte weinen mögen vor Wut und Scham, als der Khaki seine Hand nach meinem treuen Karabiner ausstreckte und damit auf Nimmerwiedersehen verschwand. Doch lange hielt dieser Eindruck nicht vor. Im afrikanischen Schlendrian gewöhnt man sich scheinbar auch an die Unbeständigkeit des Kriegsglückes, und der häßliche Eindruck dieser Waffenthat wurde gründlichst von den sich schnell folgenden Ereignissen fortgewischt.

Zunächst befanden wir uns in einem höchst fidelen Gefängnis. Man beließ uns im ungestörten Besitz des Managerhauses, dessen grünumsponnene Veranda einen herrlichen Fernblick auf das Thal gewährte, dessen Räume alles boten, was mit den Erfordernissen des Europäers zusammenhängt: Bibliothek, Badezimmer, bequeme Stühle und gute Bedienung. Blumenbeete und Ziersträucher verzierten die Front des Hauses, und die Rückseite war von den jähaufsteigenden Bergen umwallt. Der Major der Kanadier, sowie einige Pionieroffiziere leisteten uns treffliche Gesellschaft, und alles war wirklich so, daß ich in dieser friedlichen Umgebung, seit ich nun doch einmal Gefangener war, mein Leben hätte beschließen mögen. Anders mein Freund Beck. Die Lebhaftigkeit der Jugend ließ ihn nicht ruhen, und gegen meine Ratschläge drängte es ihn nach Lydenburg. Ich kam mir manchmal wie eine männliche Kassandra vor. Meine Freunde behaupteten zwar, ich sähe alles zu schwarz an, thaten gerade das Gegenteil von dem, was ich ihnen riet und kamen dann wieder und klagten mir ihr Leid. Genau so hier mit meinem Freunde. Er fand in Lydenburg nicht, was er suchte, und in mancher bitteren Nacht, bei manchem heißen Tagesmarsch hat er sich nach dem Komfort und der Kühle unseres Heims am Sabie River zurückgesehnt. Denn nun wendete sich das Blättchen.

Erst verlautete, daß Beck und ich durchgebrannt seien, und am nächsten Morgen erkundigte sich unser Freund, der kanadische Major, ob ich mich stark genug fühle, um meinen Marsch nach Sir Redvers Lager anzutreten. Ich zog meines Freundes Drängen in Erwägung und erklärte mich bereit, zu jeder Zeit zu gehen. Damit hatte ich meine Schiffe hinter mir verbrannt, und eine lange Zeit reumütiger Betrachtungen sollte der Lohn meiner kameradschaftlichen Schwäche sein. Auf die Brüstung der Veranda mich lehnend, schaute ich durch das umbuschte Bogenfenster. Die zierlichen Blumenbeete, das weite Thal und die in tiefem Frieden daliegenden Felspartieen waren ebensoviele stumme Mahner, mich nicht mutwillig wieder ins Kampfgetriebe zu stürzen. Doch der Würfel war gefallen. In dem nun folgenden Chaos von Demütigungen, Wassermangel, kalten Nächten und auserlesenen Soldatengesprächen, dem ewigen shoulder arms, fix bajonets und quick march und mancher Raumbeschränkung hatten wir reichlich Zeit, über unser verlorenes Sabieparadies nachzudenken.

„Natürlich kommen Sie hierher zurück," hatte der Major auf meine Frage erwidert. „Sie sprechen nur mit dem General wegen Ihrer Angelegenheit, und dann werden Sie wahrscheinlich nach Lydenburg gehen. Morgen schicken wir einen Wagen von hier ab." Ich hatte also meine Satteltaschen nach Soldatenart zu Häupten meines Bettes aufgehängt, den Regenrock säuberlich daneben und meine Wolldecken sorgfältig am Fußende geordnet — ich hätte den ganzen Plunder ebenso gut in den Rauchfang hängen können.

Der Abschiedsmorgen war, wie alle vorhergehenden, wolkenlos, ungetrübt und frisch. Unser Frühstück stand nicht ganz im Einklang mit dieser Frische, da wir nach einem beschleunigten Imbiß unseren Gang nach dem Office antreten mußten, in dem der Stab sich einquartiert hatte. Ein Fähnlein von Kanadiern kam angesprengt, saß ab und in seiner Mitte begannen wir den Aufstieg aus dem Thal. Die guten Wünsche des Majors und der Offiziere verhallten hinter uns. Unsere Bedeckung bestand aus flotten Kerls mit offenen Mienen und entschlossenem Gesichtsausdruck. Wir waren bald die besten Kameraden, und Sergeant Trail erzählte, neben mir herschreitend, daß die ganze Ausstattung ihres Korps von sechshundert Mann von einem Patrioten bestritten worden sei, dessen Namen Strathcorna sie nun trügen. Es war ein schöner Schlag Pferde, die sie von Kanada mitgebracht hatten, und abgesehen von einigen Verlusten an Bord hatten sich die Tiere gut gehalten. Die mexi=

kanischen Sättel mit dem Lassoknopf und den hölzernen Bügeln machten sie weithin kenntlich und bildeten einen Gegenstand des Neides der anderen Truppenteile. Sie ‚lassoten' so ziemlich alles, was ihnen in den Weg kam — das letzte war der blecherne Schornstein der Feldbäckerei in Spitzkop.

Es war heiß und staubig, und mit gemischten Gefühlen legte ich diesen Schmerzensgang zu Fuß und entwaffnet zurück, den ich zuletzt als schneidig bewehrter, freier Mann abgaloppiert war. Um meine stille Wut noch zu verstärken, kam plötzlich unter den uns zahlreich begegnenden Offizieren und Patrouillen ein Bekannter angesprengt in unverkennbarstem Khaki und englischem Lederzeug.

„Hallo, Russel, wo kommen Sie denn in diesem Aufputz her?" fragte ich harmlos.

„Ich werde Ihnen den Aufputz anstreichen," rief jener giftig, „seitdem man mich damals einfach aus diesem Lande herausgeworfen hat, habe ich eine lohnende Beschäftigung gefunden, die mich in den Stand setzt, mich für die gemeine Behandlung zu revanchieren."

„So, wie machen Sie denn das?" fragte ich neugierig. „Sie sind doch nicht etwa einer jener Onkels, die Informationen geben und sich nicht entblöden, von Äußerungen Gebrauch zu machen, die man ihnen früher bei einem Glase Whisky oder sonstwie im Vertrauen gemacht hat?"

„Da haben Sie den Nagel auf den Kopf getroffen," sagte Russell mit schöner, britischer Unverfrorenheit, „Zwarenstein und einigen anderen Boerenfreunden habe ich schon ein paar angenehme Stunden bereitet, und Sie mögen sich vorsehen, daß wir uns nicht anders als freundschaftlich begegnen."

„Wenn wir uns begegnen, wird es Ihrerseits vermutlich nur wieder von hinter dem Ladentisch sein, wo Sie bisher Stiefelwichse und Syrup verkauft haben, und treffe ich Sie einmal außerhalb, so dürfte das ein sehr trauriger Tag für Sie werden — und damit Gott befohlen!"

„What a mean chap," konnte der ehrliche Sergeant Trail sich nicht enthalten zu sagen, als mein Lydenburger Bekannter außer Hörweite war.

Der warme Vormittag war in einen glühend heißen Tag übergegangen, und mein Fieberzustand machte mir das ungewohnte Marschieren doppelt lästig.

Endlich langten wir am nächsten Außenposten an und wurden der Wache übergeben. Ein Kapitän nahm uns in Empfang und überlieferte uns einigen Gordon Highlanders. Vorher behändigte er uns ein Exemplar der Lord Robertsschen Proklamation vom 31. Mai und wies den Posten an, uns im Schatten eines Baumes zu stationieren, da ich fieberkrank sei. Er sandte mir auch eine wollene Decke, und später brachte ein Ordonnanz uns etwas Essen.

Nach einigen Stunden kamen drei berittene Polizeiunteroffiziere, um uns nach dem Hauptlager zu geleiten.

Überall, wo wir erschienen, waren wir ein Gegenstand der Neugierde, und bei gelegentlichen Gesprächen konnte man deutlich ersehen, daß Kriegsgefangene eine Rarität seien, und ferner hören, wie jeder das Ende dieses Krieges herbeisehnte. Man hielt uns für die Vorläufer eines ganzen Heeres von Burgern, die willens wären, die Waffen niederzulegen, und jeder war schmerzlich enttäuscht, wenn er erfuhr, daß ich mich nur wegen der Unfähigkeit fortzukommen ergeben hätte und mein Freund Beck überhaupt nie unter Waffen gewesen sei.

Im Wirrwarr des Bullerschen Lagers schleifte man uns erst eine Weile herum, bis endlich das Intelligence Departement als unser Ziel bezeichnet wurde. Die Beamten dieses Departements trugen als Abzeichen ein rotes Band um den Hut und setzten sich aus zweifelhaften Leuten zusammen. Zum nicht geringsten Teile waren es charakterlose Kap Kolonials und Engländer à la Russell, das heißt bei Beginn des Krieges ausgewiesene Einwohner des Landes. Ihre Aufgabe war, den militärischen Behörden Fingerzeige über ihnen persönlich Bekannte zu geben, die Gesinnung der Leute auszuforschen, Auskunft über deren früheres Verhalten zu geben, geeignete Örtlichkeiten für die verschiedensten Zwecke in den genommenen Plätzen anzuweisen, verborgene Waffen und sonstige Vorräte aufzuspüren und hundert andere Dinge zu thun, mit denen eine ehrliche Natur sich lieber nicht befassen würde. Es liegt auf der Hand, daß hierbei unerhörter Mißbrauch getrieben wurde, und ich möchte behaupten, daß den Engländern durch diese erbärmlichen Subjekte mehr Schaden erwachsen ist, als in zwanzig offenen Feldschlachten. Der Schaden, der durch dieses verwerfliche System herbeigeführt worden, ist nicht abzuschätzen; die Saat des Mißtrauens und der Verzweiflung ist gesäet, und ihre Früchte werden sich noch bemerkbar machen, wenn dieser Krieg längst vergessen ist.

Einer dieser Herren nahm uns in Empfang und, auf mein Ersuchen, vor Sir Redvers Buller geführt zu werden, that der Mann, als ob ich mich nach Li-Hung-Tschang erkundigt hätte, oder etwa den Geist Wallensteins beschwören wollte. Aus seinem mitleidigen Achselzucken wurde uns klar, daß der gute, kanadische Major sich nicht recht über den Instanzenweg klar sein mußte. Unser Intelligenzmann lud uns mit einer flüchtigen Handbewegung ein, unter einem Ochsenwagen Platz zu nehmen, während er in einem daneben befindlichen Zelt verschwand. Resigniert ließen wir uns auf dem Boden nieder und machten unseren Gefühlen in einer für die Engländer nicht gerade schmeichelhaften Weise Luft. Halbgeröstet, müde, hungerig und wutentbrannt sahen wir uns beide an, und dann stopfte Beck sich seine Pfeife und blies den Rauch behaglich in dichten Wolken vor sich hin. Der indianische Kreis Schaulustiger war versammelt, und ein peinliches, bedeutungsvolles Schweigen lagerte über Zelt, Ochsenwagen, Gefangenen und Soldaten. Dann näherte sich der erste: „What badge is that?" fragte er, auf meine Kokarde deutend. „Von der Staatsartillerie." „Ah, waren Sie bei der Artillerie?" „Nein," sagte ich lachend, „die Buren bedienen ihre Geschütze selbst, aber die Kokarde ist einigen Foreign Korps verliehen worden." — „Wie lange, denken Sie, wird dieser Krieg noch dauern? Wir alle haben die Geschichte herzlich satt und wünschten, es wäre erst alles vorüber." „Das glaube ich gern," erwiderte ich „indessen fürchte ich, es wird noch einige Monate dauern. Meine persönliche Überzeugung ist, daß der eigentliche Krieg eben erst anfängt!"

„Eben erst anfängt! . . ." echote der Mann verblüfft und fügte dann entrüstet hinzu: „Was wollen denn die Boeren eigentlich noch? Pretoria ist genommen, Lord Roberts hat das Land annektiert, wir haben den größten Teil Transvaals durchquert . . ."

„Sehr richtig," fiel ich ein, „und die Boeren möchten Ihnen nun auch noch gern den Rest zeigen; diejenigen von euch, die nach der Regenzeit überhaupt noch zurückkehren, können die traurige Mär verkünden," sagte ich langsam und den Umstehenden fest in die Augen sehend. Es war mir, als ob durch die edle Soldateska eine unbehagliche Bewegung ging, ich konnte meinen Worten aber nichts mehr hinzufügen, denn plötzlich erscholl eine laute, gebieterische Stimme:

„Zurück dort, von den Gefangenen! Zurück, sage ich. Es hat keiner mit den Kriegsgefangenen zu sprechen!

Wenn es sich um Fieber und geschliffene Waffen handelt, versagt die britische Redefreiheit zuweilen. Die Soldaten traten also in einen weiten Kreis zurück, und wir waren für eine Weile uns selbst überlassen. Plötzlich erschien Russell. Er fragte, ob wir schon vernommen seien und schien eine Unterhaltung mit uns anfang n zu wollen. Da wir ihn aber äußerst kühl abfallen ließen, hielt es ihn nicht lange in unserer Nähe. Darauf wurden wir in dem vorbesagten Zelt einem Verhör unterzogen. Dasselbe wurde von einem Kap Kolonial angestellt, der in seinem Civilverhältnis etwa Auktionator sein mochte; seine Fragen beschränkten sich auf unsere Nationalität, Stand, Verhältnis zur Republik, Teilnahme am Krieg, Name des Kommandos und einiges andere. Schließlich erklärte er salbungsvoll, daß „Dom Paul nicht Bürger machen könne, wenn es ihm beliebe," und da wir erst im Oktober eingeschworen seien, seien wir deutsche Untertanen und müßten nun jedenfalls nach St. Helena wandern. Ich entgegnete ihm, daß wir ihn gar nicht um seine Meinung gefragt hätten, und da wir eben keine Kolonials, sondern Deutsche seien, seien wir gewohnt, für unsere Handlungen einzustehen. St. Helena habe für uns keine Schrecken — jedenfalls möchten wir aber nicht von Leuten belästigt werden, die unsere Affäre überhaupt nichts anginge. Diese Äußerung that ich absichtlich mit einiger Schärfe, da in der Ecke ein paar Boeren kauerten, die sich von dem Kerl hatten ins Bockshorn jagen lassen, Dom Paul verleugneten, ihre Nichtteilnahme am Kriege beteuerten und überhaupt eine ziemlich klägliche Rolle spielten. Es waren Ermelooboeren, die im Winterfeld weilten und sich ergeben hatten, um ihr Vieh zu retten. Diesen Zweck erreichten sie aber nur unvollkommen. Nachdem sie sich ergeben hatten, wurde ihnen ein Tag (!) bewilligt, um ihre Herden fortzutreiben. Während sie im Lager der Engländer weilten, waren ihre Kaffern fortgelaufen und die Herden natürlich ebenfalls. Von dreitausend Schafen brachte einer nur zwölfhundert zusammen, und von dreihundert Rindern fand er bei seiner Rückkehr nur noch achtzehn vor. Pferd und Waffen wurden dem Manne genommen, er selbst ging nach Kapstadt, Frau und Kind und die Überbleibsel seiner Habe waren tausend Zufälligkeiten preisgegeben!

Wir beide wurden in ziemlich kriegerischer Stimmung nach der Wache abgeführt, die wiederum aus Highlanders bestand und in der Nähe des Stabes ihr Quartier unter freiem Himmel hatte. Beck war so freundlich, dem Kreuzfeuer der Fragestellenden die Brust zu bieten, ich streckte mich etwas abseits auf den Boden, um meiner neuen Umgebung die nötige Aufmerksamkeit zu widmen. Es ist viel von der Unordnung in den Boerenlagern gefaselt worden; ich konnte hier indessen beim besten Willen keine größere Ordnung und nicht mehr System entdecken, als in unseren Camps. Sir Redvers Buller selbst bewohnte ein ebenso winziges Zelt wie seine Offiziere. Als während einer Nacht das Meßzelt um=

geblasen wurde, sah ich in der Frühe den alten Herrn selbst thätig, um die Zeltstränge zu ordnen. Er wurde von seinen Truppen verehrt, was wohl mit seinem anspruchslosen, soldatischen Wesen zusammenhing. Vor seinem Zelte stand nicht einmal ein Posten, und wenn er einen gelegentlichen Rundgang durchs Lager machte, dachte keiner daran, Honneur zu machen.

Die Geschäftigkeit des Lagerlebens nahm ab mit der zunehmenden Dämmerung. Patrouillen ritten fort oder kehrten heim, die Außenposten marschierten auf, Pferde kamen von der Tränke und aus der Schwemme, die Lagerfeuer brannten, und der Dudelsack erfüllte die Luft mit seinen klagenden Weisen. Die Rationen für den folgenden Tag waren verteilt worden. Wir empfingen jeder zwei Biskuits und eine kleine Büchse Cornedbeef gemeinsam; dazu forderten wir uns einen Trunk kühlen Wassers. Unsere Tigerstimmung kühlte sich merklich ab, es kam wie eine Art Seelenfrieden über uns und schon nach dem ersten Biskuit folgten wir sanft gestimmt den Vorgängen um uns. Dazu kam noch, daß die wackeren Hochländer sich überaus freundlich gegen uns benahmen. Sie gaben uns eine Menge Blanketts, einer lieh mir seinen warmen Rock für die Nacht und ein anderer sogar seinen Schurz als Kopfpolster.

Der folgende Tag war ein Sonntag. Ein Boer Namens Snijmann teilte unsere Haft am Vormittag und wurde während des Nachmittags entlassen, um sein

Vieh zusammenzutreiben. Wir sahen ihn später wieder, da er unsere Reise nach Pretoria teilte; seine Geschichte ist traurig. Seine Kaffern waren vom Militär eingeschüchtert und zerstreut worden und seine ganze Herde vertrieben. Auf diese Weise ist er an einem Tage zum armen Manne geworden, da der ganze Reichtum dieser Viehzüchter in ihren Herden besteht.

Dann kam der Morgen unseres Abmarsches. Erst waren wir die einzigen Gefangenen im Camp gewesen, am nächsten Tage waren wir fünf, und als wir nun endgültig aufbrachen, zählten wir neunzehn. Unsere Namen wurden verlesen, und die neue Wache marschierte auf. Es ging dabei feierlich und umständlich her. Die Lee Metfords wurden geladen und die Bajonette aufgepflanzt. Es war eine klägliche Übung. Die Kerls luden ihr Magazin mit einer Gemütlichkeit, als ob sie sich eine Pfeife stopften; der eine bekam sein Seitengewehr nicht aus der Scheide, und ein anderer schleuderte bei diesem Prozeß sein Kochgeschirr vor die Front. Dann erwuchsen einige Schwierigkeiten hinsichtlich der Formation beim Gefangenentransport, das Antreten klappte nicht so recht, und schließlich war unser Sergeant froh, mit uns außer Sicht zu kommen. Wir mußten vorausmarschieren, während unser Gepäck mit Ochsenwagen folgte. Unsere Bedeckung machte uns großen Spaß. Die Highlandertracht ist sicher malerisch und unter Umständen auch entschieden praktisch; zugleich erfordert sie den geeigneten Mann, um zur richtigen

Geltung zu kommen. Wer aber auf solchen Reiherbeinen stelzt, wie unser guter Sergeant und einen so schiebenden, pavianartigen Gang hat, wie einige der kleineren Vertreter unserer Wache, sollte lieber auf den Kilt verzichten, anstatt ihn hinten so abstehen zu lassen wie frühere Damenmoden es in Europa vorschrieben und es heute noch unter den Hottentottenweibern Sitte ist. Trotz dieser kleinen Geschmacksverirrung sahen wir die Bergschotten mit Bedauern scheiden, denn deren Ablösung bildeten Mannschaften von der South African Light Horse. Dieselbe setzt sich aus Afrikandern zusammen und obendrein noch meistens aus solchen Leuten, die früher ihr Brot in Johannesburg gefunden haben. Einer las die Devise meiner Kokarde ab: Eendragt maakt magt.

„Hallo, wo haben Sie denn so schön Afrikanisch gelernt?" fragte ich ihn.

„Ich bin ja Afrikaner!" sagte er, sich in die Brust werfend.

„Sooo... Sie sind Afrikaner! Wie kommen Sie denn in diesen englischen Aufputz, anstatt auf der richtigen Seite zu fechten?" erkundigte ich mich.

„Das ist für mich die richtige Seite, da ich britischer Unterthan bin," erwiderte er.

„Aha, Sie sind britischer Unterthan! Glauben Sie wirklich, daß, wenn Sie nach London kämen, man Sie als Engländer anerkennen würde? Sie werden noch Jahre hindurch Zeit haben, darüber nachzudenken, ob Sie an der rechten oder unrechten Seite gefochten haben, wenn Johannesburg ein zweites Kimberley sein wird. Übrigens ist es noch nicht so weit, und vielleicht rechnet Dewet noch mit allen ab!" Damit ließ ich ihn stehen.

Gottlob dauerte unser Marsch unter diesen Gesellen nicht lange, da dieselben schon nach einigen Stunden von den Devonshires abgelöst wurden. Diese kamen beinahe in der Zahl eines kriegsmäßigen Bataillons an, und überhaupt wurde unsere Bedeckung immer stärker, je näher wir unserem Ziele kamen. An unser Erscheinen knüpften sich überall die kühnsten Erwartungen, daß der Krieg seinem Ende nahe sei.

Diese Nacht sollten wir in Lord Dondonalds Lager kampieren, der sich bei den Devils Kunckles festgesetzt hatte. Wie unsere germanischen Vorfahren in Rom, so wurden wir hier im Triumph durchs ganze Camp geführt, bis auf den Gipfel eines steilen Plateaus, über das der Höhenwind in starken, kalten Stößen fegte. Hier trat eine neue Wache an, und die letzte Weisung an die Posten lautete: how, keep your guns ready and if anyone moves, black or white ... shoot!

Ich machte noch einen letzten Versuch, um unsere zurückgelassenen Sachen zu retten, da der Sabie nicht weit entfernt war. Zu diesem Zwecke näherte ich mich einer Gruppe von Offizieren, deren Senior mich infolge meines Brigantenkostüms und militärischen Saluts aufs

zuvorkommendste empfing. Er bedauerte zwar, mir
keinen Urlaub geben zu können, da er keine Eskorte ent=
behren könne und die Entfernung leider zu weit sei;
statt dessen verwickelte er mich in ein höchst charakte=
ristisches Gespräch. Zunächst wollte er gern wissen,
welcher Nationalität ich angehöre, da ich doch augen=
scheinlich kein Boer sei. „Ich bin ein Deutscher," sagte
ich mit einigem Selbstgefühl. „Haha — dacht' ich's
doch!" lachte er, „jedenfalls einer jener, die extra für
diese kleine Kampagne herausgekommen sind oder sonst
einer jener internationaler Haudegen, die diesen Kriegs=
scherz nicht versäumen wollten. Ich verwahrte mich be=
scheiden dagegen und erklärte, daß ich außer meiner
Dienstzeit in der Heimat mich kaum mit dem Waffen=
handwerk befaßt hätte. „Was, zum Kuckuck, Herr, ver=
anlaßt Sie denn eigentlich, gegen uns zu fechten und Ihre
Haut für diese dickköpfigen Bauern zu Markte zu tragen?"
rief er aus.

„Dies ist mein adoptiertes Vaterland, und ich
und viele meiner Landsleute erfüllen nur unsere
Pflicht, wenn wir es gegen äußere Feinde verteidigen."

„Bravo!" rief er. „Und jetzt? Haben Sie ge=
hört, daß Krüger geflohen, ist und daß General Botha
sein Kommando niedergelegt hat?"

„Ja, das habe ich gehört — und ich glaube kein
Wort davon!" ... Nachdem wir uns noch über manches
diesen Krieg Betreffende unterhalten hatten, schieden wir
im besten Einvernehmen.

Die Brise war gegen Abend in einen regelrechten Sturm ausgeartet. Die Posten hatten ein Karree formiert und marschierten lebhaft auf und nieder, um sich zu erwärmen. Wir hatten unser weniges Gepäck als eine Art Windschutz aufgestellt und lagen zusammengekauert dahinter. Lange dauerte es nicht, da vergaß ich Kälte, Wind und Gefangenschaft, und ein fester Schlummer schloß meine Augen. Es war pechrabenschwarze Finsternis um mich her, als ich durch ein energisches Rütteln an meiner Schulter erwachte. Es hatte angefangen zu regnen, und mein Freestate-blanket (ein aufgetrennter Sack) begann allmählich, aber sicher durchzuweichen. Deshalb klang es wie Musik in meinen Ohren, als ich jemand sagen hörte:

„Hier ist etwas Rum für euch, my boys, es ist zwar nur ein Fingerhut voll für jeden, aber in solch einer Nacht, dacht' ich, ist selbst ein geringes angenehm."

Das wars auch, und bevor ich mein Glück recht überdachte, hatte ich den Becher, den der medical officer mir in die Hand gedrückt, geleert und fühlte mit Behagen den Trunk mein Inneres durchwärmen. Ich war gerade im besten Begriffe, wieder einzuschlafen, als die Nachricht kam, es sei ein Zelt disponibel geworden, in dem wir für die Nacht Schutz finden könnten. Es bedurfte keines weiteren Zuredens, uns zum Aufbruch zu bewegen, und nachdem wir den etwas gefährlichen Abstieg trotz der Dunkelheit glücklich bewerkstelligt hatten, wurden wir durch die Aufnahme ins Lazarettzelt belohnt, in dem wir unter-, über- und durcheinander Platz fanden. Dieser Lokalwechsel war gerade zur rechten Zeit geschehen, denn gleich darauf kamen wahre Wasserfluten hernieder, unter deren Prasseln ich im Gefühl des Geborgenseins nun endgültig einschlief.

In dem dichten Nebel des nächsten Morgens verirrten wir uns zunächst, und nachdem wir glücklich wieder auf dem rechten Pfad waren, blieben wir auf der heillosen „Teufelsknöchel"-Straße stecken. Wir hatten einen Maultierwagen und eine Scotch Cart (Karre) bei uns, deren Transport nur durch unser aller Beihilfe bewerkstelligt werden konnte. Endlich hatten wir den Gipfel erreicht. Die Sonne leuchtete unserem Marsch über den Gebirgskamm und trocknete unsere Kleider. Es wurde indessen ein Uhr, bevor wir ausspannten, und darin zeigte sich die Unfähigkeit unseres Führers. Dieser freilich schob die Schuld dieses ungewöhnlich langen Trecks auf die Unkenntnis und den Unverstand des führenden Offiziers. Die Führer sind-Ansiedler, die gut bezahlt werden, neben Wagenzügen herreiten und das Ein- und Ausspannen leiten. Ich glaube nicht, daß sie in irgend welcher Weise die Kaffern beaufsichtigen, auf den Futterzustand der Tiere achten oder sich sonstwie überanstrengen — sie verlassen sich in dieser Hinsicht ruhig auf John Bulls langen Geldbeutel, der sich ja einige tausend Schmarotzer leisten kann. Auf unserem Marsche kamen uns mehrfach Truppenteile entgegen: alle in einem beispiellos verwahrlosten, zerrissenen und

unsauberen Zustand. Mir schien dies um so unerklär=
licher, da die Armee seit längerer Zeit im ungestörten
Besitz ihrer Zufuhren war. Ich suchte mich hierüber
zu orientieren, und die Ursache dieser Verwahrlosung
schien mir einzig und allein darin zu liegen, daß die
Vorgesetzten sich nicht genügend um ihre Leute kümmerten.
Es fehlte eben der preußische Hauptmann und das ge=
schulte Unteroffiziermaterial. Als ich die Leute fragte,
ob keine Kleiderrevisionen stattfänden und ob ihnen keine
Zeit gegeben würde sich zu baden, von Ungeziefer zu
befreien, Putzstunden und dergleichen, sahen mich die meisten
an, als ob ich von unbekannten Welten redete. „Die
Offiziere sich um uns kümmern!" rief einer verächtlich
aus: „Die haben genug mit sich selbst und ihrem per=
sönlichen Komfort zu thun, als daß sie für Tommy
Zeit übrig hätten." In der That scheint jede indivi=
duelle Beziehung zwischen Vorgesetzten zu fehlen. Vor
meinem Auge zog das Bild unseres Batteriechefs auf,
der im Biwak nicht nur Fleisch verteilen ließ, sondern
sich auch überzeugte, ob die Leute mit dessen Zubereitung
vertraut waren. „Seit Ladysmith haben wir schon vier
neue Lieferungen von Kleidern empfangen, und je eher
wir die letzte zerrissen haben, desto eher empfangen wir
neue," meinte einer. Diese Rücksichtslosigkeit erstreckte
sich natürlich auch auf die Waffen. Wie die Lee Metfords
mißhandelt wurden, das spottet jeder Beschreibung,
und ich fragte mich wieder und wieder, ob dies denn
wirklich Vertreter des sportlustigen Großbritanniens seien.

Auf die Kälte des Morgens war eine große Hitze gefolgt, und da wir den ganzen Weg zu Fuß zurück= gelegt hatten, kann man sich unsere Gefühle denken, als wir endlich Lydenburg zu unseren Füßen liegen sahen. Wir machten hier die vorerwähnte Rast, und ein Sergeantmajor sorgte für einen guten Rastplatz und reichliche Verpflegung für uns alle. Als wir uns hin= reichend gestärkt und ausgeruht hatten, schickte sich ein kriegsstarkes Bataillon an, uns zu eskortieren, eine Maßnahme, die uns um so lächerlicher dünkte, als bei ähnlichen Gelegenheiten unserseits ganze Transporte Engländer von etwa zehn Boeren begleitet worden sind. Angeführt wurden diese Kriegsknechte von einem blut= jungen Bürschchen, dessen Stern ihn als Leutnant kennzeichnete. Er trug einen langen Kaffirstock in seiner Rechten, einen Schlapphut auf dem Kopfe und am Gürtel einen Kodak und die Feldflasche. Irgend welche Bewaffnung schien ihm entbehrlich, und leichtbeschwingten Schrittes ging er neben unserer Kolonne her. Dann bemerkte er meine Kokarde und kam an meine Seite gehüpft. Erst kamen die während dieser fünf Tage wohl mehr als zweihundertmal gehörten Fragen: Was für eine Kokarde ist das — Würden Sie sich von ihr trennen — Waren Sie bei der Artillerie — Wie lange wird der Krieg noch dauern — Wann beginnt die Regenzeit und haben Sie Krügerpennies? Dann be= gannen wir uns von Ladysmith und Dalmanutha zu unterhalten, und ehe wir es recht gewahr wurden, waren wir am Abhange des Berges angelangt. Hier erwartete uns eine Schwadron der 17. Husaren, deren patent gekleideter Offizier womöglich noch jünger war als sein nun scheidender Vorgänger. Ihm wurden wir vertrauensvoll übergeben, und wir schickten uns an, den Rest unseres Schmerzensweges zurückzulegen. Unbeerdigte Pferdekadaver begleiteten uns bis in das Weichbild der Stadt, der Staub des ausgemahlenen Weges umhüllte uns in erstickenden Wolken, und das fade Gespräch einiger Husaren fügte zu unseren körperlichen Beschwerden auch noch seelische Qualen. In der Stadt selbst wimmelte natürlich alles von Khakileuten, deren Anblick die fallende Dämmerung uns huldreichst entzog. Im Kreis einiger Frauen, die von unserer bevorstehenden Ankunft gehört hatten, bemerkte ich das abgehärmte Gesicht einer Bekannten. Überhaupt haben die Boerenfrauen im allgemeinen einen größeren Patriotismus entwickelt, als die Männer Transvaals. Wir zogen an ihnen vorüber und schlugen die Richtung nach dem Gefängnis ein. Früher war ich zuweilen durch diese Allee gewandert, um den Gefangenen Tabak und andere Liebesgaben zuzuwenden — heute wurde ich selbst wie ein Sträfling behandelt. Die schweren Flügelthüren schlossen sich hinter uns, und der Gefängniswärter wies uns unsere Zellen an. Der letztere war ein Lydenburger Ziegelstreicher, der vor dem Kriege ausgewiesen, mit den Engländern zurückgekehrt, zum Sergeanten befördert und nun in diesen Posten eingesetzt war. Der Buchhalter eines hiesigen Geschäftes hatte es sogar bis zum Kapitän gebracht, und ich habe manchmal über das kuriose Avancement in der englischen Armee nachgedacht.

Lydenburg ist meine engere Heimat. Man gestattete mir aber nicht einmal, nach meinem Hause zu gehen. Was ich über den Zustand meines Eigentums hörte, war auch nicht dazu angethan, um mich nach dessen Anblick zu sehnen. Das famose Intelligenzdepartement hatte schon vor meiner Gefangennahme seine Schuldigkeit gethan. Mein Name war gebrandmarkt, und vom Kommandanten des Platzes bis zum letzten Tommy schien er jedem geläufig zu sein. Ich war der Freund Ricciardis, der Desperado, der Dynamitard und Hauptagitator der Boeren, hieß es, die zerstörte Tugelabrücke wurde auf mein Konto gesetzt, und nun wurde mir manches klar in der mir bewiesenen Aufmerksamkeit während unseres Hermarsches. Man hatte meine Fährte verloren, und mein Heim hat dafür herhalten müssen. Das Haus war verschiedene Male bei Tag und bei Nacht nach mir durchsucht worden, man hatte es ausgeplündert und die Dame des Hauses belästigt. Die Soldaten hatten sich einer Börse und goldenen Uhr bemächtigt, sich Provisionen angeeignet und selbst die auf der Tafel stehenden Eßwaren mitgenommen, ohne daß der beaufsichtigende Offizier den geringsten Einwand machte. Meine Zelte, Segel, Lederzeug und andere Sachen wurden selbstverständlich als „Kriegskonterbande" mitgenommen, darunter Schmitz Dumonts Zelt, das

letzte und einzige Andenken meines auf Spionkop ge=
fallenen Kameraden! Meine jungen Obstbäume waren
verbrannt, und die hundert Fuß hohen Eukalyptus
wurden als Brennholz niedergeschlagen. Das Haus
war von Schrapnellkugeln durchlöchert, und ein Spreng=
stück vom long tom hatte sich Eingang durch eine Wand
zu verschaffen gesucht. Den Malzvorrat meiner Brauerei
hatten die Engländer entführt, und da sie die Pferde
nicht damit füttern konnten, den Inhalt der Kisten über
die Felder zerstreut oder die Kisten schutzlos im freien
Felde stehen lassen. Der Flaschenvorrat wurde exportiert
und zahlreiche andere Sachen, ohne einen Kommandier=
schein oder eine Quittung auszustellen.

*

Als Mr. Sandow und ich einst Volksrust verließen,
um nach Pilgrimsrest zu gehen, gab man uns die
Adresse eines gewissen George Roy, als eines Mannes,
der dort Einfluß besäße und uns nützlich werden könnte.
Am Ziele angekommen, wurden wir an ihn sofort
wieder erinnert, indem uns jemand hinsichtlich einer
Wohngelegenheit sagte: „Am besten steigen Sie im
Royal Hotel ab, das gehört Mr. Roy, und bei dem
sind Sie gut aufgehoben." Wir befolgten diesen Rat
allerdings nicht, da wir gute Gründe hatten, das
Nachtquartier bei unserer Karre zu improvisieren, und
begaben uns zunächst zum Gold Kommissarius, um

eine Handelslizens nachzusuchen. „Bevor Sie eine Eingabe hierfür machen können," sagte dieser, „müssen Sie hier ein Eigentum erwerben, und da Sie fremd zu sein scheinen, würde ich Ihnen raten, sich an George Roy zu wenden, dem ein großer Teil dieses Ortes gehört." Wir begaben uns auf die Suche nach diesem seltsamen George Roy, dessen Name uns auf Schritt und Tritt zu verfolgen schien, und traten behufs Erkundigungen in einen Laden ein. „Ob ich George Roy kenne?" sagte einer der Jünglinge mit milder Verwunderung, — „das sollte ich meinen, da er mein Baas ist, und dieses Geschäft ihm gehört — er ist aber momentan nicht hier," fügte er hinzu. Die Umstände wollten aber trotz aller Fingerzeige nicht, daß wir diesen Mann persönlich kennen lernen sollten, da unsere Geschäftsabsichten sich zerschlugen. Als wir am Abschiedmorgen die steile Dorfgasse hinuntergingen, sah ich einen Nigger mit peinvollen Gebärden auf einer Veranda hocken, und vor ihm stand in dem halbeleganten, halbwilden Exterieur der damaligen Goldfelder sein Tormentor mit dem Zahnbrecher in der Hand.

„Dentist hier am Platz?" bemerkte ich zu einer neugeschlossenen Dorfbekanntschaft.

„Nicht daß ich wüßte," entgegnete dieser.

„Nun, das ist doch sicher dort eine Zahnzieh-Episode," meinte ich auf die Gruppe deutend.

„You are right there, stranger, aber jener Mann ist kein Dentist, das ist George Roy, der zieht Zähne aus, daß es eine Lust ist."

In seinen Mienen schien viel Aufforderndes zu liegen, auch einen Versuch mit Herrn Roys Geschicklichkeit zu machen, wir aber wandten uns mit Grausen und schirrten unsere Gäule ein.

Es waren einige Jahre seitdem vergangen, und ich stand diesmal an der ziemlich jämmerlichen Transvaalschau in Charlottenburg.

„Sagabona, ama-in-doda!" rief ich den Schwarzen zu.
„Sagabona, numsa .... inkosi ....!" scholl es im Chor zurück, und sämtliche rechten Hände streckten sich bei den heimatlichen Klängen begrüßend in die Luft. Dann fragte ich einen in der Nähe stehenden Kaphoder, ob er der Baas dieser Kaffern sei.

„Nein," erwiderte er, „der Baas steht dort drüben, George Roy ist sein Name, und er stammt, glaube ich, aus Pilgrimsrest." Vor meinem geistigen Auge zog das oftererwähnte ‚Land der Wunder' des greisen Oom Paul herauf, vereint mit den sonderbaren Zufällen meines Lebens und meiner damaligen Erlebnisse im fernen Pilgrimsrest. Dann trat ich an den gedankenvoll an der Kraalmauer lehnenden Mann heran, dessen Gedanken vielleicht auch in der Ferne weilten. Ich schlug ihm herzhaft auf die Schulter:

„How do you do, Mr. Roy?" —

„Very well, thank you, how are yourself, but I cannot remember having seen you before —" meinte er.

„Das glaube ich gern," sagte ich lachend. „Das

letzte Mal, als ich Sie sah, waren Sie gerade mit einer Niggerzahnoperation beschäftigt."

"Ach, ich habe diesem schwarzhäutigen Gesindel so viele Zähne gezogen, daß es gern möglich ist, daß Sie mich bei einer dieser Prozeduren überrascht haben," lächelte er. Zugleich drückte er meine dargebotene Rechte in jenem Hinterwäldlerstyl, der mich für einen Augenblick das kalte, formelle Europa vergessen ließ und mich ganz heimatlich berührte.

"Wie kommen Sie auf die Marotte mit diesen Kaffern umherzuziehen," fragte ich im Verlauf der sich entspinnenden Unterhaltung. "Hat sich Ihrer der Drang nach Abwechselung bemächtigt oder was ist sonst los?" —

"Ich wünschte, es wäre wie Sie sagen," erwiderte er mit einem Anflug von Melancholie, der aber auf den offenen, gebräunten Zügen nicht lange haften blieb. "Ich habe alles verloren und bin absolut pennyless. Sie wissen ja, wie es da drüben geht: up and down, up and down, und in letzter Zeit waren es für mich nur downs. In einer Nacht ging all mein property zum Teufel, nur deshalb besann ich mich nicht lange, sondern ergriff das erste beste und ließ mich von diesem Juden als Bärenführer engagieren."

Wir saßen an jenem Abend bei den Klängen der Militärkapelle zusammen und dachten an den Kontrast des dort und hier. Ich stellte dieses wandelnde Monument afrikanischer Wankelmütigkeit meinem alten Herrn und sonstigen Verwandten vor und freute mich, an deren Gesichtern das Erstaunen abzulesen, daß ein Mann solche Schicksalsschläge mit so offenbarem Gleichmut über sich ergehen lassen kann. Einige dahin zielenden Bemerkungen winkte er mit einem Anflug von Verlegenheit ab, als hätte er sagen wollen: ‚Ich bitte, Sie machen wirklich zu viel Aufhebens von dieser Bagatelle, geben Sie mir nur ein paar Jahre Zeit, und die ganze Geschichte ist wieder in schönster Ordnung.' —

Das war damals. Jetzt umgeben mich die kahlen Mauern unseres Kerkers; die Schritte hallten tönend auf den Fliesen wider und riefen hier und da ein kurzes, schnappendes Echo nach. Es war eine richtige Gefängnisszene. Von außen wurde nun heftig an die Flügelthüren gepocht und dann trat in Begleitung von Soldaten der Friedensrichter ein, um einige Gefangenen zu vernehmen. War ich erstaunt in seiner Person George Roy in der verhaßten Khakiuniform zu erblicken? Ich war es kaum. Die prophezeite Wendung seines Glückes hatte eben wieder eingesetzt, und ich hatte schon früher gehört, daß er mit Pferdelieferungen für die englische Armee und auf sonstige Weise die Gelegenheit beim Schopf erfaßt hatte. Nun — er war ein Britisher to the backbone, und niemand kann ihn dafür tadeln. Ich aber fühlte keine Neigung unsere Bekanntschaft unter diesen Umständen zu erneuern und mich in meine Zelle begebend, beschloß ich die nächste Metamorphose abzuwarten, unter der ich George Roy wiedersehen würde.

*

Unsere Schar zählte, als wir nach drei Tagen das Gefängnis verließen, einige dreißig, und wir wurden auf fünf Maultierwagen fortgebracht. Diese fünf bildeten aber nur den ganz bescheidenen Bruchteil einer ungeheuren Kette von Fahrzeugen, die sich vor uns ausdehnte und hinter uns folgte, bis die himmelhohen Staubwolken oder vorgelagerte Berge das Ende dieses Heerwurms dem Blick entzogen. Es war der Apparat, den Buller benötigte, um das Heer zu füttern und zu kleiden. Eine Batterie Haubitzen begleitete uns, Kavallerieabteilungen ritten zu beiden Seiten, und Tirailleure deckten die Flanken in meilenweiter seitlicher Bewegung. Der Weg durch das blühende Krokodilriverthal wurde gekennzeichnet durch abgebrannte Farmen, zerstörte Felder, vernichtete Berieselungsanlagen, ausgerissene Umzäunungen und zahllose Kadaver, die die Luft verpesteten und die Straße sperrten. Der gastliche Krokodile Store reckte seine rauchgeschwärzten, dachlosen Mauern gen Himmel, und der Anblick einiger in den Trümmern herumsuchender Khakis erinnerte an das Bild leichenschänderischer Hyänen.

In unserer Schar befanden sich ein Amerikaner, vier Deutsche, ein Schwede, zwei Holländer, ein Engländer, ein Schotte, ein Österreicher, zwei Kaffern, ein Hottentotte, ein Kapkolonial, drei Freistaater, ein Natal=
mann — aber eigentliche Boeren, die wirklich gefochten hatten, herzlich wenige. Deshalb berührte es einen Provost Marshal sehr schmerzlich, als ich ihm auf seine strahlende Frage, ob dies alles Boeren wären, die die

Waffen niedergelegt hätten, antwortete: „Dies sind sämtlich harmlose Landleute, die ihr Vieh im Lowcountry weideten. Sie haben von der Proklamation Lord Roberts gehört und beeilten sich, von seinem Anerbieten Gebrauch zu machen — ich glaube wirklich nicht, daß alle zusammen zehn Schuß in diesem Kriege verfeuert haben!"

Also unser Transport ging via Pretoria nach —?

Es ist eine seltsame Thatsache, daß Leute, die Pretoria mit einem Freibillet für Deutschland in der Tasche verließen, plötzlich von Kolombo aus geschrieben haben; es bleibt abzuwarten, wie es sich mit dieser Veränderung ihrer Reiseroute verhält. Bei den Krokodile Store-Ruinen hatten wir Rast gemacht und die Maultierwagen mit Ochsenwagen vertauscht. In verzweifelnd schleichendem Tempo ging es nun durch Hitze, Staub und Verwesungsparfüm, und ich kann sagen, daß dies eine der erbärmlichsten Fahrten in meinem ganzen Leben war. Endlich nahte der Abend. Es war am äußersten Ende des Thales. Wir waren abgestiegen, hatten unsere Bündel abgeladen und waren unter dem Gejohle der Kaffern und hämischen Bemerkungen von Kolonials nach einem Fleck gebracht worden, der von drei Seiten von tiefen Schluchten umgeben war und von Posten mit aufgepflanztem Bajonett wimmelte. Hier hieß man uns unsere Sachen niederlegen und auf weitere Befehle warten. Diese kamen nach etwa einer Stunde und lauteten, wir müßten über die Berglehne nach dem Hauptlager kommen, beiläufig ein Marsch von anderthalb Stunden. Wir weigerten uns, unser Gepäck selbst zu tragen und blieben einfach stehen. Uns war ausdrücklich gestattet worden, Gepäck mitzunehmen, und daher hatten wir Anspruch darauf, daß für dessen Beförderung gesorgt wurde. Für einzelne war es auch eine Unmöglichkeit, ihre Habseligkeiten größere Strecken zu schleppen, wie beispielsweise ein einarmiger Herr, der einen Rohrplattenkoffer mit sich führte, denselben doch unmöglich allein transportieren konnte.

"Ich werde keine Hand rühren, um mein Gepäck zu tragen, aber ich bin gern bereit, eine Kleinigkeit für Beförderung derselben zu zahlen," sagte der Amerikaner, seine geheime Wut bemeisternd und auf die Scharen der umherstehenden Kaffern deutend.

"Wir haben die Kaffern gefragt, aber sie wollen die Sachen nicht tragen," sagte unser Sergeant.

"Na, und ich trage sie auch nicht. Sie scheinen ja schon weit gekommen zu sein in der Eingeborenenfrage, wenn die Nigger jetzt bereits sich weigern, zu thun, was ihnen befohlen wird" höhnte der Yankee.

"Schweigen Sie, und nehmen Sie Ihr Bündel auf! Wissen Sie, daß Sie Kriegsgefangener sind?"

"Ja, aber kein elendiger Packesel, daran möchte ich Sie erinnern. Da sie aber gerade davon sprechen, will ich wissen, warum ich überhaupt Kriegsgefangener bin. Ich habe keine Waffen getragen und keine Sehnsucht nach Ihnen gehabt — das kann ich Ihnen versichern.

Warum hat man mich von meinem Wohnsitz fortgeschleppt, wenn man nun für meinen persönlichen Komfort keine Sorge tragen kann. Wollen Sie vielleicht mein Bündel tragen?" sagte er dann verbindlich.

„Was meinen Sie?" scholl es entrüstet zurück.

„Ich meine, was ich sage: ob Sie als weißer Mann hundertundfünzig Pfund diesen Berg hinaufschleppen wollen — soweit ist es mit uns hier im Transvaal nämlich noch nicht gekommen."

Jetzt trat ein höherer Offizier dazwischen und sagte: „Wenn der Gefangene nicht gehorcht, nehmt ihm die Pfeife aus dem Mund, werft ihn zu Boden und spannt ihm die Füße mit Riemen. Vielleicht bringen ihn dann die Bajonette vorwärts."

„Ha, ha, ha — das ist ja ein reizendes, kleines Programm, das Sie da entwickeln, Kapitän! Würde es nicht einen famosen Leitartikel abgeben für unseren Milwaukee Leader und all die New-Yorker Zeitungen: Behandlung amerikanischer Bürger durch englische Söldner!" Das Ende vom Liede war, daß die Soldaten unsere Bagage tragen mußten. Wir brauchten mehr als eine Stunde, um den durch Bäche und über Schluchten führenden Weg hinaufzuklettern, und zu unserer Entrüstung sahen wir schließlich, daß eine Wagenstraße zum Lager führte und unser Gepäck ganz gut per Karre hätte befördert werden können. Es ging wieder durch das ganze Lager bis in eine Art Verschanzung, wo wir angewiesen wurden, uns in den Gräben einzuquartieren. Decken konnte man nicht geben, und so verbrachten einige von uns eine ganz schauderhafte Nacht.

Von Helvetia ab wurde unser Gepäck mit Wagen befördert, und wir legten den Weg nach Machadodorp zu Fuß zurück. Die toten Tiere an der Straße hatten sich entsetzlich vermehrt. Bevor der Geruch des einen hinter uns erstarb, erblickten wir bereits wieder ein anderes der armen zu Tode getriebenen Zugtiere. In der Blauuw Bosch Kraal Spruit lagen ein Ochse und ein Maultier mitten in der Furt! Nun segnete ich wirklich jede Meile, die sich zwischen mich und den verpesteten Distrikt legte. Unsere Tour wurde dadurch etwas angenehmer gestaltet, daß wir ziemlich ungebunden marschieren konnten und nicht verurteilt waren, den Unterhaltungen der Tommies zu lauschen. Hin und wieder allerdings streiften sie das Komische, wie die folgenden Begebnisse: Ein kriegsmüder Tommy bemerkte, daß wir froh sein könnten, gefangen zu sein, und wir seien besser daran als sie selbst, da wir nach Pretoria kämen und nun Ruhe hätten, während sie weiteren Strapazen entgegengingen. Sehen Sie, General Cronje zum Beispiel lebt ganz komfortabel in St. Helena. Er hat eine kleine Villa dort, ist gut eingerichtet, hat sogar ein Piano und ein Harmonium..."

„Sogar ein Piano," schnaubte der Yankee los. „Und der Mann ist vielleicht noch nicht glücklich, meinen Sie, trotz dem Piano!" Dann pflanzte er sich breit vor dem erstaunten Hochländer auf: „Glauben Sie denn wirklich, das ein Piano Cronje mit dem Los der Gefangenschaft aussöhnen kann, und denken Sie, daß überhaupt irgend eine Vergoldung seines Käfigs den Schimpf verdunkeln kann, aus den freien Bergen Südafrikas auf jenes miserable Felseneiland geschleppt worden zu sein? Ich sage Ihnen, es wird den Engländern manches Pianomagazin kosten, bevor die Transvaaler diese Behandlung vergessen werden." — Unter uns aber wurde es während unserer folgenden Leiden zu einem Schlagwort: Cronje hat wenigstens ein Piano, aber wir haben nicht einmal das!

Unser Einzug in Machadodorp fand an einem Sonntag statt und gestaltete sich zum erniedrigendsten Ereignis der ganzen Tour. Leute, die mit ihren Pferden von der Tränke kamen, ritten rücksichtslos in uns hinein, Kaffern johlten in gewohnter Weise, riefen uns Schimpf= namen nach und fragten die Boeren, ob sie einen Paß hätten, und eine hämische Menschenmenge engte den Weg an beiden Seiten ein. Es ging an häuserhoch aufgespeicherten Vorräten vorbei nach Heimanns Store, wo der allmächtige Provost Marshall sich als jener Lydenburger Buchhalter entpuppte, der es in der Ge= schwindigkeit bis zum Kapitän gebracht hatte. Bevor der letzte Schuß gefallen, ist er sicher Generalmajor! Dann wurden wir in eine ehemalige Schreinerwerkstatt gegenüber dem Stationsgebäude „installiert" — es war ein stallartiger, niederer Raum. Dann wurde ein Thee serviert, dessen Blätter von Beginn des Feuers an ge= kocht hatten und der deshalb bitterer war als der Wermutskelch unserer voraufgegangenen Prüfungen. Bis auf weiteres sollten wir in unserem neuen Quartier bleiben, da eine „leichte Betriebsstörung" auf der Bahnlinie stattgefunden hätte. Überdies sei nicht hinreichendes Material vorhanden. Waggons genug, versicherte unser Informant, aber mit den Maschinen hapere es noch immer etwas. Ein paar Tage später sahen wir dann Muster dieser hinreichenden Waggons. Wie zu groß geratene Papageienkäfige rollte eine Reihe von Skeletten der bei Komatipoort verbrannten Wagen ein: keine Wände, kein Dach, kein Fußboden — nur das ausgeglühte weißliche Gerippe mit lose, schlotternden Schrauben und Bolzen stand auf den Rädern. Diese Fahrgelegenheit konnte uns wenig imponieren, und wir beeilten uns deshalb, uns so schnell und häuslich als möglich in den gebotenen Lokalitäten einzurichten. Aber dankbar waren wir für das Quartier darum nicht, und schon am zweiten Tage wurden Klagen über unser Standquartier laut. Am meisten war es eine schon vor uns einquartierte, mehrbeinige Gesellschaft, die uns zu schaffen machte. Dann der Mangel an hinreichender Bewegung, Lektüre und Badevorrichtung, das Fehlen von Decken in den sprüchwörtlich kalten Nächten Machadodorps und schließlich unsere Schutzlosigkeit während der brütenden Hitze des Tages unter diesen Bleidächern. Am dritten Tage verlangten wir nach den Behörden. Die Kommission kam, sah sich um, lächelte, und ein Kapitän sprach: „Ich weiß wirklich nicht, was Sie wollen, meine Herren, es ist das beste Lokal, das wir Ihnen zur

Verfügung stellen können, und ich sehe wirklich nicht ein, was Sie daran auszusetzen haben. In der That, wir wohnen selbst nicht besser, und unsere Soldaten . . ."
"Ah, die Soldaten!" sagte der Österreicher gelangweilt. "Wir sind eben keine Soldaten und wünschen keine zu sein. Ich kann es Ihnen aus eigener Anschauung versichern, daß Ihre Gefangenen von uns humaner behandelt worden sind. Gerade höheren Ortes hat man stets im voraus die größte Sorge für deren gutes Unterkommen und prompte, gute Verpflegung gezeigt. Es dürfte Ihnen bekannt sein, wie Ihre Kriegsgefangenen in Pretoria empfangen worden sind; daß kein Kaffer sich unterstehen durfte, dieselben durch Zurufe zu verletzen, wie uns das schmählicherweise zu teil wurde. Und um das zu erreichen, bedurften die Boeren keiner Bataillone mit aufgepflanztem Bajonett; ich erinnere auch an einen Zug, der in Pretoria einlief, dessen 700 Gefangene eine Bedeckung von acht Mann — sage acht Mann — hatten. Ferner brauchten sie nicht stundenlang am Ankunftsort zu warten oder sich von einem Ort zum anderen schleppen zu lassen, bevor sie ihrem eigentlichen Quartier zugeführt wurden, sondern marschierten direkt nach ihrem Bestimmungsort, wo elektrisches Licht, Badevorrichtung und Spielplätze ihrer harrten. Nun sehen Sie sich bitte diesen niederen, stickigen Raum an, in dem dreißig Personen zusammengepfercht sind. Wir haben kein Licht, keine Bewegung — nicht einmal Wasser, sagt uns der Sergeant, da die

Tanks leer seien. Seit zwei Tagen, Kapitän, sind wir ungewaschen."

Der Kapitän lächelte nur und sagte kurz: „All right, ich werde sehen, was ich für Sie thun kann."

Er hielt dann auch sein Wort. Wir mußten zwar in demselben Raum bleiben, aber erhielten etwas größere Freiheiten. Morgens wurden wir von nun ab an den Fluß geführt, um zu baden; wir durften uns vor dem Hause bewegen, und unsere Verpflegung erfuhr eine gelegentliche Bereicherung durch Speck, Jam und Käse. Unter diesen Auspizien hatten wir gerade eine Woche in Machadodorp zugebracht und eben begonnen, unsere neue Umgebung lieb zu gewinnen, als wir eines Abends Hals über Kopf verladen und nach Belfast spediert wurden. Dort landete man uns am nächsten Morgen und trieb uns unfern der Station auf einem freien Fleck zusammen. Halb Ozean, halb Wüste konnte man von unserem Standquartier sagen. Den ganzen Tag über blies eine steife Briese, und zeitweilig kamen Staubwolken angesegelt, daß man mit dem Kopf schleunigst auf den Boden oder unter die Wolldecken gehen mußte, um die Augen vor Erblindung zu bewahren und überhaupt Atem holen zu können. Wir konnten des starken Windes wegen nicht daran denken, ein Feuer anzumachen, und als ich mit Hilfe von etwas heißem Wasser aus der Lokomotive unseren Kakao gebraut hatte, flog so viel Staub, Gras und Kuhmist in das Getränk, daß es kaum mehr ein Genuß zu nennen war. Unser Aufenthalt dauerte bis zum Nachmittag. Dann kam ein Zug, und wir bekamen Order, uns bereit zu halten.

Wir waren froh, als wir endlich alle in drei flachen, offenen Wagen dicht hinter der Maschine untergebracht waren. Der Schwede, der Irländer und wir vier Deutsche hatten auf einer ausgebreiteten Decke an dem Ende des ersten Wagens Platz genommen, und da es schon spät am Nachmittag war, richteten wir uns gleich häuslich für die Nacht ein. Als wir abfuhren, dunkelte es bereits. Der Mond war über sein erstes Viertel hinaus und verbreitete genügend Licht, um ein stimmungsvoller Gefährte unserer heimatlichen Lieder zu sein. Ich erinnere mich noch an den schönen Vers: Prahlst du gleich mit deinen Wangen — und dann war ich trotz dem Proteste meiner Kameraden in einen todesähnlichen Schlummer gefallen. Als ich erwachte, stand der Mond gerade über uns. Mein Erwachen verdankte ich den sonderbaren Bewegungen unseres Wagens, der wie ein ausgelassener Geisbock hüpfte. Ich sah, wie die Maschine schwankte... Schneller aber, als ich dies schreiben kann, wußte ich, daß der Zug entgleist war, erwartete, daß die hinteren Waggons auf uns aufrennen würden, und sprang mit einem gewaltigen Satz über Bord. Noch hatte ich den Boden nicht erreicht, als eine Salve über den Zug hinstrich und der vertraute Gesang der Mauserkugeln mich umtönte. Ich ließ mich platt niederfallen. Dann lauschte ich dem Pfeifen und Einschlagen der Kugeln, dem scharfen Knall der Explosivstoffe neben mir und dem klagenden Ton eines durchschossenen Telegraphendrahtes, der singend zur Erde niederfiel. Sofort ertönte auch das scharf unterhaltene Feuer, mit dem die im Ende des Zuges befindlichen fünfhundert Coldstream Garden sich an dem nächtlichen Intermezzo beteiligten. Ich lauschte mit verhaltenem Atem all diesen Vorgängen und dachte eben über den Lauf dieser kuriosen Welt nach, die mich waffenlos dem Feuer unserer eigenen Leute aussetzte, als ich kaum hundert Schritt von mir entfernt vier Gestalten auftauchen und auf den Zug zu= laufen sah. Die Wahnsinnigen, dachte ich beinahe laut, sehen sie denn nicht, daß der Zug von Soldaten wimmelt? Ich richtete mich halb auf und hätte vielleicht Gott weiß was für eine Thorheit begangen, um sie zu warnen, wenn nicht gerade jetzt ein wahres Höllenfeuer von unserer Bedeckung über mir eröffnet worden wäre. Ah — da fiel der eine! Er warf die Arme in die Luft und stürzte mit einem erstickten: O God — my God aufs Gesicht. Fast gleichzeitig brach ein zweiter zusammen und warf sich leise stöhnend hin und her. Es klang, als ob er noch etwas sagte, und dann war alles still. Die beiden anderen schienen in einer Erdspalte ver= schwunden zu sein. Nun schwieg das Feuern. Weit und breit war kein Wesen zu sehen. Auch vorher war nichts zu sehen gewesen, nur das Aufblitzen der Schüsse hatte man wahrnehmen können. Und nun war alles vorüber. Träumte ich? Doch nein, dort stand die hilflose Maschine, hier lag ich am Boden und unfern von mir ein paar stille Gestalten; der Mondschein und die schweigsame, endlose Prärie dehnte sich rechts und links. Viele sagten später, es sei eine bange Viertelstunde gewesen, ich bin überzeugt, die ganze Geschichte hatte wohl kaum drei Minuten gedauert. Es kam mir vor wie das flott gespielte Stück eines riesigen Ausstattungstheaters, und nun nahten die Statisten, um die Körper der Gefallenen zu holen . . . .

Der Maschinist war an der Hand verwundet, sein Feuermann durch den Arm, Nacken und Hüfte geschossen, fünf Coldstreamers waren tot und fünfzehn verwundet, hierzu kommt noch ein Kaffer in unseren Wagen. Die Kugel hatte ein centimeterstarkes Stück Eisen und eine zweizöllige Bohle durchschlagen und war am Hinterkopf des Niggers abgeprallt. Sie war dann unter dem Skalp herum und vorn wieder herausspaziert. Von den Boeren war keine Spur aufzufinden, und die vier von mir beobachteten Gefallenen waren — englische Soldaten, die ihren Wagen verlassen hatten. Während der Doktor die Verwundeten verband, sagte er: An Ihrer Stelle, Kapitän, würde ich zwölf jener Burschen aus dem Wagen nehmen lassen und als ein Exempel an die Telegraphenpfähle hängen. Der inzwischen mit einem Hilfszug von Pan herbeigekommene Ingenieur ging noch einen Schritt weiter und bemerkte, sich nachdenklich das Kinn kratzend: Sie sollten die ganze Herde, (damit meinte er schmeichelhafter

Weise uns) in jene Bodensenkung führen und so lange schießen lassen, bis sich nichts mehr regt! Wir waren über so viel Rücksichtnahme ganz gerührt, und ich bedauerte im geheimen, daß ich mich in der Nacht nicht durchgeschlagen hatte. Der Kapitän reagierte nicht auf die fanatischen Vorschläge seiner Landsleute, und ich erinnere mich nun auch, daß er am verflossenen Abend mit lauter Stimme gerufen hatte: Achten Sie darauf, Sergeant, daß die Gefangenen sich in den Wagen platt niederlegen — ich will nicht, daß jemand von ihnen verletzt werde. Der gute Kapitän! Platter konnte wirklich kein menschliches Individuum liegen als meine Gefährten in — und ich unter — dem Wagen, während die Schießerei im Gange war. Dann fand das Leichenbegräbnis der armen Kerle statt, die sich der großen Liste ihrer Vorgänger angeschlossen hatten. Sie lagen in ihre Wolldecken gehüllt neben der frisch geschaufelten Grube. Keine Totenwache, kein Hornsignal, keine Salve! In dem denkbar nachlässigsten Aufzug schlenderte ein kleiner Trupp Coldstreamers hinter ein paar Offizieren her, von denen einer ein kleines Buch in der Hand hielt. Sie hatten nicht einmal umgeschnallt, trugen Mützen, Helme oder Schlafkappen und gaben sich nicht einmal Mühe, zu verhehlen, daß sie der ganzen Ceremonie nicht die geringste Bedeutung beimaßen.

In Middelburg erwartete unser eine neue Verzögerung, denn in derselben Nacht hatte eine ähnliche „leichte Betriebsstörung" bei Balmoral stattgefunden.

Es verlautete, daß Dynamit dabei eine Rolle gespielt habe, und wir hatten einen dreitägigen Aufenthalt im freiem Felde. Da die Engländer für keine Abwechslung sorgten, hatte der Himmel ein Einsehen und ließ es in der ersten Nacht in Strömen regnen und in der zweiten solch eine Kälte herrschen, daß die meisten von uns während der Nachtstunden Dauerlauf übten oder an den spärlich unterhaltenen Feuern rösteten. Das Brennmaterial verdankten wir der Gutmütigkeit einiger Tommies, die uns auf unserem Gang nach dem Wasser Dünger sammeln ließen. Ein bejahrter, vermögender Irländer ließ sich von zwei Tommies aus deren Wolldecken ein Zelt bauen, wofür er eine Guinea per Nacht bezahlte. Anderen wurde von den Soldaten ein Schutzdach vermittelst einer Güterwagendecke errichtet, wofür man ihnen zwanzig shillings abverlangte. Wenn der Irländer sich ein Zelt leisten kann und die beiden Tommies eine Nacht ohne Decken schlafen, so ist das die eigene private Angelegenheit dieser drei. Wenn aber armen Kerlen unter uns von den Behörden kein Schutz gegen die Unbill der Witterung gegeben wird unter der ausdrücklichen Versicherung, es seien keine Zelte, Segel und so weiter vorhanden und dann den Soldaten gestattet wird, aus der Notlage der Gefangenen pekuniäre Vorteile zu ziehen, so ist das Beutelschneiderei. Für mich knüpft sich an meinen Aufenthalt in Middelburg doch wenigstens eine freundliche Erinnerung. Ich aß hier zum ersten Male das frugale, aber unvergleichlich liebliche „Crackerhash". Man braucht kein Kochkünstler zu sein, um es herzustellen; hier ist das Rezept. Wenn man keinen Kochtopf hat, nehme man eine leere Fleisch= büchse und fülle sie mit Wasser. Dann schlage man einige der schönen Militärbiskuits auf einem Stein in Stücke und thue sie hinein. Hierauf schneidet man seine Tagesration von amerikanischem Büchsenfleisch hinein, fügt ein wenig Salz und reichlich Pfeffer hinzu und läßt die Geschichte kochen. Wenn man die Biskuits nach dreistündigem Sieden weich hat, serviert man auf Blechdeckeln, Glasscherben oder was sonst gerade bei einem Gefangenentransport zur Hand ist. Mit Sorge denke ich zuweilen der kommenden Zeit, wenn wir uns ohne Biskuits werden behelfen müssen. Ich habe ver= sucht, mir heimlicherweise die Adresse der Fabrik zu verschaffen. Aber da kam ich schön an. Die Armee= lieferanten wissen auch, was gut schmeckt! Der nächste Gegenstand meiner geheimen Befürchtungen ist das Bajonett. Ich werde nie wieder ohne Bajonett glücklich werden können. Wohin wir auch immer gingen, begleitete uns diese schöne und unter den Engländern verehrte Waffe. Am Spitzkop hätte ich beinahe mein linkes Auge ein= gebüßt, so unvorsichtig wurde damit herumgefuchtelt, und später wollte man unseren Aufmarsch aus dem Krokodilethal mit diesem Instrument beschleunigen. Aber das verstärkte nur meine Leidenschaft. Wenn einer von uns Wasser holen wollte, wurde vor seinen Augen erst mit Ostentation das Bajonett aufgepflanzt, beim Baden, bei Besorgungen oder dem Verrichten irgend welcher Geschäfte blinkte uns der freundliche Glanz der Bajonette. Also ein Biskuit und ein Bajonett werden von nun an in der Halle meines Hauses aufgehängt, um das Äquilibrium in mir herzustellen. Jemand wollte etwas getrockneten Kuhdünger mit nach Berlin nehmen, sowie einige Klippen, um daraus eine „Position" zu bauen und aus des Nachbars Katze Biltong machen — meine Leser werden mir Recht geben, wenn ich dies als ein wenig zu weit gegangen betrachte. Da lobe ich mir meinen Biskuit und das Bajonett.

Die Stunde des Abschieds von Middelburg nahte, und wir traten mit einigem Mißtrauen an die Eisenbahnwaggons, die man uns wieder dicht hinter der Maschine angewiesen hatte. Bis Witbank ging alles gut. Als wir dort aber gerade die Station verlassen hatten, wurde hinter uns signalisiert und der Zug zum Stillstand gebracht. Starke Kavallerieabteilungen verließen die Station zu beiden Seiten, und unsere Wachen luden die Lee Metfords. Augenscheinlich lag wieder eine „leichte Betriebsstörung" vor, und ich überlegte im geheimen, ob dieselbe besser im Chausseegraben oder im Waggon abzuwarten sei. Indessen schien diesmal nicht alles programmmäßig zu verlaufen, da ich mit meinem Liliput deutlich weiße Flaggen auf der Höhe unterscheiden konnte und die Affäre ohne unsere Gegenwart zu einem befriedigenden Ende zu gelangen schien. Wir setzten also unsere Fahrt fort, und das Unerwartet geschah, daß wir ohne jede weitere Verzögerung Pretoria erreichten.

Die Tour von Lydenburg nach Pretoria legt man unter gewöhnlichen Umständen in vierundzwanzig Stunden zurück. Wir hatten genau dreizehn Tage darüber zugebracht. Der Bahnkörper bot überall ein charakteristisches Bild. Jede Station war eine Festung mit Laufgräben, Bastionen und Drahtverschanzungen. Jeder Kilometer zeigte Spuren stattgehabter Kämpfe oder vom nächtlichen Werke der Boeren. Die Brücken boten einen traurigen Anblick. Der schlanke Körper der Vilgeriver Brücke hing kläglich von einem Pfeiler herab, und der Boden war ringsum besäet mit verunstalteten und mißfarbenen Teilen der luftigen Spannungen. Wir umgingen diese Stelle vermittelst einer Notbrücke aus Eisenbahnschwellen, die tief durch das Flußbett führte, und die steile Böschung mußte mit einem Anlaufe genommen werden. Einen Augenblick dachte ich, die Maschine würde es nicht schaffen und langsam wieder zurückrollen; aber da hatte ich die Rechnung ohne die Maschine am Ende des Zuges gemacht. Dieselbe schob aus Leibeskräften und verhinderte so die Rückzugsbestrebungen des Zuges. Summa Summarum war es keine sehr angenehme Eisenbahnfahrt, und wir waren alle herzlich froh, als wir unseren vorläufigen Bestimmungsort mit heilen Knochen erreicht hatten. Wir wurden ausgeladen und in beschleunigtem Tempo nach der Artilleriekaserne gebracht. An dem stattlichen Hauptgebäude vorbei ging es nach den Kanonenschuppen, die zur Aufnahme der Gefangenen eingerichtet waren. Ein riesiges Stimmengewirr und Scharren und Trampeln von Füßen scholl uns entgegen. Zugleich ertönte laut und durchdringend der Lärm hymnensingender Boeren. Wir fanden etwa dreihundert Leidensgenossen in unserer Abteilung vor, und etwa ebensoviele mochten in dem daneben befindlichen Raume einquartiert sein. Alle hatten sich ihre Lagerstätten an den Wänden entlang bereitet, und meine fünf Gefährten und ich fanden Platz zwischen einigen Feldtelegraphisten und einem Trifolium anscheinend gewerbsmäßiger Spieler von Johannesburg. Bei näherer Umschau traf ich zahlreiche Bekannte aus Barberton, Carolina und Komatipoort, und der erste Tag verlief leidlich schnell. Wie ein gütiges Geschick es wollte, sollte ich überhaupt nur zwei Tage in dieser Umgebung weilen und meine Gefährten ohne mich nach Kapstadt abreisen.

In der Verbannung

Die nahe Zukunft lag düster genug vor mir, als ich nach der ereignisreichen Fahrt von Lydenburg nach Pretoria schließlich im Kreise mehrerer hundert Gefangener neben meinem geringen Gepäck lag. Ceylon war mir sicher. Wenige Sündenregister konnten schwärzer gemalt sein, als das mir von der Fama aufgehalste: Freischärler, Dynamitard, Busenfreund Ricciardis, Boerenschwärmer und Freiheitsredner par excellence waren einige der mir zugelegten Epitheta. Man sagte mir nach, ich sei einer jener irreconcilables, die Kampf bis aufs Messer wollten, setzte die Sprengung der Tugelabrücke auf mein Konto, behauptete, ich hätte ein vergrabenes Arsenal auf meinem Grundstück, und ich selbst sei beim Einrücken der Engländer in irgend einem Schlupfwinkel meines Hauses verborgen gewesen. Ich wußte nicht, ob ich über all diesen Unsinn lachen oder weinen sollte und verlangte schließlich nur der Ordnung halber eine Untersuchung und Schadenersatzanerkennung für mein zerstörtes Eigentum. Auf diese Eingabe erhielt ich keine Antwort, und im Bewußtsein damit alles gethan zu haben, was ich thun konnte, überließ ich das Weitere getrost der Zukunft. Meine Leidensgenossen klagten teilweise über Langeweile: in welche Jeremiade ich nicht mit einstimmen konnte. Ich unterhielt mich in dem bunten Gefangenengewimmel ausgezeichnet und kann mich eigentlich überhaupt nicht erinnern, je im Leben von Langweile gelitten zu haben. Habe ich mich doch in den Fällen größter Einsamkeit mit Beobachtungen und Schreiberei unterhalten können, wie viel mehr also in der Schar so vieler Leidensgenossen. Meinen Kameraden Beck konnte ich zur Verzweiflung bringen, wenn ich ihm versicherte, daß ich in der That mehr als zufrieden sei und selbst wenn es in meine Hand gegeben sei, gar nicht daran denken würde, meine Lage eigenmächtig zu verändern. Er rieb sich beinahe vor Unruhe um sein Schicksal auf und zermarterte sein Hirn nach einem Ausweg, um frei zu kommen. Als nun nach zwei Tagen ein weißgekleideter Jüngling die Arena betrat und nach etwa vorhandenen Deutschen fragte, stürzte Beck mit allen Zeichen sichtlicher Erregung hervor: „— ja ... hier, hier, ich bin ein Deutscher. Mein Name ist ..." und so weiter. — Es war der zweite Sekretär vom deutschen Konsulat, das in jener bedrängten Zeit in wirklich anerkennenswerter Weise für seine Unterthanen sorgte. Nachdem mein Kamerad seinen Fall dargelegt hatte, erwähnte er meinen Namen, und ich näherte mich der Gruppe, die inzwischen durch einige weitere Deutsche angewachsen war. Ich lehnte die in Aussicht gestellten

Bemühungen des Sekretärs dankend ab, indem ich bemerkte, daß ich nicht neutral geblieben, sondern Bürger von Transvaal und entschlossen sei, unsern Leidenskelch bis auf die Neige zu leeren; außerdem stände ich auf der black list und möchte dem Konsulat nicht unnütze Schererei verursachen. Der Sekretär machte mich indessen darauf aufmerksam, daß es schließlich besser sei, in Pretoria herumzuspazieren, als auf einem fernen Eiland stillzusitzen, und er würde des Konsuls Aufmerksamkeit besonders auf die Äußerung jenes Intelligence Departmentsbeamten lenken, der Beck und mir in Sir Redvers Bullers Camp gesagt hatte: „Sie müssen nicht glauben, daß Oom Paul Bürger machen kann, wann es ihm beliebt. Sie sind erst während des Krieges Transvaalbürger geworden, und daher werden Sie als deutsche Unterthanen behandelt werden." Und richtig! Dieser englische Bummel schlug zu unserem Heil aus. Infolge dieser Absprechung der Transvaalrechte wurden wir in den deutschen Staatsverband zurückgefordert, und das Unerwartete geschah: nach zwei Tagen öffneten sich uns die Thore zur goldenen Freiheit! Außer uns beiden sahen die enttäuschten Blicke unserer bisherigen Kameraden noch vier andere scheiden: Sullivan, Mac Laren, Mansfield und Semlin. Wir wurden von einer Eskorte bestehend aus einem Korporal und acht Mann nach dem Provost Marshall=Bureau gebracht, das neben Oom Pauls Haus auf einem von alten Eichen bestandenen Platz tagte. Dort nahm uns ein Beamter

das Ehrenwort ab, in diesem Krieg keine Waffen mehr
zu tragen und uns für die Folge neutral zu verhalten.
Die Eskorte entschwand, und wir waren frei. Frei!
Ohne Übertreibung kann ich sagen, daß ich zehntausend=
mal lieber deportiert worden wäre, als die zweifelhafte
Gabe jener Freiheit zu empfangen. Ich stand ziellos
auf den verödeten Straßen von Pretoria und kam mir
wie ein versprengter Springbock vor, der sehnsuchtsvoll
nach seiner Herde Umschau hält. Man sah wenige
Civilisten in den Straßen, aber umso bemerkenswerter
that sich der Khaki in grasgrün=grau=braunen und allen
Zwischenfarben dieses Kolorits hervor. Khaki in dem
aufgeputzten, unkriegerischen Exterieur des Vorgesetzten
und in allen möglichen schmutzigen Nüancen des mehr
oder minder verwahrlosten Tommy. Vor des Präsi=
denten Haus schritt ein englischer Posten gelangweilt
auf und ab, und vom Parlamentsgebäude aus hing der
Union Jack. Beim Grand Hotel plauderten Gruppen
von Offizieren und flankierten die undefinierbaren semi
officials oder followers der englischen Armee. Weiter=
hin lungerten abseits ein paar jener Individuen, die von
dem Judaslohn lebten, die der fremde Sold ihnen hin=
warf. Ich empfand beinahe ein Gefühl des Erstickens
und einer mich nahezu umbringenden Empörung in
meinem Innern. Nach den Erfahrungen der letzten
Wochen fühlte man sich wie der nach ebensovielen
Jahren seiner Kerkerhaft entflohene Verbrecher.

*

Unser Aufenthalt in der ehemaligen Residenz und dem jetzigen Hauptquartier militärischer Operationen verlief in äußerst harmonischer Weise. Wir hatten ein Haus bezogen, das weder geplündert noch demoliert war und sich daher in äußerst wohnlichem Zustand befand. In den gut möblierten Räumen war noch alles so, wie es die früheren Besitzer in augenscheinlicher Eile verlassen hatten. Die Teller waren noch auf dem Tisch, und die Gebrauchsgegenstände standen umher, genau so wie die Eigentümer sie vor Monaten zum letztenmal benutzt hatten. Nachbarn waren augenscheinlich nur minderzählig vorhanden, da die meisten Wohnungen leer standen, und die erfreuliche Abwesenheit von Miliz deutete auf ein vorläufiges angenehmes Asyl hin.

Wir erhielten von unseren neuen Herren an täglichen Rationen so viel, als zu des Lebens Notdurft und Nahrung gehörte, und die Zubereitung derselben blieb uns selbst überlassen. Um neun Uhr morgens mußten sich die auf Parole Befreiten bei der zu ihrem Bezirk gehörigen Polizeistation melden. Wir hatten das Glück, einen äußerst liebenswürdigen Sergeanten bei unserer Station zu haben, der bereits abwinkte, sobald er uns nur von weitem nahen sah. An einigen Polizeistationen mußten die Leute ihren Namen in ein Buch eintragen zum Zeichen, daß sie sich gemeldet hatten und an anderen wurden sie sämtlich verlesen, was bei der Saumseligkeit einzelner mit langweiligen Verzögerungen verknüpft war. Abgesehen von diesem Meldungsdienst waren die Kriegs=

gefangenen on parole vollkommen frei, konnten sich in den Tagesstunden von sechs Uhr morgens bis sieben Uhr abends in dem für die Bevölkerung Pretorias vorgeschriebenen Radius frei bewegen, mußten aber während der Nacht in ihren Häusern anwesend und einer Revision gewärtig sein.

*

Das gute, ländliche Pretoria! Zweifellos ist es, besonders in den neuen Stadtteilen, breit angelegt, erfreut sich einer tadellosen Sauberkeit, Beleuchtung und Kanalisation, bietet zuweilen sogar den Anblick reger Geschäftigkeit, aber den businessman enttäuscht es. Es herrscht nicht der Pulsschlag der Neuzeit. Wenn wir die Straßen durchschreiten, deren beide Seiten von sauber gestrichenen Zäunen und Gittern begrenzt werden, könnten wir uns in dem Villenviertel einer Großstadt wähnen. Hinter dem künstlichen Dickicht von blühendem Gesträuch liegen halbversteckt malerische, kleine Villen und erheben sich die prächtigen Fassaden vornehmer Landhäuser. Kostbare Gartenanlagen mit Tennis Courts, Wasserwerken und Spielplätzen schließen sich häufig daran und können einen vergessen lassen, daß man nicht in Potsdam oder sonst einer stillen Residenz, sondern in Südafrika ist.

Doch ich spreche von der Vergangenheit. Ich vergaß, daß dieses nicht mehr das freie Pretoria war, das wir schätzten und verehrten. Man streift solche Erinnerungen nicht ab wie einen alten Rock, und deshalb bedurfte es des mir auf Schritt und Tritt begegnenden Khakis, um mich in die Wirklichkeit zurückzurufen. Er machte sich überall breit. In den Räumen der Häuser, deren Besitzer geflohen waren; in den Gärten, die jetzt als Aufenthalt für Pferde und zur Aufnahme von Zelten dienten; in den Hotels und Coffeeshops, vor den Fruchtläden und Selterswasserbuden und vor den wenigen Häusern, in denen er noch geistige Getränke bekommen konnte, sah man den in Khaki gehüllten englischen Söldner. Er flanierte mit jener undefinierbaren Unverfrorenheit umher, welche die Engländer verhaßt macht, wohin sie ihren Fuß setzen.

Unterhaltend war es, Tommy in seiner neuen Stellung als Transvaaleroberer zu beobachten. Die Sitte des Stöckchentragens hatte sich umgemodelt, die heimatliche Gerte und das unscheinbare Bambusstöckchen waren modernisiert und zu handlichen Bakeln herangewachsen. Tommy sowohl wie seinen Vorgesetzten sah man gemessen im Besitz von Kaffernstöcken einherstolzieren. Von einem Herumfuchteln und graziösen Schwenken dieses militärischen Zierates konnte nun nicht länger die Rede sein, da die schweren, mit Messing- und Kupferdraht umwickelten Knüttel solch ritterliche Bewegungen nicht mehr zuließen. Hand in Hand mit dieser Neuerung ging die Sitte des Armbandtragens, und unter der weit hervorragenden Manschette sah man den Armschmuck prangen, der noch vor kurzem das mehr oder weniger unsaubere Handgelenk eines Niggers geziert hatte. Kuriositäten sind angenehme Erinnerungen, dieselben aber am eigenen Körper aufzuhängen, heißt das ethnologische Interesse wohl etwas weit treiben. Es berührte eigenartig, das Militär stets ohne jede Waffe zu sehen. In den Bureaux, auf dem Bahnhofe, im Café, zu Pferde und zu Fuß sah man Offiziere in dem leichten zivilartigen Kostüm, das dem ganzen militärischen Apparat etwas unsagbar Unmilitärisches verleiht. Ein Deutscher konnte sich dem Eindruck nicht entziehen, daß das englische Heer einen amateurmäßigen Eindruck machte, und mir persönlich kamen die Truppenaufmärsche häufig so vor, als wenn ich gut einstudierte Statisten vor mir hätte. Degen schienen überhaupt nicht zu existieren. In den seltensten Fällen sah man einen Revolver an dem braunen Ledergürtel hängen, der über dem Jackett getragen wurde, und wenn auch dieser fehlte dann war es schwierig zu erkennen, ob man einen Offizier vor sich hatte. Im allgemeinen wimmelte es von Kapitäns, während der bei uns so ins Auge fallende Leutnantsrang weit weniger vertreten war.

Unter den wenigen Damen, die man auf der Straße sah, konnte man zuweilen die Pflegerinnen der Hospitäler beobachten, die einen knappen, roten Überwurf über den Schultern trugen und damit auch dem Uneingeweihten die Angehörigkeit zum Heer ankündigten. Einzelne erfreuten sich sogar des Besitzes von Medaillen oder der Schnallen mitgemachter Feldzüge; sie waren indessen stark in der Minderzahl, da die meisten wohl in den Ehehafen einlaufen, bevor sie es zu großem Kriegsruhm bringen. Ich zerbrach mir vergebens den Kopf, warum nicht auch das Rot der Mantillen dem unvermeidlichen Khaki Platz gemacht hatte. Für das Auge der Verwundeten und Kranken wäre es doch entschieden wohlthuender und beruhigender gewesen, als das grelle, blutige Rot. Die Hospitäler übrigens, die sich bei Sunnyside schöne Quartiere ausgesucht hatten, waren wirklich mustergiltig und aufs verschwenderischste ausgestattet. Sie bildeten eine kleine Stadt für sich. Die geräumigen Zelte waren in langen, rechtwinkeligen Gassen aufgestellt und boten durch sinnreiche Ventilation und Raumeinteilung den Patienten jede nur denkbare Bequemlichkeit. Die Kranken trugen eine eigene Kleidung, die in den einzelnen Hospitälern verschieden war. Eine dem Zweck wohl kaum angemessene, aber recht malerische Tracht war die aus Hose und Jacke bestehende Kleidung von bayerischem Blau, weißem Hemd und knallroter Binde. Eine andere erfreute sich einer gesättigten Pfirsichblütencouleur. Es war ein ungemein farbenreiches Bild, und wenn man dann noch die runden, wohlgenährten Gesichter der Rekonvalescenten ansah, konnte man sich eher auf einem Kostümfest wähnen, als im Centrum der leidenden Menschheit. Aber was die Engländer thaten, thaten sie zweifelsohne gründlich, und so sah man in diesen Krankenstätten eine

Sauberkeit und Ordnung, die wirklich anerkennenswert war.

Der Gesundheitszustand der Stadt war nicht gerade schlecht, obwohl bereits einige dreihundert Soldaten auf dem Friedhofe lagen. Das Wasser und die einförmige Ernährungsweise waren wohl für die meisten Todesfälle verantwortlich. Auf dem Friedhofe ereignete sich einmal eine sehr bezeichnende Geschichte. Zwei mir persönlich bekannte Herren hatten ihren Spaziergang bis dorthin ausgedehnt und sahen um einen auf dem Boden stehenden Sarg zwölf Tommies sitzen. Nach einer Weile erschien ein Sergeant, und der Zug setzte sich in Bewegung. Sie machten an einem offenen Grabe Halt und ließen den Sarg hinab. Die beiden Herren waren näher getreten und standen mit gezogenem Hute an der Gruft. Es ertönte natürlich keine Salve, da die Tommies überhaupt keine Waffen mithatten, und die Leute begannen sofort, die Grube zuzuschaufeln. Es entstand eine peinliche Pause zwischen dem Sergeanten einerseits und meinen Gewährsleuten anderseits. Dann trat ersterer heran und fragte etwas gedrückt: „Können Sie mir vielleicht sagen, ob hier ein Pfarrer in der Nähe wohnt, mir wurde gesagt, es wohne einer hier nahe bei . . ." Meine Freunde mußten ihn wohl sehr sonderbar angeschaut haben, denn er brach plötzlich ab, murmelte etwas von „Hospital" und der „starken Beschäftigung des Divisionspfarrers" und erklärte schließlich, auf den letzteren warten zu wollen. Meine Freunde warteten indessen nicht, und als sie sich nach einer Weile umschauten, hatten die Tommies ihr melancholisches Werk bereits beendet, und die ganze Gesellschaft trat gerade ihren Rückzug an. „Für Pretoria als Garnisons= ort scheint mir dieses doch ein zu abgekürztes Ver= fahren," bemerkte mein Freund später trocken.

Die Zeichen der uns gebrachten „Civilisation" dämmern schon hier und dort auf. Die Kaffern fühlen ihren wohlthätigen Einfluß zuerst und sind nicht blöde, davon schleunigst Gebrauch zu machen. Sie halten es nun nicht mehr für nötig, die Mitte der Straße inne= zuhalten, sondern segeln aufgeputzt das Trottoir entlang. Sie weichen auch nicht etwa aus, sondern warten unter dem Eindruck ihrer Menschenwürde, bis man um sie herumgeht. Wenn man dabei einen besonders großen Zirkel beschreibt, so ist dies weniger auf den Respekt vor diesen allerneuesten britischen Unterthanen zurück= zuführen, als vielmehr darauf, dem überwältigenden Parfüm zu entrinnen, das ihrem schwarzen Fell eigen ist. Tommy scheint gegen diese Eindrücke gefeit. Er läßt sich von ihnen Feuer für seine Cigarette geben, lacht und scherzt mit dem dunkelen Bundesbruder, und wenn man gelegentlich ihrer Unterhaltung zuhört, be= merkt man, daß sie sich gegenseitig mit dem vertraulichen Namen „Jonnie" anreden.

Eine erfreuliche Abwechselung machte sich in dem ewigen Khaki=Einerlei bemerkbar. Ob unseren Manchester= freunden die Farbe ausgegangen war, die Behörden einen Wechsel für angebracht hielten oder die Fabrikanten nicht Schritt halten konnten mit den Bedürfnissen ihrer südafrikanischen Armee — genug, man sah die tapferen Tommies plötzlich in allen Schattierungen von Grasgrün bis zur lichten Chokoladennüance gekleidet. Es wurde hierbei auch keiner pedantischen Kleinlichkeit Raum gegeben, und ein crêmefarbenes Beinkleid vertrug sich äußerst harmonisch mit einem zeisigschattierten Jackett. Die letzteren waren von dem bekannten Norfolkschnitt bis zum leichten Straßenjackett vertreten, und allmählich wurde es schwierig, zu unterscheiden, ob man es mit Militär oder Civil, Vorgesetzten oder Untergebenen zu thun hatte.

Eine häßliche Nebenerscheinung der neuen Verhältnisse war ein ausgedehntes Spionage- und Angeberunwesen, das einen jeden in dem anderen das bezahlte Werkzeug der Regierung wittern ließ. Der sittliche Fond auf den Goldfeldern ist nie groß gewesen, und man kann sich denken, daß in dieser Zeit der Beschäftigungslosigkeit und Armut das freigebig gespendete Gold der Engländer auf fruchtbaren Boden fiel. Nur durch Zurückgezogenheit von allen alten Bekannten und Verbindungen konnte man hoffen, in Frieden gelassen zu werden und vor Deportation bewahrt zu bleiben. Das freie Albion! Mit einer geradezu lächerlichen Eifersucht wurde jeder schriftliche Verkehr überwacht, und sehr bezeichnend war die Bekanntmachung, daß die nicht in Englisch geschriebenen Briefe Verzögerungen erfahren dürften, da Mangel an Dolmetschern sei.

Für den Durchschnittsdeutschen war es kein Genuß, in Pretoria zu leben, da der Durst nicht in hinreichender Weise Befriedigung fand. Bier gab's überhaupt nicht, der Whisky war jung und schlecht, und dem Wasser näherte man sich nur mit Mißtrauen. Außerdem waren die Lebensmittel teuer. Meine gelegentlichen Morgenwanderungen erstreckten sich zuweilen auf den Besuch der Markthallen, und was man da sah und hörte, konnte selbst den eingefleischtesten Vegetarianer zur Umkehr bewegen. Die Verkäufe wurden im Auktionsverfahren bewerkstelligt. Möhren kosteten zwölf Pfg. das Stück, vier Salatköpfe eine Mark fünfzig Pfg. und Bohnen, Karotten, Kohl, Kürbisse standen damit im Einklang. Zwiebeln waren überhaupt nicht zu haben, und ein Sack Kartoffeln wurde in meinem Beisein für neunzig Mark verkauft, dagegen wurde eine Kuh mit Kalb für fünfhundert Mark losgeschlagen — ein Butterbrot, wenn man bedenkt, daß man diesen Preis durch Verkauf der Milch in etwa vier Wochen herausschlagen kann. Die Flasche Milch kostete eine Mark fünfzig Pfg. Die Tommies beteiligten sich auch am Marktgeschäft, wurde mir versichert, und mancher Beutegegenstand kam dort an den Mann. Einmal wurde die ganze Gesellschaft mit lebendem und totem Inventar umstellt und arretiert. Alle, die keinen Paß bei sich hatten, wurden nach den verschiedenen Polizeiwachen abgeführt. Dies soll nur mit dem Verlust sämtlicher Gemüsebüschel, welche die Leute teuer erstanden hatten, von statten gegangen sein. Indessen kann ich dies nicht mit Bestimmtheit sagen, da ich nicht zugegen war — ich wurde nämlich gerade an einer anderen Stelle arretiert. Die Boerenfreunde aber lächelten verschmitzt und sagten untereinander: Aha, die Engländer haben augenscheinlich wieder irgendwo Hiebe gekriegt, sonst würden sie nicht diese Spionenriecherei und Arretierungen ins Werk setzen.

Das Hauptleben konzentrierte sich beim Gouverneur, dem Provost Marshall und dem Staff Officer, deren Bureaux von Leuten beiderlei Geschlechts geradezu belagert wurden. Beim Government Office versammelte sich täglich eine solche Menge Damen, daß einem himmelangst werden konnte. Sie wollten sämtlich Pässe haben, um ihre Männer, Freunde oder Verwandte in den Baracken besuchen zu dürfen. Ich habe nie in meinem ganzen Leben mehr Häßlichkeit versammelt gesehen. Die Erlaubnisscheine, um die Gefangenen zu sehen, waren damals etwas vermindert worden, und übrigens fand der Durchtransport der letzteren zuweilen so schnell statt, daß sie fort waren, bevor man sich einen Paß holen konnte, oder man hörte überhaupt erst nachträglich, daß sie dagewesen.

In den Gefangenenräumen herrschte ein lustiges Leben. Es waren immer einige Hunderte in einer großen quadratischen Abteilung der Kanonenschuppen zusammengesperrt, und von früh bis spät war alles in steter Bewegung. Die jungen Burschen spielten in dem offenen Hofraum und machten einen Höllenspektakel;

ältere Boeren saßen in schattigen Ecken und starrten vor sich hin, mit den Gedanken augenscheinlich bei der verbrannten Farm, der zerstreuten Herde und der schutzlosen Familie; viele spielten Karten, und einige unternehmendere Johannesburger hatten sogar ein Roulette und andere Glücksspiele eingerichtet, und bei dem regen Wechsel der Goldstücke von Hand zu Hand war man erstaunt, zu sehen, wie viel Geld noch in dem Besitz der Leute war; einige wuschen und andere flickten ihre Kleider für den bevorstehenden Weitertransport, denn Pretoria war für die meisten nur ein zeitweiliger Ruhepunkt. Zwischen allen aber eilte geschäftig der Khaki hin und her und — handelte. Hier war Tommy in seinem Element. Die Gefangenen hatten Geld und waren kauflustig. Überdies waren sie nicht einmal wählerisch, also schleppte er alles Mögliche heran, um zu handeln. Mit Tagesanbruch beginnt das Geschäft. Zwei Tommies ziehen mit einem gut proportionierten Feldkessel von Schläfer zu Schläfer und rufen mit lauter Bahnkellnerstimme: „Coffee — hot coffee — sixpence a cup — coffee!" Am ersten Tage schmeckte er nach Teer und am zweiten nach Stiefelwichse; da ich am dritten Tage befreit wurde, entgingen mir die weiteren Metamorphosen. Wenn die Stimme der kaffeespendenden Jünglinge verhallt ist, nahen sich die „fliegenden Händler" mit Büchern, Marmelade, Stiefeln, Spielkarten, Butter, Seife, Schlafanzügen, Schuhbändern, Brot, Schwefelhölzchen, Unterzeug, Tabak und Cigaretten.

Sie tragen diese Gegenstände aber nicht etwa vereinigt bei sich, sondern bringen jeden Artikel einzeln noch „warm", wie er in ihre Hände gefallen ist, zum Verkauf. Der eine dies, der andere jenes . . . .

An demselben Tage, als die Razzia auf dem Marktplatz stattfand und Dewet den Engländern die Kriegskasse und der Standard Bank eine Goldsendung abnahm, fand in Pretoria die Verteilung der Viktoriakreuze statt. Es waren neun an der Zahl, die damit dekoriert wurden: fünf Offiziere, zwei Unteroffiziere und zwei Gemeine. Zu diesem Zweck wurde eine große Parade veranstaltet. Ich war streng neutral seit meiner Freilassung und freue mich daher, meine Kritik zurückhalten zu müssen. Aufgefallen ist mir der wohlgenährte Zustand der Droschkengäule und die seltsame Verstutzung der englischen Pferdeschwänze.

*

Etwas später kam ich auch in die Lage, Pretoria bei Nacht betrachten zu können. Der strenge Ukas, der jeden Bürger nach sieben Uhr in seine vier Wände bannte, war aufgehoben worden, und die Bevölkerung Pretorias durfte sich nun bis zehn Uhr auf der Straße verlustieren. Es war in der That eine schätzenswerte Vergünstigung. Die siebente Abendstunde war als Tagesschluß in vieler Hinsicht unglücklich gewählt. Theegesellschaften wurden zu frühem hastigem Aufbruch veranlaßt, der Abendgottesdienst eingeschränkt und Arbeitende ihrer Erholungsstunden beraubt. Nun hatte sich das geändert, und männiglich konnte sich frei in der Abendstille bewegen. Am ersten dieser Abende verursachte diese bescheidene Freiheit mir ein nahezu berauschendes Gefühl. Nach dem Schlachtengetümmel in den Bergen, dem langen Transport als Gefangener, und nachdem man sich gewöhnt hatte, nur bei hellem Tageslicht auf der Straße zu verweilen und beim Einbruch der Dunkelheit eingesperrt zu werden, empfand ich das prickelnde Gefühl der Freiheit und ertappte mich mehrmals bei der unbestimmten Versuchung, mich umzuwenden, ob nicht doch die unvermeidliche Eskorte auf meinen Fersen sei, die uns bei ähnlichen Anlässen geleitete. Doch nein, ich war allein, einsam und mir selbst überlassen. Kein Bajonett, kein Fluchen, kein melodischer Anruf. Das Bogenlicht malte starre, schwarze Schatten von Baumzweigen über den Weg, und auch wo sein Schein grell und ungehindert die Straße überflutete, zeigten sich nur wenige Passanten, und zeitweilig klang aus der Entfernung der Hufschlag eines vereinzelten Reiters. An diesen Abenden ersah man noch deutlicher, wie entvölkert Pretoria war. Die Anzahl der vor dem Kriege Ausgewiesenen und freiwillig Ausgewanderten war mit dem Einzug der Engländer durch Ausweisung der Holländer und Deutschen einerseits und das Fortschleppen von Gefangenen anderseits beinahe verdoppelt worden. Allen war die Rückkehr einstweilen verwehrt.

Ein weiterer Bruchteil stand noch im Felde, und so setzte sich die Bevölkerung der ehemaligen Hauptstadt jetzt lediglich aus den wenigen englisch Gesinnten, Neutralen und solchen Gefangenen zusammen, die man auf Ehrenwort frei umherziehen ließ. Alle konnten sich mehr oder weniger als Kriegsgefangene betrachten, da sie jeder freien Bewegung beraubt waren, die Stadt nicht eigenmächtig verlassen und — was schwer in die Wagschale fällt — nicht wieder nach derselben zurück= kehren durften, falls es einem gelungen sein sollte, einen Reisepaß nach der Außenwelt zu erhalten.

Meine abendliche Wanderung wurde also keineswegs durch eine Menschenmenge gehemmt; wohl aber von Hindernissen anderer Art, und das hing folgendermaßen zusammen. Alles Nichtenglische ist bekanntlich miserabel und verbesserungsbedürftig. Ich habe englische Militärs mit einem frommen Schauder von dem Dreck und Durcheinander der Boerenlager sprechen hören, freilich ohne daß ich in irgend einem der englischen Lager irgendwie mehr Ordnung oder Reinlichkeit hätte ent= decken können. Sobald die englischen Truppen ihren Fuß nach Pretoria setzten, begannen also die Reformen, und mir wurden deren Segnungen peinlich klar, als ich plötzlich mitten auf dem Bürgersteig bis an die Hüften in einem Loch verschwand. Ich war in die unterirdische Kanalisation gefallen. Die Geschichte ist sehr einfach. Während unter dem Transvaalregime aufgestautes Wasser und ein energischer Wasserstrahl die Räumung und Säuberung der Gossen besorgten, wurden jetzt die Fliesen aufgerissen, und man wirtschaftete mit langen Stöcken unter denselben herum. Bei der englischen Rücksichtslosigkeit verstand es sich von selbst, daß die entstandenen Löcher wochenlang offenstanden, und da das elektrische Licht auch durchaus nicht so funktionierte wie früher, waren Unfälle zweifelsohne häufig. Mein Hochgefühl über diesen ersten Nachtausflug war etwas gedämpft, indessen darf ein Kriegsgefangener sich ja nicht so leicht entmutigen lassen, und ich setzte wohlgemut meine Wanderung fort. Meine Prüfungen waren auch noch nicht beendigt. Der Fuß trat empfindlich hart auf die Spitzen hervorragender Pflastersteine. Die Engländer hatten nämlich mit großem Zeitaufwand und löblicher Ausdauer die Erde zwischen den Kopf= steinen herauskratzen und entfernen lassen. Die Bea= trixstraße war stets ein selbst von Radlern geschätzter Weg und wird jetzt sogar von energischen Fuß= gängern nur mit Vorsichtsmaßregeln betreten. Ich fand dieses auch, als ich die Straße kreuzte und auf der anderen Seite auf einer kleinen Kehrichtinsel landete. Es war dies aber kein gewöhnlicher Kehricht, sondern der während des Tages mit Emsigkeit aus den offenen Wasserfurchen zusammengekratzte, mit Stroh, Gras und Papier vermischte Schlamm. Ich brachte mich mit einem Satz aus dem Bereich dieses neuen Fährnisses und be= wegte mich nun in dem Schatten von Eichen und Ole= andern, der den grellen Schein des elektrischen Lichtes

milderte. Ich gelangte zu der Modellschule, deren
Räume und Umgebung für Hospitalzwecke eingerichtet
waren. Einen scheuen Blick nach den hellerleuchteten,
wenig einladenden hohen Räumen hinübersendend, die
mich lebhaft an Schul- und dumpfige Gerichtsgebäude
erinnerten, wollte ich eben meine Schritte beschleunigen,
als mannigfache Geräusche neben mir, mich an die
Stelle bannten. Zwischen Bosketts und Rasenflächen
liegt hier eine jener kleinen, halbversteckten Villen, welche
vollste Ungeniertheit der Bewohner sichern. Nur teil=
weise herabgelassene Vorhänge gestatteten mir einen
Blick über eine Veranda mit bequemen Möbeln in das
augenscheinlich als Speiseraum eingerichtete Vorder=
zimmer des Hauses. Dort sah man in hochlehnigen
Lederstühlen, hinter Gläsern, Blumen und Flaschen,
die Barmherzigen Schwestern der Prinzeß Christian=
Ambulanz bei dem Schluß eines augenscheinlich nicht
zu verachtenden Kriegssoupers sitzen. Ihre blaugrauen
Kostüme mit den grellroten Capes und die Khaki=
uniformen der Offiziere bildeten ein farbenreiches En=
semble mit dem abgetönten Glühlicht, weißem Tisch=
zeug und Tafelgerät. Das fröhliche Gelächter, die
laute Sprache, Gläserklingen und unterdrücktes Kichern
fiel mißtönig auf das ernste Schweigen der Nacht und
den Komplex des Hospitals Nr. 3. Aus den im dichten
Grün verborgenen Lazaretten und den matterleuchteten
Zelten zwischen den Bosketts des früher herrschaftlichen
Gartens drang kein Laut. Wer jemals von Schmerzen

geplagt, vom Fieber verzehrt ans Lager gefesselt den
Tönen lauter Lustbarkeit hat lauschen müssen, der weiß,
was eine solche laute Freude bedeutet. Man versicherte
mir, daß vom Irischen Hospital allein siebenundvierzig
Pflegerinnen wegen schlechten Betragens hätten zurück=
geschickt werden müssen.

Auf den Höhen vor mir leuchteten die Laternen
von Arcadia und Sunnyside, und neben mir begleiteten
sorgfältig geschorene Hecken und Gebüsch die Straße.
Hinter denselben liegen Privathäuser und kleine Villen
zum Vermieten. Die meisten derselben waren bewohnt,
obschon in den wenigsten die rechtmäßigen Bewohner
hausen mochten. Militärs, Beamte und Kriegsgefangene
teilten sich in den Besitz derselben, und daß sie sich in
den Räumen der früheren Eigentümer durchaus nicht
beengt fühlten, bezeugte der aus einigen derselben
schallende Klang von Piano, Geige oder Akordion,
Gesang und Heiterkeit. Des Lebens schönste Feier
wurde einem Zahnarzt gründlich verleidet, indem eine
Horde Soldaten in sein Haus eindrangen, sich aufs
flegelhafteste benahmen und schließlich einen Hochzeits=
gast fortschleppten. Es war der Direktor der Cement=
fabrik. Sie nahmen ihn bis zur zweiten Straßenecke
mit, richteten ihn ziemlich arg zu und nahmen seine
Uhr und Kette als ein kleines Andenken an die deutsche
Hochzeit mit. Dieses Ereignis sollte von Reichswegen
eigentlich noch ein kleines Nachspiel haben — doch, es
war ja Krieg, und britische Soldaten wollten auch ihre

Zerstreuung haben. Der Feststätte gegenüber befand sich eine Wache und Polizeistation, und damit hatten die Behörden doch wahrlich genug für die Sicherheit der Bürger gethan. Im übrigen hatte ja niemand diese zum Bleiben animiert, und wenn es ihnen in der neuesten Kolonie Großbritanniens nicht gefiel, warum kehrten sie nicht zu den Sauerkrauttöpfen Germaniens zurück?

„Lieber Mann, Sie halten uns und sich selbst nur unnütz auf mit ihren Bemühungen, eine Geschäftslicenz zu bekommen. Lassen Sie es sich ein für allemal gesagt sein, daß Deutsche, Holländer und Juden nie eine Licenz von uns zu erwarten haben," sagte der zuständige Beamte einmal einem Antragsteller, und diese Antwort ließ an Deutlichkeit doch kaum etwas zu wünschen übrig. Gleiche Rechte, Freiheit für alle — Gott gnade den Völkern, die unter dieser Fabrikmarke stehen!

Meiner Nachbarschaft mangelte nicht die Zierde der englischen Soldateska. Es waren drei oder vier Tommies, die dem inneren Drang großbritannischer Männerwürde nachgegeben und sich anscheinend ins Privatleben zurückgezogen hatten. Es waren stille, anspruchslose Einlogierer. Manchmal wurde es nebenan sogar so still, daß man glauben konnte, sie seien ausgezogen. Seelisch sind sie es auch. In corpore aber liegen sie eine Nacht, den darauffolgenden Tag und eine weitere Nacht regungslos über das Bett gestreckt, am

Boden oder in sich zusammengesunken in einer Ecke des nicht übersauberen Gemaches. Eine Kiste enthält zwölf Flaschen Whisky. Sie sind sämtlich in einer Sitzung geleert worden! Nicht lärmend, singend oder schwatzend, sondern lautlos bei geschlossenen Thüren, wie Opium=raucher sich in einer Höhle ihrem Laster hingeben. Wenn sich hin und wieder die Thüre dieses Gelasses öffnete, so geschah es lediglich, um einen der Kumpane hinauszulassen, der den Sodawasservorrat ergänzen sollte. Sein Erscheinen wurde allmählich seltener, sein Gang schwerfälliger, sein Gesicht noch aufgedunsener als gewöhnlich, und endlich kündete ein schwerer Fall an, daß der letzte der Mohikaner sich seinen bereits umgefallenen Gefährten angeschlossen hatte. Er lag über der entleerten Kiste, und seine gemurmelten Ver=wünschungen galten der Machtlosigkeit, die letzte halbe Flasche, die seine Hand umkrampfte, zu leeren. Auch hier linderte das Kolorit des Khaki den Eindruck des Ekelhaften, indem es sich dem Ensemble von Stroh, Staub und umherliegenden Fetzen anschloß. Ich warf einen prüfenden Blick in diese Totenkammer, und vor meinem Auge erschien das Bild vom 24. Januar, mit der Regungslosigkeit seiner Gestalten auf Spionkop — die waren allerdings für eine längere Zeit kampfunfähig gemacht worden.

Auf dem freien Platze beim Polarhotel hauste in einem Zelte ein ähnliches Vierblatt. Sie gehörten eigentlich zu General Frenchs Kolonne. Als dieser von seiner Expedition von Standerton-Bethel etwas eiliger zurückkam, als den meisten verständlich war und es sich eigentlich für solch einen „Strafzug" geziemte, erklärten diese vier, daß sie der ewigen Herumzieherei satt wären, und zogen sich schmollend in ihr Zelt zurück. Alle Aufforderungen nützten nichts, viermal kamen Sergeanten, um sie zu überreden, und schließlich ein Offizier, dem sie erklärten, sie hätten die ewige Schererei nun satt und würden umziehen. Das thaten sie denn augenscheinlich auch, denn eines Tages war die Stelle leer, wo ihr Zelt gestanden, und ihr Wigwam prangte bald darauf in einem stilleren Viertel Pretorias.

An einer Ecke von St. Andrews Street befand sich ein Fahrradgeschäft; das vor der Thüre stehende Reklamerad veranlaßte einen schwankend des Weges kommenden Tommy, hinaufzuklimmen. Er erlitt eine schmähliche Niederlage, indem das Rad mit ihm durchging und ihn unsanft auf dem Straßenpflaster landete. Der Besitzer kam herausgestürzt und entrang dem Soldaten das bedrohte Eigentum. In demselben Augenblick kamen zwei Offiziere angetrabt, und der Soldat stolperte ihnen entgegen und fiel den Pferden in die Zügel. Was ihn hierzu bewogen haben mag, ist unersichtlich geblieben; es ist aber wohl anzunehmen, daß er die Offiziere um Beistand gegen den Civilisten angehen wollte oder in einer sozialistischen Anwandelung sich gleichberechtigt zum Gebrauch von Pferden glaubte, seit seine Beine ihren natürlichen Dienst versagten. Die

Offiziere waren hiermit aber entschieden nicht einverstanden, und der eine gab seinem Tier die Sporen, um den Soldaten abzuschütteln. Dieser aber hatte mit seinem ganzen Gewicht an das Zaumzeug sich aufgehängt und machte es dem Tier unmöglich, vorwärts zu gehen. Es entstand ein Ringen, und dann mochten die Opfer dieses unfreiwilligen Aufenthalts einsehen, daß sie auf diese Weise nicht weiterkämen. Als auch alles Zureden der britischen Bulldoggennatur gegenüber nichts fruchtete, sprang einer der Offiziere ab, gab seinem Kameraden die Zügel und begab sich nach der gegenüberliegenden Wache, um Hilfe zu requirieren. Dort hatte man den Vorgang mit einigem Vergnügen beobachtet, und mein Gewährsmann setzte seinen Weg fort, um Geschäfte zu erledigen. Als er auf seinem Rückgang wieder bei der Stelle vorbeikam, konnte er noch dem letzten Akt des kleinen Militärdramas beiwohnen, indem die beiden Pferde mit dem einsamen Reiter noch auf derselben Stelle standen. Im Inneren der Polizeistation herrschte ein gewaltiges Getöse. Plötzlich ertönte ein schwerer Fall — jedenfalls war der arme Tommy durch eine der hölzernen dünnen Zwischenwände gebrochen — dann wurde alles still, der Offizier kam heraus, schwang sich auf sein Rößlein und setzte mit seinem Kameraden die unterbrochene Reise fort.

Eines Tages war wieder einmal Parade, und die Truppen kamen in der gewohnten Verfassung, ohne Haltung, ohne Tritt und Richtung an uns vorbeigebummelt. Ich war deshalb ganz starr, als ein neben mir stehender Bekannter ausrief: "Sehen Sie! Sehen Sie! Was sagen Sie nun? Das ist doch ein Schauspiel, wie man es nicht alle Tage sieht; nicht wahr? Und gegen solche Gegner haben sich die Boeren vermessen, zu fechten," fügte er entrüstet hinzu, "es ist einfach lächerlich!" Die in Rede stehenden Truppen waren keine Freiwilligenbataillone, sondern Englands Garden übten hier Parademarsch, Coldstreams, Hochländer und andere, die bereits seit Jahren unter Waffen standen. Es war überhaupt keine Parade, sondern das beschleunigte Vorbeitreiben von Menschenreihen. Kein Tempo, keine Ordnung und eine erbärmliche Schützenfestmusik. Zu dieser Gelegenheit waren wohl neue Monturen und nagelneues Lederzeug verteilt worden; aber die wenigsten schienen es für nötig gehalten zu haben, Helme und Monturen zu putzen. Wenn bei solchen höchsten Feierlichkeiten im Soldatenleben keine Ordnung, Sauberkeit und Rücksichtnahme herrscht, was kann man dann im außerdienstlichen Leben von solchen Trägern der Uniform erwarten! Wer mit Tommy in — wenn auch noch so lose — Berührung getreten ist, fragt sich jedenfalls mit Verwunderung, was in dessen Äußern, seinen körperlichen oder seelischen Gaben so überwältigend sei, um die Affenliebe for the soldiers of the queen im Publikum zu zeitigen oder gar von einem Rudyard Kipling in einem ganzen Bande Poesie verherrlicht zu werden. Es war so absolut nichts

Militärisches in dem Heere, der ganze Apparat schien so unsicher, mangelhaft und haltlos, jeder einzelne Soldat so vernachlässigt, verwahrlost. Wenn die Boeren nach der Schlacht bei Colenso prahlten, sie seien nun das mächtigste Volk der Erde, und sogar Deutschland sende seine Offiziere, um die Kriegskunst von den Bauern zu lernen —, so sind das Schwächen, über die jeder vernünftige Mensch lächelt; wenn einen aber ein Engländer ganz ernsthaft zu überzeugen sucht, daß Großbritannien thatsächlich ganz Europa in Südafrika geschlagen habe, weil doch italienische, irische, deutsche, amerikanische und österreichische Korps von ihnen besiegt worden seien, dann kann man wirklich an seiner Zurechnungsfähigkeit zweifeln.

*

Es war für viele schwierig, eine Beschäftigung zu finden, und besonders von irgend welchem Verdienst konnte nur in den seltensten Fällen die Rede sein. Meine Thätigkeit beschränkte sich zunächst auf Privatkorrespondenz und Beiträge für Zeitungen, die allerdings durch die Zensur erheblich behindert wurden; dann aber bot sich mir ganz unerwarteter und erfreulicher Weise eine lukrativere und höchst ehrende Stellung. Der bisherige Hilfssekretär des deutschen Konsulats schied aus seinem Amt, und ich wurde an seine Stelle berufen. Was für den Fernstehenden durchaus nicht so bedeutungs=

voll erscheinen mag — ein Hilfsschreiberposten beim Konsulat — verlieh dem Inhaber zu jener unruhigen, wechselvollen Zeit eine nicht zu verachtende Ausnahmestellung. Von der lästigen Parole sofort befreit, erhielt ich vom Gouverneur noch ein persönliches Handschreiben und folgenden Geleitbrief: Inhaber dieses, Mitglied des Diplomatischen Korps, ist berechtigt, bei Tag und bei Nacht ungehindert zu passieren. Auch die nicht jedem Beliebigen zugestandene Erlaubnis, ein Fahrrad zu benutzen, wurde mir anstandslos bewilligt. Mein Gehalt bezifferte sich auf £ 16.0.0, und so sah sich der arme Exdynamitard und übel beleumundete Freischärler plötzlich rehabilitiert auf dem luftigen Gipfel von Würde und Unverletzlichkeit. Emporgehoben aus der Schar der beargwohnten, eingeschränkten, verdächtigten Menge figurierte ich als Second Secretary to the Imperial German Consulate in unangezweifelter Wichtigkeit. Mochten die Thüren vom Gouverneur oder Provost Marshall noch so sehr von der stundenlang geduldig wartenden Menge belagert sein, sobald ich erschien und der Ordonnanz meine Karte gab, hieß es nach wenig Augenblicken: Secretary to the German Consul. Please enter! und ich verschwand vor den Blicken des Platz machenden, wenig erbauten Publikums hinter den hohen Flügelthüren der Gouvernementsbureaux.

Und doch; welch Unterschied gegen früher, als ich in diesen selben Räumen sporenklirrend mit Karabiner und Bandelier mich bewegte in allen möglichen Auf=

trägen mit dem guten Recht und Gefühl des Bürgers der Republik. Tempi passati! Jetzt hieß es Privatgefühle zurückdrängen, um seiner Stellung gerecht zu werden, und in der That kann ich mit lebhafter Genugthuung und Befriedigung auf manchen kleinen Akt zurückblicken, den ich in Not befindlichen Personen infolge der neuen Konstellation der Dinge leisten konnte. Zu meinen Obliegenheiten gehörten auch die zeitweiligen Besuche im Gefangenen Camp, um etwaigen neutral Gebliebenen unter denselben den Beistand des Reiches zu vermitteln. Diese Visiten waren für meine alten Kameraden ein Ereignis und gestalteten sich für meine Boerenbekannten zu einer Quelle steten Wunders.

Meine Beschäftigung im Konsulat war eine äußerst angenehme und nahm die Vormittagsstunden von neun Uhr bis ein Uhr in Anspruch. Die Nachmittage hatte ich in der Hauptsache für „Ermittelungen" zu verwenden. Ich habe in dieser Zeit Einblicke in sonderbare Verhältnisse bekommen und wegen manches früher harsch gefällten Urteils dem Konsulat stillschweigende Abbitte geleistet. Du liebe Güte, was giebt es unter unsern Landsleuten aber auch für Menschen, und welche Anforderungen stellen diese an ihre heimatliche Behörde im Auslande! Es ist zu verstehen, daß beim Konsulat Erkundigungen nach vermißten Personen einlaufen, aber es geht wohl etwas weit, wenn Eltern, deren Tochter irgendwo in Pretoria Dienstmädchen ist, das Konsulat in Anspruch nehmen, um diese Tochter zu suchen und zum Schreiben zu veranlassen. Auf eine dieser Jungfrauen habe ich fünf Nachmittage Jagd gemacht. Ihre erste Dienstadresse war längst nicht mehr maßgebend, und die Spur, auf die ich mich nun stürzte, führte mich auf eine wahre Kette von Hotels, Privat- und Boardinghäuser, in denen sie gedient hatte oder vermutet wurde. Meine Informationen holte ich mir von verschiedenen chefs de la cuisine, von jeweiligen Dienstgenossinnen und Freundinnen und selbst von dem proverbialen „youngman" ohne irgendwelchen Erfolg. Meine Ermittelungen führten mich zu mehreren erstaunten Familien in gut situierten Stadtteilen, in die Souterraingeschosse öffentlicher Speiseanstalten, in alle möglichen und unmöglichen Lokalitäten, bis ich die Holde endlich in einem ungeahnten Küchenetablissement in der Nähe des Bahnhofs entdeckte. Es kam zur Aussprache zwischen uns, und ich erhielt das Versprechen, daß die junge Dame schreiben wollte, d. h. an ihre Angehörigen, und nahm hochbeglückt zwei Kabinettportraits für ihre Eltern in Empfang. Ich erbat mir noch eine Reichsmarke für Frankierung derselben und trat meinen Rückzug an.

Man wird zugeben müssen, daß derartige Angelegenheiten mehr in den Rahmen eines internationalen Detektivbureaus gehören, als in die Konsularthätigkeit des deutschen Reiches.

Ein junger Mann, der durch die Kriegswirren die Spur seiner Angebeteten verloren hatte, schrieb aus Teplitz und hetzte mich auf die Suche nach der

holländischen Jungfrau Jacoba. Ich fand nach andert=
halb Tagen deren Angehörige, aber nicht die Flamme
seines Herzens selbst. Zunächst wurde ich von der
Mutter und einer bedenklichen Schar von Schwestern
umringt und mit allerhand Fragen bestürmt, als ich
mich aber nach der jungen Dame näher erkundigte, um
ihre Adresse zu erfahren, wurde plötzlich der Herr des
Hauses kratzbürstig, indem er ein ärgerliches: „Selbst=
verständlich Adresse des Vaters — meine Adresse" laut
werden ließ. Er brummte noch etwas wie „Techtel=
mechtel" und „wäre noch schöner" in den Bart, und
ich zog mich diskret zurück. In dieselbe Löwenhöhle
mußte ich mich dann noch zweier Koffer wegen wagen,
die von entwichenen Transvaalkriegern aus der Heimat
requiriert wurden. Da diese Pfandobjekte nur gegen
Zahlung von £ 2.0.0. ausgeliefert werden sollten,
welche Lagerspesen ich dem Mann, nebenbei gesagt, gar
nicht verdenken kann, hörten wir nichts wieder über
diesen Gegenstand. Denn £ 2.0.0 sind bekanntlich
vierzig Mark.

Derartige Effektenbehelligungen kamen verschiedent=
lich vor, und dieselben legen ein trauriges Zeichen von
deutscher Kleinlichkeit ab. Erst steuern diese jungen
Leute auf der letzten Schiffbruchsplanke nach Südafrika,
nehmen eine miserable Reiseausstattung und die un=
nötigsten Dinge über den Ozean mit sich; leben, bevor
sie an die Front gehen, in Pretoria flott, bis der aller=
letzte Heller fort ist; lassen die Überbleibsel ihrer trau=

rigen Habe irgendwo stehen; reisen, wie die Sache schief zu gehen scheint, Hals über Kopf mit der „Styria" ab; verschwenden Portospesen nach dem Land ihrer Fahnenflucht; behelligen das Konsulat mit dem Ansinnen, ihre Angelegenheiten zu ordnen; jagen dessen Angestellte auf zeitraubende, unliebsame Fährten und sind verwundert, wenn der Bewahrer ihres Eigentums Lagergeld beansprucht. Was für ein Schund in diesen reklamierten Sachen enthalten war, kann nur der beurteilen, der es gesehen hat, und ich habe einiges davon inspiziert. Die Koffer eines Offiziers wurden offiziell geöffnet und enthielten einen Haufen schmutziger Wäsche, ein paar sehr schäbige Civilsachen und ein Paar funkelnagelneue — Lackstiefel in weichen, hirschledernen Futteralen. Sonst nichts; absolut nichts von jenen kleinen Gegenständen, die jeder Reisende besseren Standes in Gestalt von Kragenschachteln, Bürstenbehältern, Toilettenrequisiten, an Büchern oder ähnlichem meist mit sich führt. Ein anderer hatte den Inhalt seiner zwei Koffer generös an bedürftige Deutsche vermacht mit Ausnahme einer Krawattennadel, die das Konsulat ihm schicken sollte. Diese Sachen waren beim Spediteur. Der Brief war so schwungvoll und souverain geschrieben, daß wir unwillkürlich unter den größten und elegantesten Koffern Umschau hielten, bis wir endlich zwei ganz ruppige, unverschlossene, mit einem Strick zusammengebundene Handkoffer mit dem betreffenden Namen fanden. Der Inhalt entsprach dem Äußeren, und der Spediteur sagte, er werde sich schön hüten, die Krawattennadel als den einzigen Wertgegenstand des ganzen Krempels herauszugeben. Die Sachen würden nächstens durch öffentliche Auktion verkauft werden.

Derartige Anfragen kamen von Militär- und Civilpersonen, von Ambulanzangestellten des „roten Kreuz" und anderen und raubten mir einen beträchtlichen Teil meiner Bureauzeit. Meine Ermittelungswege hatten aber auch dankbare Seiten. Sie brachten mich in mancherlei interessante Situationen, machten mich mit den verschiedensten Verhältnissen bekannt und ließen mir manches begegnen, das sonst nicht in meinen Weg gefallen wäre. Heiteres und Trauriges wechselten hierin miteinander ab, obgleich das Letztere leider vorherrschte, wie es gerade in den Rahmen der damaligen Zeit paßte. Die Schreckensherrschaft der drastic measures hatte begonnen, und wenn dies im Weichbild der Stadt auch weniger auffiel, sandte uns das Land doch häufig beredte Zeugen der Geschehnisse außen. Soweit deutsche Familien hiervon in Mitleidenschaft gezogen waren, konnte das Konsulat häufig helfend einschreiten und für deren Unterkommen in angemessener Weise sorgen. Das deutsche Konsulat stand vor allen anderen in respektvollem Ansehen, was der damaligen Politik des Kaisers, hauptsächlich aber auch dem umsichtigen, energischen Einfluß von Konsul Biermanns Persönlichkeit zuzuschreiben war. Mancher Hilfeschrei kam an das

Konsulat aus dem Camp, Charge Office, den Hospitälern oder gar Gefängnissen, oft nur in Gestalt einer gekritzelten Bleistiftnote, und meist konnte den Betreffenden auf die eine oder andere Art geholfen werden. Geradezu erstaunlich war der Andrang des deutschen Publikums nach Neutralitätsbescheinigungen, und mit Verwunderung konstatierte ich die Thatsache, daß ich zum ersten Mal in meinem ganzen Wanderleben über See die deutsche Sache in wirklich erhebender, kerniger deutscher Weise durchgeführt sah.

Daß das Konsulat einen Hilfsschreiber beschäftigte, lag nicht allein an der ungewöhnlich regen Thätigkeit, die damals gerade herrschte, sondern wurde auch durch den Umstand bedingt, daß der etatsmäßige Konsulatssekretär auf Urlaub in Europa weilte. Nun stand dessen Rückkehr vor der Thür, und damit näherte sich meine nahezu dreimonatige Thätigkeit ihrem Ende. Dieser Umstand war gleichbedeutend mit meinem Abschied von Pretoria. Der enge Kreis der eingeschlossenen Stadt; das Versteckspielen und Faustmachen in der Tasche; das permanente Niederkämpfen und Verbergen seiner wahren Gefühle; die Schatten des Todes, die sich in jedem Pfiff der Lokomotiven, den langen Zügen der Ambulanzwagen, dem Anblick der sich stets weiter ausbreitenden Hospitälern und Prozessionen nach dem Kirchhof unausbleiblich darstellten, waren nicht nach meinem Geschmack. Auch behagte es mir nicht, von meinem Piedestal herabzusteigen, meine Privilegien aufzugeben und abermals ein zweifelhaftes, schutzloses Dasein zu fristen. Es war zwar schwierig, einen Auslandspaß zu erhalten, aber die Vorteile meiner jüngsten Stellung ebneten auch hier meinen Weg, indem der Gouverneur Pretorias, Herr General Maxwell mich nach einer persönlichen Unterhaltung von allen Verpflichtungen befreite und mir einen sehr zufriedenstellenden Reisepaß nach den Vereinigten Staaten ausstellen ließ. Fremd war ich nach Pretoria gekommen und eine Heimat ließ ich jetzt zurück. Ich ging eigentlich schweren Herzens, da mir in seinen Mauern viel Gutes widerfahren war und mir noch zu guterletzt unverdiente Beweise von Wertschätzung und Freundschaft zu teil wurden. Am vorletzten Tag speiste ich noch einmal mit Herrn Dr. Schmitz-Dumont, dem Bruder unseres gefallenen Kameraden, zusammen und war am Abschiedsabend Gast des zurückgekehrten Konsulatssekretärs in den festlichen Räumen des Grand-Hotel. Dem niederländischen Generalkonsul konnte ich für mancherlei Beweise seines Interesses für mich und seiner Gattin für eine Einführung an ihre Familie in New-York danken. Kammeyer und sein Chef Herr Delfos hatten mir ein farewell tiffin zugedacht und mehrere Parteien thaten ihr Möglichstes mit mir hinsichtlich der Abschiedsdrinks. Ich begab mich in den Klub zurück, in dem ich während der letzten Wochen mein Quartier aufgeschlagen hatte, rollte meine Wolldecken zusammen und schnürte mein Bündel. Dann nahm ich Abschied von der Bude, und der getreuliche Klubboy „Piet" brachte meine Sachen auf die Bahn.

*

Ohne einen Paß der Militärbehörden war es Civilpersonen nicht gestattet, den Pretoriabahnhof zu betreten. Infolgedessen trug der Verkehr daselbst einen rein militärischen Charakter. Private Reisende sah man nur vereinzelt, und das schaulustige Publikum, das sonst kleine Stationen zu bevölkern pflegt, fehlte gänzlich. Selbst wenn die Bewohnerschaft Pretorias nicht so dezimiert gewesen wäre, als sie in der That war, und die Vorschriften nicht so streng, zweifle ich doch, daß sich viele jener Bahnsteigsmüßiggänger eingefunden hätten. Denn die Station machte einen ungeordneten, zweifelhaften, wenig vertrauenerweckenden Eindruck. Auf den weniger benutzten Geleisen trauerten ganze Reihen zerstörter Maschinen und ausrangierter, verstaubter Waggons. Das war kein erhebender Anblick und erfüllte besonders den sich rüstenden Passagier mit trüben Ahnungen und ominösen Vermutungen. Selbst die mit Truppen angefüllten Züge waren nicht dazu angethan, einer schaulustigen Menge dankbare Unterhaltung zu bieten. Die Soldaten machten meist den Eindruck eines abgehetzten, mit Widerwillen zusammengetriebenen Menschenmaterials, das den herkömmlichen Begriff einer frohen Soldateska empfindlich Lügen strafte.

Ein richtiger Passagierzug mit Wagen verschiedener

Klassen ging nur einmal täglich und zwar um sechs Uhr morgens ab. Alle übrigen Züge bestanden aus Güterwagen und liefen anscheinend nicht fahrplanmäßig, sondern wie ihre Dienste eben gerade erforderlich waren. Das Besorgen der Fahrkarten war nicht ganz einfach. Dieselben mußten vorher im Permit Offize nachgesucht und im Gouvernementsgebäude erhoben werden und wurden am Reisetage vom Schalterbeamten nur gegen eine Ordre vom Offizier vom Bahnhofsdienst verabfolgt. Außerdem wurde am Waggon noch einmal der Paß visiert, die Fahrkarte besichtigt, der Name notiert, und einem dann ein Platz angewiesen.

Wie dem aus dem Camp Entlassenen seine bisherigen Leidensgenossen sehnsüchtig nachschauten, so war der von Pretoria Scheidende ein Gegenstand heimlichen Neides von seiten der Zurückbleibenden. Denn obwohl es ja im allgemeinen jedem mit Mitteln Versehenen unbenommen war, den Platz zu verlassen, entschlossen sich doch nur wenige zu dem Schritt freiwillig, da die Rückkehr unmöglich war. Viele hofften von Tag zu Tag, den Frieden eintreten zu sehen und wollten dann gleich zur Hand sein; andere hielt die schwerwiegende Frage des „wohin?" von diesem Schritt ab. Nichtsdestoweniger sehnte sich wohl jeder aus den unerquicklichen Verhältnissen fort, und ich persönlich hatte, wenn ich jemandem das Geleit zur Bahn gegeben hatte und meine Freunde glücklich abdampfen sah, das Gefühl, als ob die Thore zur Freiheit mit ehernem

Klang vor mir zugeschmettert wurden, und mißgestimmt trat ich jedesmal meinen einsamen Rückweg an.

Wie froh war ich daher, als ich endlich fühlte, daß wir in Bewegung waren, als die Häuser Pretorias entschwanden, Fountain Grove zurückblieb und der Zug die steile Bank hinanging, die mir noch von meiner Stokerkarriere her in gutem Andenken war. Es war, als ob das Leben einem neu geschenkt worden, als ob man seit Gott weiß welcher Zeit in keinem Eisenbahnzug mehr gesessen hätte und der schöne Morgen eigens für diese Reise gemacht sei. Ich war in den verflossenen Wochen und Monaten doch keineswegs, wenigstens den herrschenden Umständen nach, beschränkt worden, aber es war mir dennoch, als ob ich jahrelanger Haft ent= ronnen sei. Man beobachtet in solchem Augenblick die unbedeutendsten Erscheinungen und freut sich über alles. Der Blick wandert entzückt über die weiten, welligen Grasflächen, und man nickt thatsächlich den langen Halmen vergnügt zu, die sich mit Tautropfen be= laden gravitätisch in dem Morgenwind verbeugen. Mich belustigten die Reihen kleiner Vögel auf dem Telegraphendraht und dann wanderten meine Blicke nachdenklich bis an die in weiter Ferne sich abzeichnenden Hügelketten. Wo dieselben sich am Horizonte abhoben, blieb mein Auge sinnend hängen, ob sich wohl die Silhouetten einiger Boeren zeigen würden. Dann wurde meine Aufmerksamkeit auf die zum Schutz des Bahn= körpers getroffenen Sicherheitsmaßregeln gelenkt. Die=

selben bestanden aus Laufgräben und davor befindlichen Sandwällen mit Schießscharten. Der hierfür verwendete Sand war teilweise lose aufgeschüttet und zum Teil in Säcke, beziehungsweise Kisten gefüllt. Je weiter wir kamen, desto stärker wurden die Befestigungen, bis endlich jeder kleine Terrainübergang eine Schanze war, jeder Brückenkopf eine Bastion und die Stationen veritable Festungen. Die Bewachungsmannschaften hausten in Erdlöchern, das sie umgebende Terrain war mit Stacheldraht überspannt, und die Beobachtung geschah von kleinen Erhöhungen aus.

Unsere Fahrt verlief glatt und ohne verzögernden Aufenthalt bis Greylingstad. Dort hatte gerade eine „kleine Betriebsstörung" stattgefunden, und wir konnten uns noch die Überbleibsel des entgleisten, zerschmetterten und teilweise verbrannten Zuges ansehen. Nach einigen Stunden war die Bahn wieder frei, und wir konnten unsere Reise fortsetzen. Meine Reisegesellschaft bestand aus einem nach Kapstadt reisenden Juden namens Mr. Morris alias Moritz Herschkowitz, der sich zwischen all dem Militär nicht sehr heimisch zu fühlen schien. Ich glaube, wir waren die einzigen Civilpersonen in dem ganzen Zug. Wir passierten Standerton, ließen am Spätnachmittag die gigantischen Umrisse des Kopje Alleen hinter uns, fuhren in einer Kurve um Paardekop herum und schlängelten uns in einer bedenklichen Gangart nach Zandspruit hinunter. Ich flehte im stillen zu den lieben Heiligen, daß sie uns auf dieser dreiviertelstundenlangen

Thalwärtsstrecke keine „Betriebsstörung" bescheren möch=
ten, denn wenn ich an jene Fahrt denke, an der uns
einmal gerade hier Vacuum= und Handbremse versagten,
stehen mir noch heute die Haare zu Berge. Meinen
Mitpassagieren schien die Sache auch nicht recht geheuer,
und Morris rutschte angstvoll hin und her. Er spähte
zeitweilig bald durch das eine, bald durch das andere
Fenster, ohne aus den an uns phantastisch vorbeirasenden
Felspartieen und jähen Abfällen rechten Trost zu schöpfen.
Von diesen Beobachtungen wurde er zuweilen von der
schlenkernden Bewegung des Zuges unsanft auf seinen
Sitz zurückgeschleudert, und dann schienen seine Blicke
sich beschwörend und hilfeheischend auf mich zu richten.
Diesen Umstand konnte ich indessen mehr instinktiv fühlen,
als an seinen unsicheren Umrissen erkennen, da wir ganz
im Dunklen saßen. Es war streng verboten, Licht an=
zuzünden, um dem Feind kein Ziel zu bieten, und es
hatte außerdem kaum dieses Verbotes bedurft, da man
bei dem Tempo des Zuges gar nicht daran denken
konnte, eine Kerze brennend zu erhalten. Endlich kamen
wir in Volksrust an, und Morris stieß einen vernehm=
lichen Seufzer der Erleichterung aus, als ich ihm mit=
teilte, daß wir die Grenze von Natal überschritten
hätten und eine Katastrophe kaum mehr zu befürchten
sei. Wir fuhren dann auch in einem ungestörten Ruck
bis New Castle durch, wo der Zug den Rest der Nacht
über verweilte und uns in der Frühe Gelegenheit gab,
uns zu waschen, Kakao zu bereiten und sonst für unser

leibliches Wohl zu sorgen. Um acht Uhr hieß es „Umsteigen", und dann ging es in einem vollgepfropften, überfüllten Abteil weiter, während sich mit jeder Stunde das blühende Landschaftsbild Natals verschönte, um endlich in dem Berggewirr von Pietermaritzburg seinen Kulminationspunkt zu erreichen. Noch waren wir aber nicht so weit. Zunächst hatten Glancoe, Dundee, Elandslaagte, Modderspruit und Ladysmith ein gewichtiges Wörtchen mitzusprechen. Wie ganz anders sah es hier für uns vor einem Jahre aus! Vor unseren leibhaftigen Augen hatte sich hier ein Stückchen Weltgeschichte abgespielt, und zu diesen Stätten pilgerten neugierige Touristen jetzt zu demselben Zweck, der uns gelegentlich nach St. Privat, Trautenau oder Düppel führt. Mehr zu meinem eigenen Vergnügen als zur Unterhaltung der übrigen nannte ich die verschiedenen Plätze in dem mir vertrauten Terrain, wo wir Halt gemacht oder eine Spruit gekreuzt, Wagenkolonnen geleitet, Fouragierzüge unternommen oder uns sonstwie bethätigt hatten. Allerdings kam einem vieles fremdartig vor und bedurfte beträchtlicher Orientierung, da wir uns nie sonderlich um den Bahnstrang gekümmert, sondern das Feld unserer Thätigkeit mehr abseits gesucht hatten. Ich erkannte aber doch einige Stationen wieder, die Ambulanzzwecken gedient hatten, und fand mich plötzlich jener Stelle gegenüber, wo der famose Damm gebaut worden war, um Ladysmith zu ersäufen. Die Stadt selbst wies nicht die geringsten Spuren der ausgestandenen Belagerung auf, und in der That versichern die gleich nach der Befreiung eingerittenen Truppen, daß sie erstaunt gewesen seien, den Ort so gut erhalten zu sehen, den sie einen formlosen Trümmerhaufen wähnten.

Wir passierten Pieters, wo Kammeyer, Middelberg und ich jene denkwürdigen Erlebnisse hatten, ich erblickte weitab auf der luftigen Höhe des Passes die winzigen Umrisse des Kaffernkraals, des Maisfelds und der großen Bäume, unter denen meine Zelte gestanden, und dann passierten wir am Tugela die Höhen, an denen das Gefecht getobt hatte. Die Stelle, wo Oberst von Braun und von Brüsewitz Zelt sich befunden, war natürlich leer, von Kammeyers Zimmerplatz war keine Spur mehr, die Drahtseilbahn und Fähre waren verschwunden, und der ehrwürdige Tugela wälzte seine Wassermassen so ruhig und beschaulich, als ob an seinen schilfbewachsenen Ufern sich niemals Nennenswertes zugetragen. Und dennoch sind gerade hier Ströme von Blut geflossen von Dingaans Ära bis auf den heutigen Tag. Wohl niemals allerdings so reichlich als in der jüngsten Vergangenheit: die Gegend war mit Grabsteinen besät, die den Pfad bis Cheveley in beredter Weise kennzeichnen. Gräber auf den Hügeln und Gräber in den moosigen Gründen. Grabsteine aus Marmor, Granit, aus Blech und Holz erheben sich über den letzten Ruhestätten der Gefallenen, die vereinzelt in der Ebene liegen oder sich zu kleinen Gruppen zusammen=

geschmiegt haben, als hätten die dort Ruhenden sich aneinandergeschlossen, um in stiller Beratung sich über ihre Heimatlosigkeit in dieser fremden Erde zu trösten. Ein Denkmal zeichnet sich besonders aus durch die schneeige Weiße des Marmors und seine bevorzugte Lage. Dort ruht Lord Roberts einziger Sohn. In den sich östlich längs des Tugela auftürmenden Steinkolossen der Drakenberge konnte meine Phantasie wohl den Spionkop zeichnen, sehen konnte man ihn nicht. Aber meine Gedanken flogen hinüber und weilten bei jenem Abend mit seinen Schrecken, dem wechselnden Waffenglück, dem opferreichen Sieg der Transvaaler und dem Heldentod von Brüsewitz und Schmitz-Dumont...

Wenn man in den Vormittagsstunden den öden und unfruchtbaren Teil Natals in ewig dünkenden, ermüdenden Meilen passiert hat, wird man für den Rest des Tages durch die sich stets steigernde Anmut der Szenerie entschädigt, die dieser kleinen Provinz den Namen Gartenkolonie gegeben hat. Leider wurden die Genüsse der Natur bei mir durch den unvorsichtigen Genuß eines zweifelhaften Stückes Käse aus Morris' Mundvorrat beeinträchtigt, da mir mit einem Mal kreuzelend wurde. Die Luft in unserem Abteil war auch nicht gerade frühlingsmäßig, da wir auf jeder Seite zu sechs saßen. Khaki und Civil bunt durcheinander, und aus dem dichten Tabaksqualm der kurzen Pfeifen sah man nur in Zwischenräumen das in unserer Mitte aufgetürmte Gepäck undeutlich auftauchen. Begreiflicher-

weise geht es in Militärzügen nicht sehr raum=
verschwenderisch zu. Außerdem waren die Fenster
hermetisch verschlossen, da ein wolkenbruchartiger Regen
niederprasselte, und so kann man sich meine Lage einiger=
maßen ausmalen. Ich bemeisterte meine Gefühle, so
gut ich konnte, dann wars mir aber plötzlich, als ob
ich seekrank würde, und mit affenartiger Behendigkeit
voltigierte ich, soweit dies mein jammervoller Zustand
erlaubte, in das Nebenkabinet.

Ich fühlte mich bedeutend erleichtert, als ich zurück=
kehrte und wir nun die graziösen Biegungen bei Town
Bush Valley hinunterfuhren und war völlig mit meinem
herben Geschick ausgesöhnt, als ich in Pietermaritzburg
auf dem Bahnsteig umherwandeln konnte. Als ich an
dem Zug auf= und abschlenderte, bemerkte ich, wie
jemand aus einem Abteil mich jedesmal anstarrte und
mir nachsah, solange es ohne Halsverrenkung möglich
war. Da ich fürchtete, der junge Mann könnte bei dem
beängstigenden Sich=hinaus=biegen aus dem Fenster fallen
und sich Schaden thun, trat ich heran und fragte, ob
er irgend etwas auf dem Herzen habe. Es stellte sich
heraus, daß es ein gewisser Schmidt war, mit dem ich
in Pretoria zufällig bekannt geworden war. Als Morris
und ich endlich aufatmend doch verwaist inmitten der
Trümmer unserer Habe auf dem taghell erleuchteten
Bahnhof Durbans standen, gesellte sich der von der
Menschenmenge etwas verängstigte Herr Schmidt zu
uns, und ich dirigierte den mit unserem gemeinsamen

Gepäck beladenen Rickscha nach dem Bencorum=Hotel. Wir selbst schwangen uns in einen zweiten Streitwagen und folgten unseren Sachen auf den Fersen. Wir konnten deren stete Anwesenheit mehr dem Klingeln und dem Schnaufen des Kassern entnehmen, als aus dem Anblick des Fahrzeuges selbst, das durch die Dunkelheit unsern Augen entzogen blieb und nur im zeitweiligen Schein einer Laterne sein klatschnasses Verdeck spiegelte. Es war ein unwirtlicher Abend. Der Wind fegte in heftigen Stößen die West Street entlang und trieb uns zeitweilige Schauer von Regen ins Gesicht. Unsere Rickscha hatte nur eine mangelhafte Schließvorrichtung, und so kamen wir ziemlich feucht vor unserm Quartier an. Aber was wollte das sagen angesichts der That= sache, am Ziel zu sein, umschmeichelt von der warmen Küstenluft, im Gefühl der Freiheit und der Gewißheit einer Lagerstatt auf festem Grund und Boden nach solcher Reise. Ich eilte die Terrassen zu dem auf einem Hügel gelegenen Bencorum hinauf, um Quartier zu machen, und meine Reisegefährten besorgten inzwischen das Feilschen mit den Rickschakulis. Nachdem wir uns restauriert, nahmen wir aus den Überbleibseln unserer Mundvorräte noch ein höchst fideles Nachtmahl ein. Ich ließ mich nicht wieder durch Morris' Käse vergiften und erwachte dann auch am Morgen sehr erfrischt von einer stärkenden Nachtruhe. Allerdings war es noch sehr früh, als ich mich erhob, und so benutzte ich die allseitig herrschende Ruhe zu einem kleinen Morgen=

spaziergang und der beschaulichen Zurechtlegung eines Schlachtplans für den bevorstehenden Tag. Das Wetter war besser geworden, die Luft war balsamisch, und mein Blick schweifte befriedigt über die dichten Kronen der Bäume, als ich mich nach beendigtem Morgenausflug auf einem der Verandasitze niederließ.

Wir schlenderten dann gemächlich die Addington Road hinauf und bogen in die West Street ein, um uns einem Haarkünstler anzuvertrauen. Dann inspizierten wir die ziemlich ruppige Markthalle und gingen auf den Bahnhof, um uns nach unseren großen Gepäckstücken umzusehen. Dieselben waren in New=Castle stehen geblieben, vielleicht auch nach Bloemfontain oder Kimberley gegangen, wer konnte das in dieser Zeit mit Bestimmtheit sagen, meinte achselzuckend der Bahnbeamte, und wir ließen uns auf ein paar der umherstehenden Reiseeffekten nieder, um unser herbes Los zu betrauern. Mein Schmerz war allerdings nur oberflächlich und diente mehr als Bemäntelung meines geheimen Studiums der beiden anderen in ihrem Kummer. Ich gab unsere Sachen natürlich auch verloren, wenn man aber in ein paar Monaten Haus und Hof, Kleider, Freiheit und Existenzberechtigung verliert, kommt es auf etwas mehr oder weniger nicht mehr an. Meine Wolldecken hatte ich übrigens ja in Sicherheit auf meiner Bude, wenn sie dort inzwischen nicht gestohlen waren, also warum klagen? Da den anderen aber nicht so vorbereitende, lindernde Erfahrungen zur Seite standen, so jammerte Morris über alle Gegenstände einzeln, die er an den Fingern herzählte, und der andere nahm die Sache en gros, schimpfte auf die liederliche Bahnverwaltung, murmelte etwas von „Beschwerdebuch", von „doch gar zu toll" und „hört alles auf", und es fielen überhaupt von beiden Seiten solche Epitheta, daß ich es angesichts der herrschen Kriegsgesetze für besser hielt, mit beiden zu einem nahen Café zu ziehen, um ihrem Kummer bei einer weiteren Auflage diesmal vortrefflichen Thees den ersten heftigen Schmerz zu benehmen.

*

Ein Umstand, der einem in Südafrika auffällt und viel zum Heimatsgefühl des einzelnen beiträgt, ist das stete Wiederzusammentreffen von Bekannten an den unerwartetsten Punkten der weiten Halbinsel. Man hat sich vielleicht in Salisbury zum letzten Mal gesehen und trifft sich unvermutet in irgend einem kleinen Flecken der Kapkolonie wieder, wohin keiner von beiden damals die Absicht hatte zu gehen. Ungefähr als ob ein Berliner einen Bekannten in Bukarest trifft, den er zufällig in Stockholm etwa kennen gelernt hat. Nur, daß einen hier meist ein festeres Band verbindet, als es bei der Menschenfülle Europas möglich ist. Als ich eines Tages dem Hafen zubummelte, der mich mit seinem regen Quaileben heute noch ebenso anlockt, wie damals, als es mich zum Packen meines Schulränzels veranlaßte, um nach Indianerländern durchzubrennen, kam mir aus de Waals Office plötzlich ein junger Mensch nachgestürzt:

„Halloh, Halloh! Mister Brown — J say — Mister Brown — — is it really you? How d'ye do — how d'ye do — the old man is also here — up at the Head Office you know..."

„Oh, is he? —" sagte ich, gedankenvoll und aufmerksam den aufgeschossenen Jüngling musternd. Ich fand diesen unerwarteten Aufschluß über seine Familienangelegenheiten sehr nett von dem jungen Mann, aber ich hätte ebenso gern gewußt, in welcher Beziehung ich eigentlich zu demselben stand. Vergeblich zermarterte ich mein armes Hirn, wohin ich diesen neuen, alten Bekannten zu plazieren hatte und sagte dann, um meinem Gedächtnis eine Galgenfrist zu verschaffen: „So, he is well the old gentleman — is he? — J am so glad — and how is he getting on, in Durban? — —"

„Allright, thank you. Since we left Crisp and Badock in Secoecoeniland...."

‚Ah, young Ayre!' rief mein Gedächtnis jetzt vorwurfsvoll und so selbstverständlich, als ob zwanzig Monate in diesem Durcheinander nichts bedeuteten, und soviel Zeit war sicher seit jenem Abend verstrichen, als in Lydenburg zwei müde Wanderer vom hohen Norden vorsprachen, die sich als Messrs. Ayre senior and junior entpuppten. An der sich jetzt in seinem Gesicht unverhohlen spiegelnden Freude merkte ich deutlich, daß jene

Tage der Rast und Erholung, die ich den Erschöpften damals in Limomanis gewährt hatte, noch frisch in seiner Erinnerung waren. Die Lappalie war nicht des Erwähnens wert, aber auch der Alte, den ich später traf, begegnete mir in so rücksichtsvoller, erkenntlicher Weise, daß ich zu dem Schluß kam, ihnen damals wirklich einen kleinen Dienst erwiesen zu haben. Ich müßte ein hartgesottener Heuchler sein, wenn ich nicht zugäbe, daß mir diese respektvolle Begegnung nicht äußerst wohlthat und mich sehr sympathisch berührte. Selbst wenn man einen weniger nüancierten Bockbart besitzt, wird man in diesen Tagen mit Mißtrauen und Argwohn beobachtet und wenn man noch außerdem aus dem Zustand einiger Beliebtheit und Vertrauensschenkung plötzlich auf die Stufe des rechtlosen Gefangenen gesetzt wird und soweit man auch flieht, sich nur geduldet und beobachtet fühlt — dann ist es in der That erfrischend, jemanden einen Point daraus machen zu sehen: Ja, ich kenne diesen Mann; ich war mit ihm bekannt in seiner Heimat, wo er anerkannt und geachtet ist, Haus und Hof sein eigen nennt und sich nicht besann, mir Gastfreundschaft zu erweisen, als ich müde und bestaubt mit dem Bündel auf dem Rücken anlangte.

Übrigens war dies nicht meine einzige Bekanntschaftserneuerung. „Now then, Lydenburg!" — tönte es in Ermangelung meines Namens aus dem Gewirr beim Central=Hotel an mein Ohr. Über verschiedene krummnasige und rosa Whiskyhäupter hinweg, winkte

mir ein kleiner, lebhafter Mann im bookmaker Ex=
terieur.

„How are you?" rief ich durchs Gedränge,
während er sich einen Weg zu mir bahnte. Die
Plazierung dieses Herrn machte mir ähnliche Schwierig=
keiten wie young Ayres. Eigentlich lagen die Verhält=
nisse hier noch verzwickter, indem ich von diesem „Be=
kannten" absolut keinen Namen wußte, nie gewußt habe
und wahrscheinlich nie erfahren werde. Es stellte sich
heraus, daß wir vor fünf Jahren in Lourenço Marques
eine Rickschafahrt nach Rubens Point gemacht hatten,
wobei ich erfuhr, daß er der Sohn eines Riesenkneipen=
besitzers in London sei. Ich sah ihn dann in Lydenburg
gelegentlich einer Boxtournee wieder, die er mit dem
Preisfechter Mac Auliffe und Jack, dem „König der
Trainer" unternommen hatte. Heute stand er nun
wieder vor mir und that die nicht ganz unzeitgemäße
Frage, ob wir unsere jahrelange Bekanntschaft nicht
mit einem drink auffrischen wollten. Das Central=
Hotel hat sich seit der Zeit, als ich in seinen Hallen
meine Kuriositäten feilhielt, beträchtlich verändert. Das
Ganze ist ausgebaut. Eine geräumige Veranda und
noch drei geräumigere Bars sichern jetzt dem Besucher
jene Kühle, deren er in diesem schwülen Nest unbedingt
bedarf, und richtig — da stand auch Mr. Sykes, der
glückliche Besitzer all der Herrlichkeit. Er kannte mich
nicht mehr, den Kuriositäten=Karussell= und Maschinen=
onkel, oder wenn er mich erkannte, hatte er es nicht

mehr nötig, ehemalige Gäste des Hotels zu kennen. Er hatte ja in der Pferdelotterie gewonnen, besaß eine Privatvilla in der sonnigen Berea und gab anscheinend jetzt gerade eben „tips" für die nächsten Rennen an drei oder vier sportkostümierte Herren, die ihn umringten und seinen gestikulierten Belehrungen wie der Gabe des Evangeliums lauschten. Wir gossen den schottischen Spiritus mit Wasser und manchen guten Wünschen für die Zukunft hinunter und trennten uns mit dem Gefühl der Verwunderung, wo das Geschick uns nächstens wohl zusammenführen würde.

Zwei Tage vor meiner Abfahrt sauste mein alter Pretoriabekannter van Haas in einem Streitwagen an mir vorüber. Er erkannte mich, winkte herüber, machte allerlei geheimnisvolle Zeichen, stieg schließlich aus und zog mich am Jackettknopf nach einer in der Nähe liegenden Bar. Soweit hatte er noch kein Wort gesprochen, nur seinem Gefährten, einem Italiener, gewinkt und that nun zum erstenmal seinen Mund auf, indem er sagte: „Was trinken Sie?" — Ich war diesem Gebahren mit Verwunderung gefolgt und that die naheliegende Frage, ob es in seinem Oberstübchen rappelte oder sonst etwas mit ihm verkehrt sei. Er zog die Augenbrauen beschwichtigend in die Höhe, legte den Finger auf den Mund, sah sich prüfend um, sagte „Prost" und trank seinen drink aus. Ich war seinen Augen gefolgt, hatte auch die Augenbrauen emporgezogen, meinen Mund gespitzt, Prost gesagt, ausgetrunken und

folgte ihm auf den Fersen, als er sich nach erfolgter
Bezahlung eiligst wieder entfernte. Draußen angelangt
kriegte ich ihn sanft beim Rockkragen, schüttelte ihn ein
paarmal hin und her, drehte ihn zweimal um, hielt
ihn dann plötzlich mit einem Ruck in einiger Entfernung
von mir und fragte ihn, ob er mir nun endlich sagen
wolle, was mit ihm los sei. Nachdem er sich nochmals
ängstlich umgeschaut, hielt er es für gut, zu antworten
und stieß erregt hervor: „Ich bin in Pretoria verhaftet
worden — man hat uns beide ausgewiesen — aufs
strengste verboten, mit irgend jemand ein Wort zu
wechseln und überhaupt nur das Nötigste zu sprechen,
ich werde beständig überwacht — — —"

„Weiter nichts? Sie alter Hasenfuß!" sagte ich
enttäuscht. „Ich dachte mindestens, Sie wären irgend
einem interessanten Abenteuer auf der Fährte oder sonst
irgendwie mit einem ganz besonderen Erlebnis verknüpft."

Ich ließ ihn los und fand ihn zu meiner Ver=
wunderung auf der „Galician" wieder, wo er mich
obenein noch anpumpte. Auf diesem Schiff, mit dem
ich meine Fahrt nach dem Kap bewerkstelligte, traf ich
unverhofft zwei Reisekollegen, einen norwegischen Arzt
und einen französischen Reisenden, mit denen ich vor
fünf Jahren auf der „Ville de Pernambuco" nach
Europa versegelt war. Meine Eisenbahnbekanntschaften
Morris und Schmidt waren beide schon vor mir ab=
gereist; der eine nach Deutsch=Ost=Afrika und der andere
nach dem Kap.

Am 28. Februar ging mein Dampfer ab. Es befand sich eine ganz nette Reisegesellschaft an Bord, und wir hatten eine sehr angenehme Fahrt. In der letzten Nacht passierten wir dichten Nebel, und als ich frühzeitig das Deck betrat, saßen die Damen in allen möglichen Toiletten noch ziemlich verstört umher und erkundigten sich, was ich mir gedacht hätte, als das Nebelhorn so entsetzlich blies. Ich mußte der Wahrheit gemäß versichern, daß ich mir gar nichts gedacht hatte; ich hatte in der That nichts von dem ganzen Ohrenschmaus vernommen, denn wenn ich schlafe, weckt mich so leicht nichts auf. Als ich hingegen mich erkundigte, was meine Fragestellerinnen ihrerseits sich gedacht und besonders was sie gethan hatten, als sie glaubten, es sei ein Unglück passiert oder zu befürchten, kam es zu lieblichen Geständnissen. Die meisten waren Hals über Kopf an Deck gerannt, einige hatten wenigstens erst Ulster, Shawls oder Decken ergriffen, andere sich sogar nach ihren Werteffekten umgesehen — aber nur eine einzige konnte ich in dem spärlichen Kreis meiner Bekanntschaft ausfinden, die an den in jeder Kabine befindlichen Rettungsgürtel gedacht hatte! Einige wollten sogar das Vorhandensein eines solchen in Abrede stellen, andere waren sich über den Zweck der Vorrichtung noch nicht klar geworden, die zu Häupten jeder Boje hängt, und natürlich keine hatte sich damit vertraut gemacht.

 Mit Sonnenaufgang hatte sich der Nebelschleier

gelüftet, und ein prächtiger Morgen geleitete uns mit seinem Schimmer in die Tafelbai. Das Wetter war vollkommen. Der „Galician" verfolgte seinen Weg in einer spiegelglatten See, deren Wasser kaum eine Bugwelle zu erzeugen im stande war. Eine liebliche Ruhe lagerte über dem Meer, und alles erschien rein und hehr wie eben aus des Schöpfers Hand hervorgegangen. Albatrosse wiegten sich in der Luft, und Duikers schwammen wie auf einem Landsee um uns herum; Algen und Seetang trieben langsam vorüber, farbige Riesenquallen glitten vorbei, und die Stengel enormer Seebambus ringelten sich wie glänzende Schlangen in unserm Kielwasser. Allmählich kam die Küste näher. Die Tafelbai gewährt mit dem zarten Kolorit ihrer gedämpften, lichtdurchwobenen Farben ein glänzendes, entzückendes Bild, und der Tafelberg wacht in majestätischer Ruhe darüber.

„Ist das der Tafelberg?!" habe ich manchen enttäuscht ausrufen hören. Und in der That. Man hat soviel vom Tafelberg gehört und gelesen, daß man geneigt ist, seine Höhe zu überschätzen und sich übertriebene Vorstellungen von seiner Erscheinung zu machen. Man muß ihn umwandert, bestiegen, in seinem Schatten gewohnt haben, um seine imposante Schönheit recht ermessen zu können. Der Reisende aber will seiner Idee gleich beim ersten Anblick geschmeichelt sehen und besonders wenn man noch eben unter dem gewaltigen Peak de Teneriffe dahingesegelt ist, kann einem der

Im Velde

arme Tafelberg ein wenig gedrückt und minimal vorkommen.

Die für Kapstadt bestimmten Passagiere rüsteten sich zum Aufbruch. Allen übrigen war das Verlassen des Schiffes durch die Militärbehörden untersagt, ebenso wie das Betreten desselben allen Nichtpassagieren verboten war. Dann begann das Ausladen der Reisenden vermittelst der beliebten Korbmethode. Vier bis sechs werden in einem brusthohen Korb über Bord geschwungen und in die Dampfbarkasse hinabgelassen.

*

Kapstadt befand sich auf der Höhe des Kriegstrubels. Die Rhede wimmelte von Transportschiffen aller Art; die Vorräte an den Quais erhoben sich bergehoch, die Straßen waren grundlos und das allgemeine Durcheinander unbeschreiblich. Im Innern der Stadt wogte eine stete, dichte Menschenmenge, und in den Vorstädten füllten Tausende von Flüchtlingen des Transvaals den letzten bewohnbaren Winkel aus. Diese hatten nach der mehr oder minder raschen Aufzehrung ihrer Mittel nach allem gegriffen, was nur im Entferntesten einen Verdienst verhieß, und hatten dergestalt zur erheblichen Verschlechterung der Verhältnisse beigetragen. Das Geschäft war gedrückt, Lebensmittel teuer, Beschäftigung knapp. Auf allen Gebieten herrschte eine enorme Konkurrenz. Es waren also keine günstigen

Konjunkturen für die Begründung meines Mineral=
wassergeschäftes. Ich informierte Dahlem & Co. von
der Sachlage und begann inzwischen meine vorsichtigen
Operationen. Das Unternehmen konnte sich aber nur
wenige Monate behaupten, da der bescheidene Betrieb
der erdrückenden Produktion der altetablierten Dampf=
faktoreien nicht im Entferntesten gewachsen war und
weil die Juden an seiner Hauptlebensader sogen. Erstens
stahlen sie das sehr kostspielige Flaschenmaterial und
dann fügten sie jedem Gewerbetreibenden durch ihren
schmutzigen Wettbewerb Schaden zu. Diese wie eine
Herde Ratten von Johannesburg ausgeräucherten Israe=
liten gehörten der schlimmsten und gefährlichsten Sorte
ihrer Rasse an. Der Schacher allein konnte diese das
Kapland überschwemmenden Horden nicht mehr ernähren,
und so warfen sie sich auch auf die Fabrikation von
Lebensmitteln, buken Brot, räucherten Fische, fabrizierten
Ingwerbier, bis schließlich sich kein anständiger Mensch
mehr entschließen konnte, irgend etwas zu kaufen, das
nicht durch den Namen einer bekannten Firma hin=
reichend legitimiert war. Es liegt auf der Hand, daß
dies schwer schädigend auf den Kleinhandel wirken
mußte und manch einen zur Einstellung seiner Thätig=
keit zwang, der unter geordneten Umständen ganz gut
hätte existieren können. Auch andere schwer überwind=
bare Hindernisse treten einem bei so unruhigen Zeiten
entgegen und so beschlossen wir, es bei dem Versuch
bewenden zu lassen und einen günstigeren Zeitpunkt für

die Wiederaufnahme des Betriebs abzuwarten. Ich selbst siedelte in eine der hübschen Vorstädte Kapstadts nach Wynburg und später nach Muizenberg über, an dessen herrlichem Strande ich neun Monate ein einsames beschauliches Leben in den Zelten führte, deren Abbildung hier beigefügt ist. Neben mir steht Julius Horn, der unerschütterliche Kämpe der Transvaalsache und diskrete Wohlthäter manch eines versprengten Boerenkämpfers. Das Stück Land, auf dem ich wohnte, ist sein Eigentum, und zahlreich sind die Stunden, die wir bei seinen gelegentlichen Besuchen dort verbracht haben. Solch Leben im Freien ist gar nicht übel und besonders wenn man für Wohn- und Wirtschaftsräume besondere Zelte hat, kann man sich das Dasein sehr angenehm gestalten. Die Lage meines Camps war ideal, und da mir die Rückkehr nach Lydenburg verschlossen und ich des Wanderns müde war, so konnte mir nichts gelegener kommen, als diese Ferienzeit an der Riviera Südafrikas, wie man den Strich zwischen Muizenberg und Simonstown nicht ganz unzutreffend bezeichnet. Hier wie dort das ungetrübte Blau des Himmels und die herrliche See begrenzt von malerischen Gebirgspartien. Hier wie dort die so nahe am Wasser befindliche Bahn, daß bei starker Brise der Gischt gegen die Fenster spritzt. Auch der Badestrand, die Villen und das internationale fashionable Publikum fehlt nicht, und an den Bankfeiertagen und anderen Sondertagen des Kalenders konnte man sich beinahe nach Nizza versetzt wähnen. Meine Zelte standen nicht unmittelbar an der See, da ich den Windschutz der vorgelagerten Dünen mit in meine Berechnung zog und lieber auf die Aussicht zum Meer verzichtete, als den heftigen Angriffen des Windes ausgesetzt zu sein. Doch das Rauschen der Wogen konnte man so deutlich vernehmen, daß ich dasselbe bei gelegentlichem Wachwerden nachts mit dem Geräusch meiner früheren Wohnung in Konfusion brachte, wo der Zug in nächster Nähe vorbeibrauste. Die Heide des Kaplandes sorgt ungleich verschwenderischer für die Bedürfnisse des im Freien kampierenden, als unser armes Transvaal. Zunächst ist an Brennmaterial kein Mangel. An jedem der in dichten Stauden wachsenden Binsenbüschel befinden sich eine Anzahl dürre Halme, die man einfach abbricht und sofort zum Entzünden des Feuers benutzen kann. Um dasselbe zu nähren und zu erhalten, kann man sich nichts besseres wünschen als den dichten Stumpf der vertrockneten Büschel. Außerdem giebt es überall genügende Mengen Reisig, sowie eine Art Krummholz, das sich leicht ausroden und trocknen läßt. In einer Tiefe von wenig Fuß befindet sich Wasser, das, wenn auch etwas brackisch, immerhin zum Kochen und Waschen genügt. Auch an Blumen mangelt es nicht. Die graziöse Arumlilie, Sternblumen, reichblühende Erikas, Butterblumen und viele andere Kinder Floras, deren manches an Sonntagen das junge Leben lassen muß, um den rohgezimmerten Tisch des Zeltes zu schmücken, dienen dazu, die Dünen anmutig zu beleben. Die Strandfeige klammert sich mit dicken, fleischigen Ranken an den Boden an und nachdem ihre Blüte das Auge erfreut, kann man ihre Früchte verspeisen, die roh genossen werden können, meist aber zu Konserven verwandt werden. Zu dieser Frucht gesellt sich noch die Heidebeere, deren brennendes Rot weithin leuchtet, und die beinahe das ganze Jahr hindurch Früchte trägt.

Die in nächster Nähe der Zelte befindlichen Grasstauden sind absichtlich stehen gelassen, um als Schutz vor Zugluft zu dienen, und sie tragen zugleich zur Kühlung bei, wenn man an heißen Tagen die Segel aufnimmt. Das umherstehende Besenkraut leistete vortreffliche Dienste beim Scheuern der Töpfe und dem Reinigen von Geschirr überhaupt; auch Vögel hielten sich in seinem Dickicht auf. Diese gefeierten Gäste verlustierten sich in Scharen auf den Zeltspitzen und schienen durch die Ventilationsöffnungen zuweilen meine Aufstehzeiten zu kontrollieren. Weniger angenehm waren die Spuren einiger Vierfüßler, die ich mehrmals morgens entdeckte und zugleich konstatierte, daß nächtliche Schmausereien unter meinen Vorräten stattgefunden hatten.

Die Sommermonate eilten rasch dahin, der Strand entvölkerte sich allmählich, die Badegäste zogen fort, und ich blieb allein zurück im Kreise weniger Veteranen, die nach wie vorher heroisch mit dem Badetuch zur See hinabstiegen. Es schien aber mehr Prinzipienreiterei als wirklicher Genuß zu sein. Denn nun zog die bis dahin lächelnde Riviera andere Seiten auf. Der Wind blies kalt und höchst ungnädig; das Meer schien trübe und verdrossen, und die Wellen liefen mit einer langen schneeigen Gischtfahne auf den Strand. Bald setzte es auch Regenschauer, und nun fängt man an, Vergleiche zwischen dem Aufenthalt in Zelten und den von Kaminfeuern wohlig durchwärmten Räumen eines Hauses zu ziehen, die sehr zu Ungunsten der ersteren Methode ausfallen. Das Branden der See wird übertönt von dem ungestümen Süd=Ost, der pfeifend und leise heulend durch die Seile fährt; er reibt die dürren Rispen des Dünengrases wispernd aneinander und klopft die regenscheren Büsche mahnend gegen die straffe Zeltwand. Zuweilen saust er stärker daher und vereinigt all diese Geräusche zu einem stürmischen Ensemble. Dann schüttelt er das Zelt in vibrierende, zitternde Bewegung, zerrt an den Strängen, flaggt mit der losen Leinwand am Eingang und reißt und zupft und bläst, daß man nur noch auf den Augenblick wartet, an dem er das ganze stolze Heim an einer anderen beliebigen Stelle zwischen den Dünen zusammengeklappt deponieren wird. Nach einer Weile scheint er diesen Versuch als aussichtslos aufzugeben und beschränkt sich darauf, durch kleine Öffnungen am Fußboden so empfindlich gegen die unteren Extremitäten zu blasen, daß man allmählich rabiat werden möchte. Es gibt kein Schließmittel, um diese feine Zugluft abzuhalten, es sei denn, man kriecht unter die Wolldecken, und ehe man vernünftigerweise sein Lager aufsuchen kann, müssen noch verschiedene Stunden vorbeischleichen. Es ist so einsam und verlassen ringsum, und der Schein der Lampe kann diesen Eindruck auch nicht vermindern. Man denkt mit Unbehagen an den Augenblick, in dem einem der stärker werdende Regen auch die Möglichkeit des Lichtes rauben wird. Die kalten, großen Tropfen schlagen klatschend gegen die straffen Zeltwände und sickern an einigen Stellen mit einem monotonen tick, tick, tick... durch. Dieses Tick, Tick hat schon manchen der Verzweiflung nahegebracht, der frierend und schlaflos diesem melancholischsten Geräusch im Zeltleben lauschen mußte, ohne durch seine Monotonie genügend eingeschläfert zu werden, um das Gefühl der Kälte zu überwinden und im Schlummer Vergessen zu finden ...

Die ganzen Prüfungen eines kaplandischen Winters waren mir aber nicht mehr vorbehalten. Denn endlich trat jenes Ereignis ein, an das man eigentlich gar nicht mehr glauben mochte, das phantomhaft nahe herangeschwebt und ebenso oft schier endlos fern entrückt war: der Friede.

Friede! — Unserer Anschauung über ein derartiges geschichtliches Ereignis drängt sich ein anderes Bild auf als jenes, das wir am 1. Juni 1902 in Süd=Afrika gewahrten. Das war sicherlich nicht des Pudels Kern. Es war alles „Mache". Keine Spur einer erhöhten Stimmung unter den Leuten, kein Choral aus in=

brünstigen Herzen zum Dank der beendeten Greuel, kein
Siegesjubel, wie er ein Volk nach gerechtem Kampf
erfüllt, auch keine Schadenfreude — ja nicht einmal
der obligate, betrunkene Janhagel, wie er Kapstadt bei
ähnlichen Anlässen immer so bemerkenswert bevölkerte,
machte sich laut, und das war vielleicht das Aller=
charakteristischste der Sachlage. Boeren wie Briten
schienen gleich starr und standen sich nach wie vor un=
vermittelt und abwartend gegenüber. Allgemein glaubte
man noch die Friedenstaube sich als ganz gewöhnliche
"Ente" erheben und davonfliegen zu sehen. Doch nein,
der Friede an sich schien diesmal echt genug. Wer
aber eigentlich gesiegt habe und was für Bedingungen
das Ende dieses gewaltigen Kampfes gebracht, wußte
man nicht, und praktische Änderungen in den militärischen
Beschränkungen brachte uns der erste Juni überhaupt
nicht. Das Kriegsgesetz blieb in Kraft, die Censur be=
stand fort, das Reisen war nach wie vor verboten, und
an eine Rückkehr in unsere heimatlichen Distrikte noch
absolut kein Gedanke. Viele verschmähten selbst den
Versuch, jetzt zur Scholle zurückzugelangen. Was sollte
man auch dort anfangen, bevor eine regelrechte Ver=
bindung mit der Außenwelt wieder angebahnt war.
Die Bahn konnte kaum genug Nahrungsmittel für die
sich wieder bevölkernden Distrikte heranschaffen, geschweige
denn Waren und Industrievorrichtungen zur Stelle
schaffen. Die Ochsen und Maultiere bevölkerten das
Land in Gestalt von umherliegenden Gerippen, konnten

also zum Wiederaufbau der eingeäscherten Wohnstätten kaum in Berücksichtigung gezogen werden, und dergestalt lag wenig Veranlassung vor, die Rückkehr zu beschleunigen.

Ich beschloß, den Verlauf der Dinge für einige Zeit in Europa abzuwarten und trat demgemäß meine Heimreise an. Mein Aufenthalt in Deutschland zählte aber schließlich nur wenige Wochen, die ich teilweise benutzte, um meinen Lesern diese Erfahrungen mitzuteilen. Der Kürze der Zeit gemäß muß man dem Inhalt und dessen Form nachsichtige Rechnung tragen. Wenn diese hastig und oft unvermittelt aneinandergereihten Beschreibungen unseres Lebens in Südafrika den Auswanderer vorbereiten auf das, was er beim Verlassen der Scholle zu gewärtigen hat, und ihm meine Prüfungen später einmal als Trost dienen können, wenn das Schicksal ihn hart anpackt — dann ist der Zweck dieser Zeilen erfüllt.

Als interessantes Bild aus der Kriegszeit sei die nebenstehende Aufnahme beigefügt; sie entstand gelegentlich eines Besuches von Oberst von Braun und Leutnant von Brüsewitz im deutschen Korps und zeigt neben diesen Herren rechts den Kommandanten Paul Krantz sowie Robert von Intdzenka. Der am höchsten befindliche in der obersten Reihe ist George Schmitz-Dumont, bei dessen Zelten die Photographie genommen wurde.

Freiwillige